Burkhard Müller

Sozialpädagogisches Können

Ein Lehrbuch zur
multiperspektivischen Fallarbeit

Burkhard Müller

Sozialpädagogisches Können

Ein Lehrbuch zur
multiperspektivischen Fallarbeit

Lambertus

Die Deutsche Bibliothek – CIP-Einheitsaufnahme
Müller, Burkhard:
Sozialpädagogisches Können : ein Lehrbuch zur
multiperspektivischen Fallarbeit / Burkhard Müller.
– 3. Aufl. – Freiburg im Breisgau : Lambertus, 1997
ISBN 3-7841-0765-6

3. Auflage 1997
Alle Rechte vorbehalten
© 1993, Lambertus Verlag, Freiburg im Breisgau
Umschlaggestaltung: Christa Berger, Solingen
Umschlagfoto: Uwe Stratmann, Wuppertal
Herstellung: Druckerei Franz X. Stückle, Ettenheim
ISBN 3-7841-0765-6

Inhalt

8	Vorwort
11	Einleitung für Lehrende
17	1. Kapitel: Aus Geschichten lernen
17	1.1 Einleitende Bemerkungen
20	1.2 Interpretation einer Geschichte die mit Sozialpädagogik zu tun hat
21	1.3 „Hinterkopf-Wissen"
25	1.4 Was ist ein sozialpädagogischer Fall?
28	2. Kapitel: Typen sozialpädagogischer Fälle: Fall von, Fall für, Fall mit
28	2.1 Interpretation einer Fallgeschichte
32	2.2 Fall von ...
38	2.3 Fall für ...
43	2.4 Fall mit ...
50	3. Kapitel: Der Prozess professioneller Fallarbeit
50	3.1 Vorbemerkungen und eine weitere Fallgeschichte
53	3.2 Begriffsklärungen: Anamnese, Diagnose, Intervention, Evaluation
54	3.3 Gemeinsamkeiten und Unterschiede von Prozessen professioneller Fallarbeit
61	4. Kapitel: Das Beispiel „Hilfeplanung" nach dem KJHG
61	4.1 Der „Hilfeplan" als gesetzliche Pflicht zu professioneller Verfahrensweise
63	4.2 Die Klärung des „erzieherischen Bedarfs": Sozialpädagogische Amamnese

66	4.3 Die „zu gewährende Art der Hilfe": Sozialpädagogische Diagnose
69	4.4 Die „notwendigen Leistungen": Sozialpädagogische Intervention
72	4.5 Das „regelmäßig prüfen": Sozialpädagogische Evaluation
73	4.6 Ein Schema zur Hilfeplanung
76	5. KAPITEL: AUFMERKSAMER UMGANG MIT NICHTWISSEN (SOZIALPÄDAGOGISCHE ANAMNESE)
76	5.1 Grenzen des Verstehens
80	5.2 Anamnese und Fall-Genese
83	5.3 Arbeitsregeln für die sozialpädagogische Anamnese
89	6. KAPITEL: WER HAT WELCHES PROBLEM? (SOZIALPÄDAGOGISCHE DIAGNOSE)
89	6.1 „Was IST das Problem?" oder „Wer HAT welches Problem?"
91	6.2 Zwei Fälle und einige Probleme
95	6.3 Wer hat welches Mandat?
97	6.4 Klientenmandat, gesetzlicher Auftrag und Fachlichkeit
99	6.5 Wer hat welche Ressourcen?
103	6.6 Was kann ich tun? Was müssen andere tun?
107	7. KAPITEL: WAS TUN? (SOZIALPÄDAGOGISCHE INTERVENTION)
107	7.1 Eingriff, Angebot, gemeinsames Handeln
110	7.2 Bedingungen für Eingriffe
115	7.3 Sozialpädagogische Angebote
120	7.4 Aushandeln von Angeboten zu gemeinsamem Handeln

8. Kapitel: Was hat's gebracht? Sozialpädagogische Evaluation

- 8.1 Evaluationsinstrumente
- 8.1.1 Berichte
- 8.1.2 Gespräche im Team/in der Gruppe
- 8.1.3 Dokumentationsinstrumente, Praxisforschung
- 8.2 Evaluationskriterien
- 8.2.1 Effektivität und Effizienz
- 8.2.2 Ethische Kriterien
- 8.2.3 Kriterien der Realitätsprüfung
- 8.3 Fremdevaluation
- 8.3.1 Evaluation „von oben"
- 8.3.2 Evaluation „von unten"
- 8.3.3 Evaluation durch Öffentlichkeit
- 8.3.4 Evaluation durch sozialwissenschaftliche Forschung

9. Kapitel: Wer ist qualifiziert? Bemerkungen zur sozialpädagogischen Professionalität

- 9.1 Am Anfang war das Interesse für's Soziale
- 9.2 Drei professionelle Haltungen
- 9.3 Im Gehen zu lernen

Literatur

Der Autor

Vorwort

„Probieren geht über Studieren", sagt das Sprichwort.

Die Klage, das sozialpädagogische bzw. sozialarbeiterische Studium sei praxisfern, ist so alt wie die Ausbildung selbst. Man müßte sie nicht so ernst nehmen – in anderen Fächern gibt es das auch –, würden nicht viele Studierende selbst so empfinden. Die Inhalte des Studiums werden vielfach als etwas wahrgenommen, was gleichsam von einem anderen Stern kommt und nichts mit der eigenen Alltagserfahrung zu tun hat. Ob dies ein Mißverständnis ist oder dem entspricht, was als Lehre gewöhnlich angeboten wird, sei dahingestellt. Jedenfalls ist es ein verbreiteter Eindruck, auch außerhalb der Sozialpädagogik; und eben dies sagt das Sprichwort: Probieren geht über Studieren! Die Botschaft, die damit zumeist (vor allem nach dem Studium) vermittelt wird, lautet: Vergiß, was Du studiert hast und halte Dich an das, was Du selbst erfährst (und was die alten Hasen Dir sagen) – alles andere ist nur kluges Gerede!
Ich teile diese Botschaft nicht und glaube nicht, daß sie Studierende und die Sozialpädagogik/Sozialarbeit voranbringt. Ich stimme aber zu, daß es ein schlimmer Zustand ist, wenn Studierende entmutigt werden, ihrer eigenen Erfahrung zu trauen, statt angeleitet zu werden, wie sie daraus lernen können.
Um dies auszudrücken, möchte ich das Sprichwort anders verstanden wissen. Die erste Botschaft des Buches soll sein: probieren geht! Den Beweis dafür bringe weniger ich, sondern die vielen Fallgeschichten, die Studentinnen und Studenten der Sozialpädagogik an der Universität Hildesheim dazu beigesteuert haben. Aus diesem Grund ist ihnen das Buch gewidmet. Die Geschichten beweisen, daß Hochschullehrer schlecht beraten sind, wenn sie Studierende als ahnungslose und erfahrungslose Wesen behandeln, statt sie als werdende Fachleute mit eigenem Kopf ernst zu nehmen. Damit ist keineswegs bestritten, daß StudentInnen oft wirklich nicht besonders viel Erfahrung haben und noch eine Menge lernen müssen. Nur ahnungslose Studierende gibt es nach meiner Erfahrung nicht, allerdings viele, die sich selbst dafür halten.
Die zweite Botschaft des Buchtitels soll deshalb sein: Probieren geht – über's Studieren! Anders gesagt: Probieren kann man lernen! Man (und frau) kann lernen, sich der eigenen Wahrnehmungsfähigkeiten zu bedienen und dabei weder im Saft der eigenen gesammelten

Einsichten vor sich hinzuschmoren, noch alles Gedruckte für klug und sich selbst für dumm zu halten. Unglaublich aber wahr: Man kann sogar aus Fehlern lernen (wenn man's geschickt anstellt, am einfachsten aus den Fehlern anderer).

Aber das Lernen aus dem eigenen Probieren muß man lernen. Und dazu will dieses Buch eine Hilfe sein. Es entwickelt zu den Fallbeispielen „Hinterkopfüberlegungen", Sortierschemata, Arbeitsregeln, Schritte des Vorgehens beim Nachdenken über „Fälle", die alle nur den einen Zweck haben: Den Mut, sich eigenes sachliches Urteilsvermögen zuzutrauen, zu unterstützen, zugleich aber dies Vermögen selbst zu verbessern.

Studieren heißt natürlich auch, sich eine Menge von Wissen anzueignen, das man nicht einfach aus eigener Erfahrung bekommen kann. Dazu zwei Bemerkungen: Erstens ist das Erlernen der Fähigkeit, mit konkreten sozialpädagogischen Handlungssituationen besonnen und selbstbewußt umzugehen, kein Ersatz für die systematische Aneignung theoretischen Wissens. Zweitens kommt auch die Kasuistik (die Arbeit am Einzelfall) nicht ohne Rückgriff auf solches Wissen aus. Dabei geht es sowohl um Faktenwissen – z. B. Rechtskenntnisse –, als auch um Wissen, das befähigt, allzu einfache und deshalb kurzsichtige Betrachtungsweisen eines Problems zu hinterfragen, erweiterte, ergänzende, kritische Betrachtungsweisen hinzuzufügen. Ich habe mich bemüht, solches Wissen, wo es notwendig war, so einfach wie möglich zu präsentieren und dabei in aller Regel darauf verzichtet, die fachlichen Diskussionshintergründe zu erläutern. Die Kolleginnen und Kollegen, die diese Hintergründe kennen oder deren Werken ich meine Kenntnis dieser Hintergründe verdanke, mögen mir dies verzeihen.

Zum Schluß dieses Vorworts noch drei Bemerkungen zum Begriff sozialpädagogischer Fallarbeit. Zum einen meine ich mit „sozialpädagogisch" nicht ein spezielles Arbeitsfeld, sondern eine fachliche Rahmenorientierung. Sozial*arbeiterische* Tätigkeiten sind mit eingeschlossen. Es ist sogar eine zentrale These des Buches, daß gerade im Blick auf den Einzelfall „Pädagogisches" und „Sozialarbeiterisches" nicht voneinander isoliert werden kann.

Zweitens knüpfe ich mit dem Begriff Fallarbeit (der ja nur eine Übersetzung des Fachterminus Kasuistik ist) an die Tradition des sozialpädagogischen Case-Work, der Einzelhilfe, an. Ich benutze den Begriff aber sehr viel offener. Ich meine mit Einzelfall nicht die einzelne Person als AdressatIn von sozialpädagogischem Handeln (im Unterschied etwa zu Gruppen oder Gemeinwesen als Adressaten). Ich meine mit Einzelfall vielmehr die einzelne Situation, ja den einzelnen

Augenblick oder auch den einzelnen Rückblick auf eine komplexe Praxiserfahrung, die Studierende mit der großen Frage konfrontiert: Was tun? Oder auch mit der Frage: Was hätte ich besser machen können? In dieser Beschränkung auf die Einzelsituation steckt zugleich der Verzicht darauf, komplexe Modelle eines „helfenden Prozesses" von Anfang bis zum Ende zu entwickeln, wie das die Lehrbücher des sogenannten „Case Work" machen. Eben dies macht es mir zugleich möglich, mit studentischem Fallmaterial zu arbeiten und auf die Darstellung exemplarischer „Lehrfälle" zu verzichten.

Die dritte Bemerkung betrifft den möglichen Einwand, sozialpädagogische Fälle in diesem Sinne seien ein sehr weites Feld und dermaßen verschieden, daß sich mehr als Allgemeinplätze dazu nicht sagen lassen. In der Tat sind die Fälle, die in diesem Buch diskutiert werden, aus denkbar verschiedenen Feldern, aus der Jugendarbeit ebenso wie aus der Altenpflege, aus dem Sozialdienst des Jugendamtes oder der Heimerziehung ebenso wie aus dem Kindergarten, wie aus der ambulanten Betreuung psychisch Kranker. Das Spektrum der studentischen Erfahrungsfelder ist nun mal breit gestreut, und ich sah keinen Grund, es einzuengen, auch wenn ich bei der Diskussion fachlichen Hintergrundwissens der Übersicht halber Einschränkungen vornehmen mußte. So habe ich mich z. B. bei der Erläuterung rechtlicher Bezüge im wesentlichen auf das KJHG beschränkt, an dem exemplarisch deutlich werden soll, was die juristische Seite kompetenter sozialpädagogischer Fallarbeit ist. Dennoch habe ich kein Buch geschrieben, das eine Einführung in die Jugendhilfe ersetzt. Vielmehr wollte ich zeigen, daß es wirklich so etwas wie einen gemeinsamen Sockel sozialpädagogischer Handlungskompetenz gibt, der quer zur Vielfalt der sich immer mehr ausdifferenzierenden Arbeitsfelder liegt und der in einem allgemeinen Studium der Sozialpädagogik an Fachhochschulen und Universitäten auch vermittelt werden kann. Ob mir das gelungen ist, mögen die Leserinnen und Leser entscheiden.

Ich danke meiner Frau, Dr. Sabine Hebenstreit-Müller, erste Leserin des Manuskripts, für ihre Unterstützung und ihre hilfreichen Anregungen. Ich danke allen Studierenden, die ihre „Fälle" für dieses Buch zur Verfügung gestellt haben. Ihnen und ihren KommilitonInnen am Studiengang Sozialpädagogik der Universität Hildesheim widme ich dieses Buch.

Im Sommer 1993   B. Müller

Einleitung für Lehrende

Die folgenden Seiten können Studierende, für die das Buch eigentlich gedacht ist, überschlagen – oder zum Schluß lesen. Ich möchte hier nur kurz erläutern, worin die Besonderheit des hier gewählten Zugangs zu einer Methodenlehre sozialpädagogischen Handelns im Vergleich zu anderen Zugängen besteht. Ich wende mich dabei speziell an diejenigen, die wie ich Methodenlehre – was immer das sei – in sozialpädagogischen Ausbildungsgängen oder auch in der Fortbildung vertreten. Ich setze dabei voraus, daß die historischen wie die aktuellen Diskussionen um sozialpädagogische Professionsentwicklung, an denen ich mich in früheren Beiträgen beteiligt habe (vgl. Müller 1981, 1988, 1990, 1991) in etwa bekannt sind. In bezug auf diese Diskussionen ist es sicher wichtig, eine Idee zu bekommen, wie sich dieses Buch in die Landschaft der sozialpädagogischen „Methodenliteratur" einordnen läßt – während für StudienanfängerInnen dieses wie jedes Fachbuch entweder für sich genommen brauchbar und anregend ist, oder eben nicht.

Zunächst ist es vielleicht selbstverständlich, aber doch um Mißverständnisse auszuschließen erwähnenswert, daß „Methode" im sozialpädagogischen Feld nicht technologische Theorieanwendung meint, sondern nur ein „selbstreflexives Arbeitskonzept" (Gehrmann/Müller 1990) im Auge haben kann, durch welches sozialpädagogisch Handelnde instand gesetzt werden, selbst das fallspezifisch notwendige Wissen zu generieren und überprüfbar zu machen. Es geht um eine „Hermeneutik" des Fallverstehens. Dabei gilt der schon von Schleiermacher formulierte Grundsatz: „Die Dignität der Praxis ist unabhängig von der Theorie; die Praxis wird nur mit der Theorie eine bewußtere" (1826: 11). Alltagshandeln und professionelles Handeln unterscheiden sich demnach nicht prinzipiell, sondern nur graduell. Auch für professionelles Handeln gilt, jedenfalls im sozialpädagogischen Kontext:

> „Statt daß der Handelnde eine vorgegebene Theorie anwendet, ist er selbst *konstruktiv* tätig. Unter den Bedingungen eines spezifischen Feldes entwirft er, indem er handelt, seine Antwort auf die Anforderungen der Situation. Er ist wie der Tennisspieler, so sagt Bourdieu, der ans Netz geht, wenn es die Situation erfordert." (Gebauer/Wulf 1993: 7)

Die Frage, wie man das sozialpädagogische „Tennisspielen" lehren und lernen kann, außer durch Üben mit Versuch und Irrtum, besteht aber gleichwohl. Das zentrale Problem für jeglichen Versuch, in diesem Sinne sozialpädagogische Handlungskompetenz lehrbar zu machen, ist zweifellos die extrem hohe Komplexität der damit gestellten Aufgabe.

– Es soll eine Grundlage für professionelle Kompetenz gelegt werden, die in einer wachsenden Vielfalt beruflicher Felder einsetzbar ist, ohne dabei die Besonderheiten der einzelnen Berufsfelder außer acht zu lassen;

– es sollen innerhalb dieser Felder Fähigkeiten zu einer ganzheitlichen und alltagsnahen Sicht- und Handlungsweise entwickelt werden, die dem jeweiligen Einzelfall gerecht wird, ohne die überindividuellen Strukturen aus dem Auge zu verlieren;

– dies verlangt notwendig eine interdisziplinäre Herangehensweise, die im Schnittbereich von sozialwissenschaftlichen, sozialpolitischen, pädagogischen, psychologischen, juristischen, ökonomischen und nicht zuletzt ethischen Perspektiven angesiedelt ist, ohne sich einer dieser Perspektiven exklusiv zu verschreiben.

Die Aufgabe, gleichzeitig in diese Komplexität einzuführen *und* Handlungssicherheit zu vermitteln, gleicht einer Quadratur des Kreises. Niemand kann behaupten, die wirksame Zauberformel dafür gefunden zu haben. Unvermeidlich fällt deshalb in den Vermittlungsprozessen, die man Ausbildung nennt, beides ein Stück weit auseinander: Die Vermittlung von Einsichten in die Komplexität des sozialpädagogischen Feldes wird Aufgabe theoretischer Ausbildung, die Vermittlung von Handlungssicherheit und professionellem Habitus wird Aufgabe praktischer Initiationsprozesse, wie sie in Form von Hospitationen, Projekten, Praktika, Anerkennungsjahren etc. organisiert werden.

Ich stimme nicht in den Chor derjenigen ein, die diese Aufspaltung zwischen Theorie und Praxis als sozialpädagogischen Sündenfall beklagen. Sie ist (jedenfalls zu einem bestimmten Grad) der unumgängliche Preis des erreichten Professionalisierungs-Niveaus sozialer Arbeit – den übrigens vergleichbare Professionen ebenfalls zu zahlen haben. Wer die unmittelbare Einheit von Ausbildung und Praxiseinführung fordert, fordert die Rückkehr zu eigentlich überwundenen Stadien sozialpädagogischer Professionalisierung – die allerdings in vielen Feldern (insbesondere in der ErzieherInnen-Ausbildung) immer noch mehr Regel als Ausnahme sind.

Gerade aber die Unvermeidlichkeit der (relativen) Trennung von theoretischen und praktischen Lernprozessen in der Ausbildung erzeugt erst das eigentliche Problem sozialpädagogischer Methodenlehre. Denn die Studierenden, die dann PraktikerInnen werden, haben den Graben zwischen beidem in jedem Falle zu bewältigen. Die Frage ist nur, ob sie den Graben nur durch einen großen Sprung zu bewältigen vermögen, mit dem sie das Ufer der Wissenschaft endgültig hinter sich lassen, oder ob sie Fähigkeiten entwickeln können, in beiden Sphären, der praxisentlasteten Reflexion und der praktischen Entscheidungsanforderungen selbst, zuhause zu sein. Und die Frage ist, ob es *dafür* Hilfsmittel – im Bild gesprochen Brücken und Boote – gibt, die den Übergang über den Graben erleichtern.

Wenn man es als allgemeinste Aufgabe sozialpädagogischer Methodenlehre betrachtet, solche Übergänge zu schaffen und wenn man weiter davon ausgeht, daß es noch keine integrative Supermethode gibt, die hierfür die Brücke aller Brücken bildet, dann kann man eine Typologie der bisherigen Versuche, jene Aufgabe zu lösen, entwerfen. Vereinfacht gesagt scheint es mir dafür drei idealtypische Strategien zu geben, die natürlich auch als Mischformen denkbar sind, zumal sie sich in der empirischen Realität unvermeidlich gegenseitig überlappen:

1. Die Strategie des klassischen Expertenmodells. Sie geht davon aus, daß SozialpädagogInnen auf ihrem besonderen Arbeitsfeld eine besondere Expertenschaft zu beanspruchen haben, in der spezifisches (und von anderen Feldern klar unterscheidbares) theoretisches Wissen und praktische Erfahrung mit persönlichen Fähigkeiten in einem professionellen Habitus zu einer Einheit verschmolzen sind. Die klassischen Professionalisierungsstrategien sozialer Arbeit folgten diesem Modell. Sie konnten aber bekanntlich das Problem nie ganz bewältigen, daß sie infolge multidimensionaler Bedarfslagen ihrer Klientel und die eigene Eingebundenheit in sozialstaatliche Strukturen nur partiell in der Lage waren, diesem Modell zu entsprechen; ja es blieb sogar offen, ob das Expertenmodell für die Sozialpädagogik überhaupt wünschbar sein könne (vgl. Olk 1986, Müller 1991).

2. Die Strategie, die man das Modell der Ressourcenarbeit oder auch der Netzwerkarbeit nennen könnte. Darunter sollen hier alle Methodenansätze zusammengefaßt werden, die von i.w.S. sozialökologischen (bzw. system-funktionalen) Denkmodellen ausgehen. Theoretische Ausbildung hat hier die Aufgabe, die Lebenswelt der AdressatInnen als Ressourcengefüge (mit strukturellen Defiziten) zu erschließen und dabei sozialpädagogische Institutionen als Teil und Wechselwirkung in diesem Gefüge verständlich zu machen. Sozialpädagogische Praxis wird hier als unterstützendes und kompensierendes Ressourcenmanagement oder auch als Knüpfen von „kleinen Netzen" verstanden.

3. Die Strategie, die man mit dem Stichwort „Beziehungsarbeit" (auch dies im weiten Sinne zu verstehen) bezeichnen kann. Theoretische Ausbildung hat unter dieser Perspektive vor allem die Funktion, Interpretationsrahmen für die Selbstreflexion von Arbeitsbeziehungen im beruflichen Handeln zu liefern, während Praxis als Rahmen und Aktionsfeld für Aushandlungsprozesse mit offenem Ende verstanden wird. Der Aushandlungsprozeß zwischen SozialpädagogInnen und ihren Adressaten ist dabei als ein doppelt gerichteter gedacht: Er betrifft einerseits „Sinnfragen" der Arbeitsbeziehung unter Einschluß von deren emotionalen, ja unbewußten Dimensionen; das Aushandeln hat insofern den Charakter von „Gefühlsarbeit" (vgl. Müller 1979). Zum andern geht es um Klärung bzw. Aushandeln von Sachfragen der Arbeitsbeziehung, sofern ihr Gegenstand bzw. Arbeitsziel nicht im voraus oder einseitig definiert sein kann, sondern gemeinsam gefunden werden muß.

Diese Strategien werden, unbeschadet ihrer faktischen Vermischung, häufig als Alternativen diskutiert. Insbesondere das Expertenmodell wird zumeist nur als auslaufendes Modell oder als bloße Kontrastfolie diskutiert (z. B. Olk 1986, Gehrmann/Müller 1990, Dewe u. a. 1992), da es den sozialpädagogischen Handlungsbedingungen und Aufgaben nicht gerecht werde und zudem als technokratisches Modell ethisch fragwürdig sei.

Ich meine demgegenüber, daß keine sozialpädagogische Methodenlehre umhinkommt, alle drei Strategien wenigstens implizit und partiell zu nutzen. Die Arbeitshypothese, von der dieses Buch ausgeht, ist jedenfalls, daß ein adäquates sozialpädagogisches Handlungsmodell alle drei Strategien in je spezifischer Weise braucht. Sie sind als Hintergrund der im folgenden entwickelten Falltypologie („Fall Von", „Fall Für", „Fall Mit"; vgl. Kap. 2) unschwer zu erkennen. In dieser Typologie steckt, wie schon im Vorwort angedeutet, zugleich die Annahme, daß die verbreitete Ungewißheit darüber, ob von Sozial*pädagogik* oder von Sozial*arbeit* zu reden sei, ob beides im Grunde dasselbe oder etwas ganz verschiedenes bedeute, auf der Ebene kasuistischer Methodenlehre klärbar ist: Beides ist unterscheidbar, sofern „Sozialpädagogik" eher die Perspektive des „Falles mit", „Sozialarbeit" eher die Perspektiven des „Falles von" und des „Falles für" reflektiert. Aber beides kann nicht voneinander isoliert werden. Allerdings ist damit ein Problem verbunden, vor dem alle integrativen Methodenansätze sozialer Arbeit stehen, egal ob sie, wie etwa das klassische Case-Work, „den ganzen Menschen in seiner Situation" zum methodischen Ausgangspunkt und Aufgabenfeld erklären, oder ob sie, wie die neuere Sozialpädagogik (z. B. der 8. Jugendbericht,

1990), die „Lebensweltorientierung" und „Alltagsnähe" zu handlungsleitenden Maximen macht. Immer sind solche „ganzheitlichen" Orientierungen in der Gefahr, nicht mehr ausweisen zu können, ob sie letztlich doch nur an willkürlichen und/oder zufällig aktuellen Kriterien ausgerichtet sind. Die andere Gefahr ist, daß Ganzheitlichkeit immer in Grenzenlosigkeit der Einmischung umkippen kann (vgl. dazu ausführlich: Müller 1991: 50ff.).
Wenn ich die Integration jener Perspektiven durch das Stichwort „multiperspektivisch" kennzeichne, so geht es mir darum, solchen Gefahren Rechnung zu tragen, ohne dadurch die notwendige Offenheit des Zugangs zu verlieren. Faktisch ist es ja nicht mehr als ein verbreiteter Alltagsmythos (Barthes), wenn SozialpädagogInnen eine der Ganzheitlichkeit entsprechende „Allzuständigkeit" zugesprochen wird. Dieser Mythos entspricht weder den Außenerwartungen, noch gar den realen Handlungsmöglichkeiten. Der Mythos verweist aber auf eine Realität, die darin besteht, daß das sozialpädagogische Aufgabenfeld in der Tat quer und teilweise auch in nachrangiger Abhängigkeit zu anderen professionellen Handlungsfeldern situiert ist. Sozialpädagogik kann deshalb gar nicht anders, als mehrere – in sich begrenzte – Handlungsperspektiven miteinander zu verknüpfen, *ohne* dabei den Anspruch zu erheben, diese Perpektiven voll zu integrieren. *Unter multiperspektivischem Vorgehen verstehe ich demnach eine Betrachtungsweise, wonach sozialpädagogisches Handeln bewußte Perspektivenwechsel zwischen unterschiedlichen Bezugsrahmen erfordert.* Multiperspektivisches Vorgehen heißt z.B., die leistungs- und verfahrensrechtlichen, die pädagogischen, die therapeutischen und die fiskalischen Bezugsrahmen eines Jugendhilfe-Falles nicht miteinander zu vermengen, aber dennoch sie als wechselseitig füreinander relevante Größen zu behandeln.
Als solche Bezugsrahmen benutze ich nicht eigenwillige oder theoretisch konstruierte Betrachtungsstandpunkte und beanspruche auch nicht, daß die hier entfalteten Perspektiven sozialpädagogischen Fallverstehens die einzig denkbaren und einzig fruchtbaren seien. Vielmehr greife ich auf konventionelle Figuren zurück, die üblicherweise, methodisch reflektiert oder auch beiläufig, als ordnende Schemata für Fallarbeit benutzt werden; und zwar sowohl in den klassischen wie in den neueren Modellen personenbezogener professioneller Dienstleistungen. Neben der schon erwähnten Falltypologie meine ich damit das quer durch die Professionen gängige Schema, wonach der Prozeß des Fallverstehens als Prozeß von Anamnese, Diagnose, Intervention und Evaluation gegliedert werden kann. Ich versuche zu zeigen, daß damit keineswegs eine „therapeutisierende"

Vordefinition sozialer Arbeit verknüpft sein muß. Beide Schemata lassen sich zu einer Matrix zusammenfügen, die gewissermaßen das grundlegende Strickmuster dieses Buches bildet (vgl. Schema 2 und 3, S. 60 u. 74).

Die andere Besonderheit meines Methodenkonzeptes ist das induktive Vorgehen – eben deshalb spreche ich von Kasuistik. D. h. es werden keine allgemeinen Arbeitsprinzipien entwickelt, aus denen sich wieder Arbeitsmethoden und -verfahren ableiten lassen. Ausgangspunkt sind vielmehr insgesamt 20 Fallgeschichten, die durch Herantragen von Verallgemeinerungen auf ihre methodischen Implikationen hin befragt werden. Die Fallgeschichten sind demnach auch keine „Lehrfälle", die als Konkretisierung und Illustration eines normativen Arbeitsmodells herangezogen würden. Die Fälle sind eher als Testfälle zu verstehen, sofern sie beispielhaft überprüfbar machen sollen, ob die benutzten Interpretationsschemata heuristisch fruchtbar sind, d. h. ein besseres Fallverstehen ermöglichen. Genauer gesagt: Die Fälle sind zunächst wirklich nicht mehr als „Geschichten, die man sich erzählt" (vgl. Fall 1). Erst durch das Herantragen von Interpretationsperspektiven werden sie zum sozialpädagogischen Fall – und je nach Art der Perspektive zu einem je unterschiedlichen Fall. Man könnte zugespitzt sagen: In jeder dieser Geschichten stecken viele Fälle.

Weil ich dies verdeutlichen möchte, habe ich ausschließlich studentische Fallbeispiele verwendet. Oft handelt es sich dabei nur um Bruchstücke und Einzelsituationen aus größeren Zusammenhängen, zum Teil auch um hochkomplexe und wenig erschlossene Problemanzeigen, in keinem Fall um aufbereitete Lehrstücke. Gerade so aber eignen sie sich besonders gut, um den praktischen Ausgangspunkt und Einstieg jeglicher Fallarbeit zu beleuchten. Es ist das, was der Philosoph Ernst Bloch „Dunkel des gelebten Augenblicks" genannt hat. Sozialpädagogische Kasuistik hat nach meinem Verständnis als allgemeinsten Zweck, zu zeigen,

daß man sich vor diesem Dunkel nicht zu fürchten braucht,
daß man lernen kann, sich selbst ein paar Lichter aufzustecken und
daß es für dieses Lernen Orientierungsmöglichkeiten und Hilfsmittel gibt.

Wenn mir gelingt, dies ein Stück weit zu vermitteln, bin ich zufrieden.

1. Kapitel: Aus Geschichten lernen

1 „Alexander und sein Freund Carlos langweilen sich am Sonnabend. Sie gehen angeln. An dem See, wo sie mit Vergnügen Fische fangen, ist dies verboten. Obwohl sie es wissen, unterhalten sie sich und scherzen laut. Der Eigentümer entdeckt sie bald. Die Polizei wird eingeschaltet. Eine zufällige Kontrolle durch die Polizei auf der Straße wird ihnen noch nicht zum Verhängnis. Aber als sie zu Hause ankommen, wartet erneut die Polizei auf sie.
Jetzt werden die gefangenen Fische als Beweis gegen sie eingezogen. Es kommt zur Gerichtsverhandlung. Dabei stellt sich heraus, daß Carlos, 20 Jahre alt, verheiratet und Vater von einem Kind, schon mehrmals wegen solcher Delikte vor Gericht stand und immer, wenn er arbeitslos geworden war. Der Staatsanwalt plädiert deshalb für einen mehrmonatigen Freiheitsentzug, um Carlos' Verhalten zu ändern. Alexander soll eine Geldstrafe bekommen.
Das Urteil wird gefällt. Alexander bekommt seine Geldstrafe. Bei Carlos ist die Geldstrafe so angelegt, daß ihm durch Vermittlung des Arbeitsamtes eine Zahlung des Betrages möglich werden sollte. Bis heute hat er jedoch noch nichts bezahlen können."

1.1 Einleitende Bemerkungen

Diese Geschichte vom Fischefangen mit bösen Folgen ist eine von vielen, die Studenten und Studentinnen der Sozialpädagogik, vor allem Studienanfänger, in meinen Seminaren zur Verfügung stellten. Es handelte sich dabei um Lehrveranstaltungen, die als „Kasuistik der Kinder- und Jugendhilfe", als „Sozialpädagogische und sozialarbeiterische Fälle" oder auch als Begleitveranstaltung zum Praktikum angekündigt wurden. Je eine solche niedergeschriebene Geschichte pflege ich den TeilnehmerInnen solcher Veranstaltungen gleichsam als „Eintrittsbillett" abzuverlangen.
Die Frage, die für mich in diesen Lehrveranstaltungen im Mittelpunkt stand und die ich auch in diesem Buch beantworten möchte, ist einfach: Wie ist es möglich, aus solchen Geschichten zu lernen, genauer gesagt, etwas über Sozialpädagogik bzw. Sozialarbeit zu lernen? „Solche Geschichten" heißt: Geschichten, die Studierende der Sozialpädagogik erzählen, wenn man sie auffordert, aus dem eigenen Erfahrungsbereich „Fälle" oder „Momentaufnahmen", die „etwas mit Sozialpädagogik zu tun haben" zu erzählen. Die vage Formulierung „etwas" ist bewußt gewählt.
Es geht mir mit dieser Frage um Methoden und Hilfsmittel, die es Studierenden ermöglichen, sich eigene für Sozialpädagogik relevante

Erfahrungen *als Lern*erfahrungen anzueignen. Ich gehe dabei von dreierlei aus:
– daß alle Studierenden solche Erfahrungen *mitbringen,* auch wenn sie noch nicht (z. B. als Zivildienstleistende oder Praktikantinnen) mit sozialpädagogischen Berufsrollen näher bekannt sind;
– daß fast alle über solche Erfahrungen auch *berichten* können, d. h. sie erzählen können und in der Erzählung Bezüge herstellen können, die erkennen lassen, daß die Geschichte „etwas" mit Sozialpädagogik zu tun hat;
– daß aber nur sehr wenige in der Lage sind, dieses „etwas" näher zu bestimmen und in ihr *Wissen über* Sozialpädagogik einzuordnen.
Bei letzterem zu helfen ist Ziel dieses Buches.
Dazu werden einige Instrumente entwickelt:
– Es werden Geschichten wie die oben erzählte unter der Fragestellung interpretiert, was das sozialpädagogische „etwas" dabei ist; und es wird verdeutlicht, daß solche Geschichten selbst zwar noch keine „Fälle" sind, aber aus unterschiedlichen Handlungszusammenhängen auf sehr unterschiedliche Weise „als Fall" gelesen werden können (Kap. 1);
– es werden drei Typen solcher Lesarten bzw. drei Perspektiven unterschieden, die für sozialpädagogisches Handeln auf unterschiedliche Weise belangvoll sein können: als Handeln, das vorgegebene Tatbestände (z. B. Rechtstatbestände) verwaltet und anwendet, als verweisendes und vermittelndes Handeln und als Handeln in persönlichen Beziehungen (Kap. 2);
– es wird das am meisten benutzte Schema professioneller Fallbearbeitung – der methodische Dreischritt von Anamnese, Diagnose, Behandlung ergänzt durch den vierten Schritt der Evaluation – vorgestellt und hinsichtlich seiner Brauchbarkeit für sozialpädagogische Fallarbeit diskutiert (Kap. 3);
– es wird am Beispiel des sogenannten „Hilfeplans" nach dem Kinder- und Jugendhilfegesetz (KJHG) gezeigt, daß dieser Prozeß der Fallarbeit kein beliebig zu verwendendes Schema darstellt, sondern als verbindliche Grundlage behandelt werden muß (Kap. 4);
– es werden zu jedem einzelnen Prozeßelement von Fallarbeit Beispiele, besondere Fragen und Schemata der Bearbeitung diskutiert, wobei versucht wird, eine spezifisch sozialpädagogische Sichtweise von Anamnese, Diagnose, Behandlung und Evaluation zu entwickeln (Kap. 5 – 8);
– schließlich wird in einer Zusammenfassung eine Beschreibung der besonderen professionellen Haltung versucht, die sozialpädagogische Fallarbeit kennzeichnen sollte (Kap. 9).

Diese Zielsetzung und dieses Vorgehen schließen andere Fragestellungen aus. Anders als in dem bekannten Buch „Aus Geschichten lernen" (Baacke/Schulze 1979) geht es hier nicht um Methoden der Interpretation autobiographischen Materials, auch nicht um „Narrative Interviews" oder Ähnliches. Es geht auch nicht um speziell pädagogisches Fallverstehen (wie z. B. in den Fallsammlungen von Hastenteufel 1980 oder Ertle/Möckel 1981, den Diskussionsbänden von Fischer 1982, 1983 oder den neueren Studien von Mollenhauer/ Uhlendorff 1992 und Kleber 1992), obwohl zu diesen Ansätzen – etwa zu dem von Mollenhauer/Uhlendorff – Übereinstimmungen bestehen (vgl. unten Kap. 9.3). Es geht auch nicht um sozialpädagogische „Lehrfälle", die exemplarisch zeigen, wie komplexe Einzelfälle, z. B. in der Jugendhilfe (Siegismund/Tiesler 1979) oder bei der Planung institutioneller Neuerungen (Trabandt/Wurr 1989), gelöst werden können, noch um empirische Aufarbeitung der Fallarbeit von Ämtern und Einrichtungen (z. B. Arbeitsgruppe 5 1975, Freigang 1986), noch um den Vergleich unterschiedlicher Zugänge zum „sozialpädagogischen Methodenproblem" (z. B. B. Müller u. a. 1986). Schließlich geht es nicht um eine Neuauflage des sozialpädagogischen „Case-Work", d. h. nicht um den Versuch, einen „Helfenden Prozeß" (vgl. z. B. Hollis 1971, Perlman 1969, Germain/Gittermann 1983; vgl. Neuffer 1990) von Anfang bis Ende zu beschreiben. Allenfalls Begriffe wie „Didaktik der sozialpädagogischen Arbeit" (Martin 1992) oder „Beobachtungslehre" (Martin/Wawrinowski 1991) könnte man zur Beschreibung des Anliegens dieses Buches heranziehen, obwohl die genannten Bücher vollkommen anders ansetzen.

Mir geht es um das, was man früher „Propädeutik" nannte; um einführende Vorübungen zu komplexer sozialpädagogischer Fallbearbeitung, nicht darum, diese selbst Schritt für Schritt zu lehren. Die Fallbeispiele, die ich verwende, stammen nicht aus der Praxis erfahrener SozialpädagogInnen, sondern aus der Erfahrung von Studentinnen und Studenten. Es handelt sich dementsprechend nicht um „ganze" Fälle von langer Bearbeitungsdauer und hoher Komplexität. Es handelt sich allenfalls um „Momentaufnahmen" aus solchen Fällen, die in irgendeiner Form die Frage: „Was tun?" stellen. Gerade diese Beschränkung auf das Verstehen und Handeln im einzelnen Moment (und der Verzicht auf die „großen" Fälle) zwingt aber dazu, das Thema Fallarbeit zunächst weit zu fassen und nicht von vornherein auf ein bestimmtes Fachlichkeitsverständnis einzuengen. Was den spezifisch „sozialpädagogischen Blick" ausmacht, kann man nur lernen, wenn man ihn mit anderen „Blicken", z. B. dem juristischen oder dem therapeutischen, vergleicht. Auch zeigen viele der studenti-

schen Geschichten, daß sozialpädagogische Fallarbeit oft von solchen anderen ins Alltagsbewußtsein abgesackten „professionellen" Sichtweisen so überlagert sind, daß daraus eher Handlungsblockaden als Handlungsmöglichkeiten entstehen.
Allgemeinstes Ziel dieser Art der Arbeit an Fällen ist wohl das, was der Philosoph Immanuel Kant als „Aufklärung" definiert hat: Es geht um den Mut, sich des eigenen Verstandes ohne fremde Hilfe bedienen zu lernen, genauer gesagt, um die sozialpädagogische Nutzanwendung dieser Definition. Es geht um erste Schritte, das sozialpädagogische Studium als Mittel zu selbständigem, professionellem Denken und Handeln zu begreifen – statt als unerfreuliche Mischung von totem Wissen und pseudokonkreten Rezepten. Obwohl Kasuistik in diesem Sinne nur ein kleiner Beitrag zur Ausbildung sozialpädagogischer Fachlichkeit sein kann, geht es doch immer zugleich ums Ganze.

1.2 Interpretation einer Geschichte, die mit Sozialpädagogik zu tun hat

Die oben erzählte Geschichte (Fall 1) läßt zweifellos viele Interpretationen zu. Mir kommt es zunächst darauf an, verständlich zu machen, weshalb die Geschichte als Erfahrungsbeitrag erzählt wurde, der „etwas" mit Sozialpädagogik zu tun hat.
Der erzählende Student konnte dieses „Etwas" nicht klar benennen, und es liegt auch nicht auf der Hand. In der Geschichte kommen junge Männer, Fische und deren Eigentümer, Polizei, Gericht und der Staatsanwalt vor – aber keine Sozialpädagogen. Offenkundig handelt es sich um einen Fall von Kleinkriminalität, der vor dem Jugendgericht verhandelt wird. Dem einschlägigen Jugendgerichts-Gesetz (JGG) nach müßte die Sozialpädagogik in Gestalt eines(r) Jugendgerichtshelfers oder -helferin in der Geschichte auftauchen. Diese Funktion aber scheint dem Erzählenden nicht bekannt zu sein – er ist ja erst ganz am Anfang des Studiums. Jedenfalls erzählt er die Geschichte nicht als Fall für die Jugendgerichtshilfe.
Das „Sozialpädagogische" der Geschichte bleibt eher allgemein und gleichsam zwischen den Zeilen verborgen: Es steckt darin, daß von Jugendlichen die Rede ist und in Formulierungen wie: „langweilen sich am Sonnabend" und „mit Vergnügen Fische fangen" – wo es verboten ist; es steckt im tölpelhaften Sich-Erwischen-Lassen der beiden ebenso wie in der prompten Anzeige des „Eigentümers" und der „zufälligen" (wenn auch zunächst folgenlosen) Kontrolle der Polizei

auf der Straße. Offenbar wirkt einiges zusammen, was die beiden auffällig werden läßt.

„Sozialpädagogisches" steckt auch in dem Hinweis auf den Zusammenhang „solcher Delikte" mit „arbeitslos geworden". Übrigens scheint auch der Staatsanwalt, der einen absurd harten Strafantrag pädagogisch begründet, seine besondere Art der Sozialpädagogik zu verfolgen: Ein „mehrmonatiger Freiheitsentzug" soll erzieherisch wirken. Dagegen gerät das Gericht mit seinem (vergleichsweise milden) Urteil (Geldstrafe) seinerseits in ein typisch sozialpädagogisches Dilemma: Es verhängt eine Sanktion, die nicht ausführbar ist, ohne daß dem Delinquenten vorher geholfen wird, bezahlen zu können („durch Vermittlung des Arbeitsamtes"); da aber die Hilfe nicht zu greifen scheint, greift auch die Sanktion nicht: Das Geld ist nicht einzutreiben.

1.3 „Hinterkopf-Wissen"

Ich habe mit dieser „Lektüre zwischen den Zeilen" schon einiges an sozialpädagogischem „Hinterkopf-Wissen" in die Geschichte hineininterpretiert, ohne dies sehr explizit zu machen; Wissen, über das ich verfüge, aber nicht (oder nur in eingeschränktem Maße) die Studierenden. Sie haben wohl ein vages Bewußtsein davon, daß ihre Geschichten unterschiedliche Dimensionen sozialpädagogischen Handelns berühren, können sie aber kaum benennen.
Was folgt daraus? Zweifellos wäre es möglich, die Geschichte als Anknüpfungspunkt zu nehmen, um etwas von jenem Hinterkopf-Wissen „rüberzubringen"; also z. B.
– pädagogisches Wissen über Heranwachsende, das deren „Herumhängen, Blödeln, Action machen" (Kannicht 1983) besser verständlich macht;
– sozialwissenschaftliches Wissen, das die Geschwindigkeit, mit der die beiden Hobbyfischer in die Mühlen der Justiz geraten, nicht für selbstverständlich nimmt, sondern als Folge mangelnder sozialer Immunität begreift: Jugendliche, erst recht ausländische Jugendliche, werden einfach schneller „auffällig";
– rechtskundliches Wissen, das die Funktion, Handlungsmöglichkeiten und -grenzen der Jugendhilfe im Kontext von Jugendgerichtsbarkeit einschätzbar macht;
– Wissen über den professionellen „Habitus" (Bourdieu 1982) und die Zusammenhänge von „Rolle und Macht" (Claessens 1968), die z. B. Staatsanwälten ermöglichen, auf solch hohem Roß zu sitzen;

– sozialpolitisches Wissen, das sich in den Bedingungen und Folgen der Arbeitslosigkeit unterprivilegierter Jugendlicher und in den Instrumenten der Gegensteuerung auskennt.

Um all dies Wissen vermitteln zu können, über das die Studierenden zweifellos verfügen sollten, wenn man sie sich als kompetent intervenierende SozialpädagogInnen in einem solchen Fall vorstellt, müßte man allerdings viel Zeit haben. (Man könnte sicher ein ganzes Semester damit zubringen, all das „Sozialpädagogische", das in einer einzigen Geschichte dieser Art wie in einer Nußschale steckt, auszupacken.) Das größere Problem aber ist, daß damit die Geschichten wirklich nur noch didaktische Aufhänger und Ausgangspunkte für Wissensvermittlung wären. Die eigentliche Aufgabe der hier beschriebenen Art von Kasuistik aber wäre damit in den Hintergrund gedrängt: zu zeigen, wie aus *eigenen* Erfahrungen und aus Beobachtungen der eigenen Umwelt *gelernt* werden kann; und wie man sich Hilfsmittel aneignen kann, um das, was in diesen Erfahrungen steckt, „aufzuknacken".

Anders gesagt: Die Studierenden würden auf das verwiesen, was sie wissen *sollten* (um dereinst als kompetente SozialpädagogInnen gelten zu können), aber nicht angeleitet, sich ihre *jetzige* Erfahrungswelt besser anzueignen und kritisch zu erschließen. Andererseits drängt es die Lehrenden ja gerade deshalb, ihr (hoffentlich) geordnetes Hinterkopf-Wissen an die Stelle der diffusen Alltagserfahrung der Studierenden zu setzen, weil diese Alltagserfahrung für sich genommen den Studierenden wenig nützt und offenkundig der Aufklärung bedarf.

Kasuistik stößt an dieser Stelle auf ein Problem, das in der Wissenschaftstheorie „hermeneutischer Zirkel" (Zirkel des Verstehens) genannt wird. Damit ist gemeint, daß man, um Lebensäußerungen und -zusammenhänge zu verstehen, erst „das Ganze" verstanden haben muß, sofern es den Verstehenshorizont bildet, vor dem sich erst das Konkrete, Einzelne einordnen läßt; daß man zugleich aber „das Ganze" nicht verstehen kann, ohne sich vorher einen Zugang zum Konkreten, Einzelnen verschafft zu haben. So haben z.B. Ethnologen vielfältig das Problem beschrieben, daß es unmöglich ist, Einzelheiten einer fremden Sprache und Kultur sinnvoll zu verstehen, ohne vorher die „Grammatik", die Denkweise dieser Sprache und Kultur entziffert zu haben; zugleich aber ist der Zugang zu dieser Grammatik nur über die Erfahrung der Sprache und Kultur im konkreten, einzelnen Lebenszusammenhang möglich.

Ähnliches gilt für das Verstehen von Geschichten aus der eigenen alltäglichen Erfahrungswelt, mit dem Unterschied, daß hier „das Ganze", das der Geschichte ihren Sinn, ihren Bedeutungszusammenhang gibt, nicht fremd, sondern im Gegenteil, von Kind auf eingeübt und allzu verständlich ist. Auch dies kann das Verstehen erschweren, sofern wir dadurch gewissermaßen den Wald vor lauter Bäumen nicht sehen können. Gerade auch Alltagsgeschichten aus dem eigenen Erfahrungsbereich haftet immer etwas von dem an, was oben (s. Einleitung) „Dunkel des gelebten Augenblicks" genannt wurde; auch dann, wenn diese Geschichten nicht nur „einfach so" erzählt, sondern in einen allgemeinen Bedeutungszusammenhang (z. B. von „Sozialpädagogik") gestellt werden. Und dennoch gilt von solchen Geschichten im Prinzip dasselbe, was der Psychoanalytiker und Pädagoge G. Bittner über Lebensgeschichten sagt:

> „Wenn es uns gelänge, einen einzigen menschlichen Lebenslauf in seinem ‚so und nicht anders' vollständig durchsichtig zu machen, wüßten wir zugleich alles Wissenswerte über nur alle erdenklichen Lebensläufe" (1979: 126; im Orig. kursiv).

Bittner variiert diesen Satz anschließend, indem er ihn auf den Zusammenhang pädagogischen Handelns bezieht:

> „Wenn es gelänge, die Erziehungsgeschichte eines einzigen Individuums richtig, d.h. vollständig und mit den zutreffenden Bedeutungsakzenten darzustellen, wären gleichzeitig alle nur denkbaren Erziehungsgeschichten mit aufgeklärt" (ebd. 127).

Ich möchte eine weitere Variation dieses Gedankens auf unsere Fischer-Geschichte beziehen: Wenn es kasuistischer Arbeit gelänge, eine einzige Geschichte dieser Art in ihren Hintergründen, ihren subjektiven und objektiven Bedeutungszusammenhängen bezüglich aller daran Beteiligten, in der Logik wie in der Veränderbarkeit ihres Ablaufes, sowie in ihren Zukunftsperspektiven vollständig erfaßbar zu machen, dann müßten Studierende der Sozialpädagogik nichts darüber hinaus lernen, weil alles für Sozialpädagogik Relevante darin stecken würde.

Dies „wenn es gelänge" ist natürlich nicht mehr als ein fiktives Gedankenexperiment; es ist, wie Bittner sagt, die (unmögliche) „Quadratur des Zirkels" (ebd. 126). Es zeigt aber in der Überspitzung sehr schön, worauf es sozialpädagogischer Kasuistik (wie jeder Form fallbezogenen Studiums) letztlich ankommen muß: Nicht darauf, vom Alltagsverstand und von der sinnlichen Wahrnehmung des Einzelfalles *weg*zuführen zu abstrakten wissenschaftlichen Erkenntnissen (die dann wieder auf passende Fälle „angewandt" werden); sondern in den Alltagsverstand, in die sinnliche Wahrnehmung *hinein*zuführen, sie selbstreflexiv und kritisch zu machen und *dafür* nutzbares Wissen zu erschließen. Allgemeinwissen über Sozialpädagogik – das, was man gemeinhin „Theorie der Sozialpädagogik/Sozialarbeit" nennt – ist dabei nicht überflüssig. Aber seine Vermittlung ist hier nicht Zweck des Ganzen. Es hat nur den begrenzten Zweck, Hilfsmittel der Selbstaufklärung zu sein, neben anderen Hilfsmitteln. Es muß sich die Frage nach seiner Brauchbarkeit für diesen Zweck gefallen lassen.

Dies hat grundsätzliche Bedeutung für alles, was in einem solchen Zusammenhang „Lehren" heißt. Das „Hinterkopf-Wissen", das ich als Lehrender an die studentischen Geschichten herantrage – ebenso wie alle methodischen Vorschläge, die ich in diesem Buch entwickle – bekommt aus dieser Sichtweise eine vergleichbare Funktion, wie eine „Deutung" im Prozeß einer Beratung. „Deutung" ist nicht dasselbe wie „Diagnose". In einer Diagnose wird ein bestimmtes (z.B. medizinisches) Wissen auf einen Fall (z.B. einen schmerzenden Arm) angewandt, um festzustellen, was diesen Fall (objektiv) im Horizont jenes Wissens verursacht (z.B. die Röntgendiagnose ergibt: der Arm ist gebrochen). „Deutung" dagegen hat keinen in diesem Sinn objektiven, sondern einen *intersubjektiven* Geltungsanspruch. D.h. sie „unterliegt in ihrem Wahrheitsanspruch dem situativen und interaktionellen Arbeitsbündnis", wie Mader (1976: 708f.) schreibt. Anders gesagt: Deutungen wenden zwar auch fachliches (z.B. psychoanalytisches oder sozialpädagogisches) Hinterkopfwissen auf konkrete (Leidens) Fälle an; aber sie beanspruchen nicht, „die Wahrheit" darüber ans Licht zu bringen. Sie schlagen dem Adressaten nur Möglichkeiten zur Überprüfung der Sinngehalte seiner eigenen Einfälle bzw. Sichtweisen vor. „Wahr" wird eine Deutung erst dadurch, daß ihr Adressat sie als hilfreich zur Aufklärung seines Zustandes übernimmt und damit als intersubjektiv gültig „validiert" (vgl. Mader ebd.).

Analog dazu sind auch sozialpädagogische Interpretationen, die in den hier beschriebenen Kasuistikseminaren, aber auch in allen Formen der Praxisberatung und Supervision an die jeweils erzählten Fall-Geschichten herangetragen werden, keine „Diagnosen", sondern (stellvertretende) „Deutungen": Sie werden erst dadurch „wahr", daß sie für die Erzählenden ihre Geschichte ein Stück weit durchsichtiger und handhabbarer machen. Sie beanspruchen nicht „die" (objektive) Bedeutung der Geschichte zu erschließen, sondern nur, hilfreich zu sein dafür, daß Studierende der Sozialpädagogik aus dieser – und anderen – Geschichten etwas lernen können, das für ihr fachliches Selbstverständnis von Bedeutung ist. Nur daran wollen diese Interpretationshilfen gemessen werden.

1.4 Was ist ein sozialpädagogischer Fall?

Ich möchte die Fischer-Geschichte noch etwas weiter ausschlachten und daran zeigen, in welchem Sinne hier von „Fällen" oder „Fallgeschichten" die Rede sein soll. Für sich genommen ist die Geschichte noch kein sozialpädagogischer Fall. Denn die Bezeichnung einer Geschichte als „Fall" verweist immer auf einen Handlungszusammenhang, in den sie einzuordnen ist. Handelnde Sozialpädagogen kommen aber, wie gesagt, in der Geschichte nicht vor. Sie müssen hinzugedacht werden, wenn wir von einem sozialpädagogischen Fall reden wollen.

Andere Personen bzw. Instanzen kommen dagegen handelnd in der Geschichte vor: Die Jugendlichen, der Eigentümer, die Polizei, der Staatsanwalt, das Gericht, das Arbeitsamt. So scheint es näher zu liegen, die Geschichte gar nicht als *sozialpädagogischen* Fall zu lesen, sondern als Fall für die Polizei, für das Jugendgericht etc. Dies ist offenkundig möglich. Allerdings müssen wir uns auch dann Dinge hinzudenken.

Betrachten wir die Geschichte z. B. als Fall für die Polizei, so denken wir uns hinzu, daß diese neben dem Einzug des corpus delicti (die Fische) auch ein beweissicherndes Protokoll erstellt hat, dabei mit den Tatverdächtigen auf eine Weise umgegangen ist, die rechtsstaatlichen Vorschriften entspricht etc. Betrachten wir die Geschichte als Fall für die Justiz, so denken wir uns die einschlägigen Gesetzeswerke (Strafgesetz, Strafprozeßordnung, Jugendgerichtsgesetz etc.) als Interpretationsrahmen dazu, ordnen die Tat als „einfachen Diebstahl" ein, definieren Alexander als Ersttäter und Carlos als Wiederholungstäter, überlegen bei letzterem, ob er als 20jähriger noch als Jugendlicher oder schon nach dem Strafrecht für Erwachsene zu belangen sei etc. Wir können uns natürlich auch noch andere Personen bzw. Instanzen dazudenken, in deren Handlungszusammenhang diese Geschichte als „Fall" erscheinen könnte: Z. B. die Presse oder Jugendforscher, die an diesem Fall zeigen wollen, wie schwierig es heutzutage für Jugendliche geworden ist, noch etwas Spannendes zu erleben, ohne mit dem Gesetz in Konflikt zu kommen; oder einen Kommunalpolitiker, welcher an dem Fall zeigen will, wie „kriminalitätsbelastet" der eigene Ortsteil ist.

Alle diese Möglichkeiten, die Geschichte zum „Fall" zu machen, sind nun für sozialpädagogische Kasuistik nicht einfach auszublenden. Das Problem sozialpädagogischer Kasuistik besteht nämlich zunächst einmal darin, daß offen und diffus ist, auf *wessen* Handeln und *welchen* Handlungstypus sich Geschichten beziehen, die „etwas"

mit Sozialpädagogik zu tun haben. Wären in der Fischer-Geschichte die beiden Jugendlichen die richtigen Adressaten für sozialpädagogische Fallarbeit; oder nicht eher der anzeigenfreudige Teich-Besitzer, der schneidige Staatsanwalt, das ineffektive Arbeitsamt oder die Familien der Jugendlichen? Die Annahme etwa, es handle sich um einen Fall für die Jugendgerichtshilfe, trifft schon eine ganz bestimmte Auswahl. Und wenn wir uns auf die Jugendlichen als Adressaten festlegen: Geht es um ihre Nacherziehung, oder um Beratung, wie sie vor Gericht glimpflich davonkommen, um sinnvolle Freizeitangebote oder um Hilfestellung bei der Arbeitssuche?
Die klassische Methode sozialpädagogischer Fallarbeit, das sogenannte case-work, ging von dem Grundsatz aus, den (ganzen) „Menschen in seiner spezifischen Situation" (Hollis 1971: 27) als Gegenstand der Arbeit zu nehmen. Dies ist ein radikal anderer Ausgangspunkt als ihn andere „Fallbearbeiter" haben, die ihre Fälle von vornherein unter einem speziellen Gesichtspunkt betrachten: Z.B. die Ärztin, die einen gebrochenen Arm behandelt und deren Pflicht ein „diszipliniertes Desinteresse" (Goffman 1973: 310) für andere Angelegenheiten ihres Klienten ist – etwa für die Frage, ob der gebrochene Arm gleichzeitig mit einem anderen „Fall" (z.B. einem Strafverfahren) in Zusammenhang steht (vgl. dazu Müller 1991: 43ff.). Ausnahmen (etwa wenn der Patient ein Kind und/oder Opfer einer Gewalttat ist) bestätigen diese normalerweise bestehende Pflicht zum Ausblenden anderer Fall-Perspektiven. Sozialpädagogen sind hier in einer schwierigeren Position, da sie sich gar nicht leisten können, die Perspektiven anderer Fall-Bearbeiter einfach auszublenden. Also im Beispielfall etwa zu sagen: Was der Nachbar, die Polizei, das Gericht, das Arbeitsamt mit den beiden Jungen macht, ist nicht unser Bier. Ihre Fallarbeit muß sich gerade *im Verhältnis* zu dem, was andere tun, bestimmen. Sozialpädagogen sind keine Wundertäter, die den „ganzen Menschen und seine Situation" auf einmal ändern können. Die „ganzheitliche" Orientierung verlangt vielmehr eine Verhältnisbestimmung zu jenen „anderen" Fallperspektiven. Zur „Situation" unserer Beispielgeschichte gehört unablösbar dazu, daß die Jugendlichen Fall für die Polizei, die Justiz und das Arbeitsamt *sind*.
Damit hängt noch eine andere Schwierigkeit zusammen, die schon angedeutet wurde. Der inhaltliche Bezugsrahmen dessen, was für SozialpädagogInnen „der Fall" ist, ist sehr viel offener als in anderen Fall-Perspektiven. Betrachten wir den Fall der beiden Jugendlichen als Fall für den Staatsanwalt, so haben wir damit automatisch einen Bezugsrahmen mitgedacht, der durch gesetzliche Bestimmungen gesetzt ist. Die Jugendlichen sind durch diesen Rahmen definiert als

Fall von „einfachem Diebstahl", von „Jugenddelinquenz", von „Wiederholungstäter"; denkbar wäre (bei einem anderen Staatsanwalt) auch, daß sie nach § 45 des Jugendgerichts-Gesetzes (JGG) als Fall definiert würden, bei dem „von Verfolgung abzusehen ist". Als Fall für das Arbeitsamt betrachtet wären die Jugendlichen definiert als potentielle „Leistungsberechtigte", für die, nach Maßgabe des Arbeitsförderungs-Gesetzes (AFG) etwa Hilfestellungen bei der Arbeitssuche oder eine Qualifizierungsmaßnahme zur Chancenverbesserung auf dem Arbeitsmarkt zu organisieren wäre.

Aber als Fall von was und als Fall für wen hat man die beiden Jugendlichen definiert, wenn man sie als „sozialpädagogischen" Fall definiert? Offenkundig ist damit noch gar nichts vordefiniert. Nicht nur ist damit die Beschäftigung mit dem, was andere Instanzen (das Jugendgericht, das Arbeitsamt etc.) tun, keineswegs ausgeklammert. Vor allem ist damit nicht definiert, was SozialpädagogInnen *selbst* mit solchen Jugendlichen anstellen sollen. Auch wenn man dabei auf ein spezifisches Feld einschränkt und beispielsweise sagt, die Sozialpädagogen sollen mit diesen Jugendlichen „Jugendgerichtshilfe" oder „Jugendarbeit" machen, so ist damit die Frage: was machen wir nun mit denen? kaum vorgeklärt. „Jugendgerichtshilfe machen", „Jugendarbeit machen" ist als Handlungstypus sehr viel weniger genau definiert als „Urteile fällen", „Weisungen erteilen", „Arbeitsförderungsmaßnahmen einleiten" etc.

Im nächsten Kapitel wird die Frage behandelt, wie in diese Offenheit und Unbestimmtheit, was SozialpädagogInnen tun – und demzufolge Offenheit und Unbestimmtheit, was ein „Sozialpädagogischer Fall" ist – ein wenig Ordnung und Übersicht gebracht werden kann.

Arbeitsfragen zu Kapitel 1:
1. Was ist an der zu Beginn erzählten Geschichte „sozialpädagogisch"?
2. Was heißt, eine solche Geschichte als Fall zu „deuten"?
3. Wodurch unterscheidet sich die Deutung der Geschichte als „sozialpädagogischer Fall" von anderen Deutungen?

2. Kapitel: Typen sozialpädagogischer Fälle: Fall von, Fall für, Fall mit

„Während meiner Praktikumstätigkeit in einem Heim für Kinder mit einer Behinderung fielen mir bei der Akteneinsicht die differenzierten medizinischen Gutachten auf. Auch zu den kleinen Kindern waren schon im Säuglingsalter Diagnosen erstellt worden, die über die Art der Behinderung Aufschluß geben. In diesem Alter ist eine Unterscheidung zwischen seelischen und geistigen Behinderungen meist schwierig bzw. unmöglich; eine verfrühte Klassifizierung kann also eine gezielte Frühförderung gefährden. Trotzdem werden diese Klassifizierungen durchgeführt, da nach § 10 Abs. 2 KJHG die Eingliederungshilfe nach dem BSHG den Leistungen des KJHG vorgeht, wenn die Kinder oder Jugendlichen wegen einer wesentlichen geistigen oder körperlichen Behinderung der Eingliederungshilfe bedürfen. Ein Kind mit einer seelischen Behinderung würde somit nur durch Mittel der Jugendhilfe gefördert. Aus diesem Grund wird beispielsweise durch die ‚Lebenshilfe' der Vorrang der Eingliederungshilfe nach dem BSHG für alle Formen der Behinderung gefordert. Außerdem sei auf den unbestimmten Rechtsbegriff in § 10 KJHG hingewiesen: Wann ist jemand ‚wesentlich behindert'?"

2.1 INTERPRETATION DER FALLGESCHICHTE

Diese Fallgeschichte hat offenkundig einen ganz anderen Charakter als diejenige, um die es im ersten Kapitel ging. All die Überlegungen zur Offenheit und Unbestimmtheit sozialpädagogischer Fälle scheinen hier überflüssig. Niemand käme auf die Idee, zu unterstellen, jemand anders als SozialpädagogInnen könnten hier zuständig sein. Auch werden sehr präzise Fachfragen aufgeworfen, die ebenso klar beantwortbar sind. Trotzdem lassen sich auch und gerade an diesem scheinbaren Kontrast-Beispiel die bisherigen Gedanken weiterentwickeln.

Der Unterschied der Beispiele hängt offenkundig damit zusammen, daß hier die berichtende Studentin in ihrem Studium schon weiter fortgeschritten ist. Sie hat ein Praktikum hinter sich gebracht, über das sie differenziert nachzudenken vermag. Und sie hat augenscheinlich schon beträchtliche Kenntnisse in Jugend- und Sozialrecht erworben. Beides setzt sie in die Lage, spezifische fachliche Fragen fallbezogen zu stellen. Dies führt auch dazu, daß die Geschichte nicht direkt von bestimmten Kindern oder Jugendlichen handelt, sondern von deren „Akten" und von Fragen, die sich die Studentin angesichts einer Aktenlage stellt.

Worum geht es, wenn man dies als Beispiel für sozialpädagogische Fallarbeit im Seminar nimmt? Es geht erstens auch hier, sogar noch offenkundiger, um Fachwissen. Die Geschichte ist gespickt mit Andeutungen davon und deshalb auch weniger leicht zu lesen als die erste. Es geht dabei diesmal nicht nur um mein „Hinterkopfwissen", sondern auch um das einer Studentin. Beide haben wir die Aufgabe, dieses Wissen zu vermitteln – wenn man davon ausgeht, daß nicht alle ihre KommilitonInnen in der Lage sind, die aufgeworfenen Fragen auf Anhieb zu verstehen. Zum zweiten geht es darum, jedenfalls mir in diesem Buch, am Beispiel der Geschichte den Begriff „sozialpädagogischer Fall" näher zu erläutern.

Mit den Fachbegriffen, die in der Geschichte auftauchen, ist eine ganz bestimmte Ebene sozialpädagogischen Handelns angesprochen, eine Ebene, auf der es relativ große Ähnlichkeit mit dem Handeln von Richtern oder Mitarbeitern von Arbeitsämtern hat; und eine Ebene, auf der es eine spezifische Fachsprache gibt. Um darüber fallbezogen mitreden zu können, muß man zunächst ein wenig Bescheid wissen:

– man muß wissen, daß die Kürzel KJHG und BSHG Kinder- und Jugendhilfegesetz und Bundessozialhilfegesetz bedeuten und daß dies in Deutschland die wichtigsten gesetzlichen Grundlagen sind, aus denen SozialpädagogInnen ihren beruflichen Auftrag ableiten können;

– man muß wissen, daß Begriffe wie „Leistungen der Jugendhilfe", „Eingliederungshilfe nach dem BSHG", „wesentlich behindert" und „Vorrang der Eingliederungshilfe nach dem BSHG" aus diesen Gesetzestexten stammen und ganz bestimmte rechtliche Bedeutung haben: Leistungen der Jugendhilfe meint den Katalog von Arbeitsfeldern und -formen, wie er insbesondere in den §§ 11–41 KJHG beschrieben wird; „Eingliederungshilfe" bezeichnet die nach § 39 BSHG gewährleisteten und in der Durchführungsverordnung zu § 47 BSHG näher beschriebenen Hilfeleistungen, auf die mindestens alle „wesentlich Behinderten" einen Rechtsanspruch haben; „Vorrang der Eingliederungshilfe" meint hier den durch das KJHG in § 10,2 gesetzten Tatbestand, daß für geistig und körperlich „wesentlich" behinderte Kinder und Jugendliche der allgemeine in § 2 BSHG formulierte Grundsatz der „Nachrangigkeit" der Sozialhilfe gegenüber allen anderen Hilfearten *nicht* gelten soll, welcher lautet: „Sozialhilfe erhält nicht ... wer die erforderliche Hilfe von anderen, besonders von Angehörigen oder Trägern anderer Sozialleistungen erhält"; weshalb für diese Kinder die nötigen Leistungen nicht nach dem KJHG, sondern nach dem BSHG zu erbringen sind;

– man muß aber, um das von der Studentin formulierte Problem überhaupt verstehen zu können, auch noch wissen, daß das KJHG in eben jenem § 10,2 die „wesentliche *seelische* Behinderung" (z. B. Autismus) nicht erwähnt und damit in der Zuständigkeit der Kinder- und Jugendhilfe (und nicht der Sozialhilfe) beläßt. Erst dieser – recht komplizierte – Tatbestand macht verständlich, weshalb in den Fallakten der Kinder eine „verfrühte Klassifizierung" auszumachen ist, die für eine „gezielte Frühförderung" möglicherweise mehr schadet als nützt. Die Klassifizierung dient der Ermittlung der Zuständigkeit, insbesondere für die Kosten der Maßnahmen: bei „seelischer" Behinderung das Jugendamt, bei körperlicher und geistiger Behinderung das Sozialamt. (Inzwischen ist – seit Februar 1993 – das Gesetz geändert und diese Zuständigkeit – in einem neuen § 35a – deutlicher formuliert.)

Ich habe absichtlich eine solche knifflige Geschichte gewählt, um zu zeigen: SozialpädagogInnen brauchen zur Klärung ihrer „Fälle" nicht nur einen weiten Horizont und eine ganzheitliche Sichtweise, sondern je nach Fall, auch sehr handfestes Fachwissen. Ich kann aber hier dies Wissen nicht weiter vertiefen – es handelt sich ja nicht um eine Einführung ins Jugend- oder Sozialrecht. Vielmehr möchte ich darauf verweisen, daß mit diesem Ausflug in die Rechtskunde der Fall noch keineswegs gelöst ist. Es ist nur die *Voraussetzung* geschaffen, die Geschichte überhaupt zu verstehen. Gelöst wäre der Fall erst, wenn wir folgende drei Arten von Fragen beantworten könnten:

– Hat die „Lebenshilfe" (gemeint ist die konkrete Einrichtung, in der die Studentin gearbeitet hat) recht oder nicht recht, wenn sie den „Vorrang der Eingliederungshilfe nach dem BSHG für alle Formen der Behinderung fordert"?

– Was sind das überhaupt für „differenzierte medizinische Gutachten" bzw. „Diagnosen", die da in den Akten der Kinder stehen? Welche davon sind wichtig für das Verständnis der Kinder (und nicht nur wichtig für die Klärung von Finanzierungsfragen)? Was müssen SozialpädagogInnen überhaupt an klinischem Wissen haben, wenn sie mit behinderten Kindern arbeiten?

– Schließlich und vor allem: Was heißt „gezielte Frühförderung"? Was müssen SozialpädagogInnen wissen und tun, um zu einer solchen Förderung beitragen zu können? Was können sie tun, um eine „Gefährdung" dieser Förderung zu verhindern?

Diese drei Fragenbündel können hier nicht beantwortet werden, weil dazu das Hintergrundmaterial der Fallgeschichte – z. B. die erwähnten „Akten" – ausgebreitet werden müßte, und das würde den hier gesetzten Rahmen sprengen. Die Formulierung solcher Fragen soll nur zeigen, daß sich auch in diesem Beispiel die Fallarbeit nicht auf die Klärung von Zuständigkeiten beschränken kann, sondern eine ganzheitliche, besser gesagt eine mehrdimensionale Sichtweise verlangt. Es soll am Beispiel die These entfaltet werden, daß sozialpädagogische Fallarbeit in aller Regel in den drei Dimensionen zu leisten ist, die in den genannten Fragebündeln angesprochen sind, auch wenn es aus praktischen Gründen oft sinnvoll ist, die eine oder andere dieser Dimensionen auszublenden.

– Sozialpädagogisches Handeln ist in aller Regel nicht freie professionelle Tätigkeit im herkömmlichen Sinn (vgl. dazu Olk 1986), sondern Handeln, das in eine Verwaltung, eine „Bürokratie" eingebunden ist und selbst immer auch den Charakter von „Verwaltungshandeln" hat (vgl. dazu Maas 1992). In dieser Hinsicht haben SozialpädagogInnen mit einem bestimmten Typus von Fallarbeit zu tun, den ich „Fall von" nenne (vgl. auch Peter 1986) – z.B. ein Fall von Eingliederungshilfe nach § 39 BSHG.

– Sozialpädagogisches Handeln hat in aller Regel mit Fällen zu tun, mit denen auch andere Instanzen und Professionen befaßt sind. Daraus ergibt sich ein Typus von Fallarbeit, den ich „Fall für" nenne (im ersten Beispiel Fall für Polizei, Justiz etc., im zweiten Beispiel Fall für diagnostizierende Ärzte). Oft wird sozialpädagogischem Handeln von diesen anderen Instanzen nur ein sekundärer Platz eingeräumt, als „Nebenfolge", wie es in § 8 JGG treffend genannt wird. Andererseits sind SozialpädagogInnen strukturell auf das Handeln und die Kompetenz dieser anderen Instanzen angewiesen (z.B. auf ärztliche Diagnosen im Fall behinderter Kinder). Um diese Kompetenz für die eigene Arbeit angemessen nutzen zu können, brauchen sie ein hinreichendes „Verweisungswissen" (vgl. Sprondel 1979; s.u.): nämlich die *Gründe* zu kennen, die ihre KlientInnen zugleich zum Fall für jene anderen Instanzen machen; die *Folgen* zu verstehen, die dies für die Betroffenen selbst wie für den eigenen Umgang mit diesen KlientInnen hat; und die *Bedingungen* zu kennen, unter denen es darauf ankommt, auf kompetente Weise an diese anderen Instanzen zu verweisen.

– Den dritten und vielleicht wichtigsten Typus sozialpädagogischer Fallarbeit nenne ich „Fall mit". Er betrifft die i.e.S. *pädagogische Dimension*. Es geht um die ebenso schlichte wie schwer zu beantwortende Frage: Was mache ich nun, wenn jene anderen Fragen geklärt sind, *mit* meinem „Fall", dem straffällig gewordenen Jugendlichen, dem behinderten Kind? Und da es sich nicht um tote Gegenstände, sondern um lebende Menschen handelt, stellt sich zugleich die Frage: Was machen die *mit* mir? Was will/kann ich und was der/die Andere *mit*machen? Was können wir zusammen machen?

Die Terminologie „Fall von", „Fall für", „Fall mit" lehnt sich an den alltäglichen Sprachgebrauch an. Ich werde im folgenden diese drei Typen von Fallarbeit näher betrachten, immer mit Blick darauf, daß es sich dabei nicht um isolierte Realitäten handelt, sondern um unterschiedliche Dimensionen *eines* praktischen Zusammenhanges. Ich erinnere auch an das im ersten Kapitel Gesagte. Eine Typologie dieser Art beansprucht nicht „Diagnose", d.h. objektive Analyse von Wirklichkeit zu sein, sondern „Deutung". Ihr Maßstab ist Brauchbarkeit für und Erhellung von praktische(n) Zusammenhänge(n). Die Deutung eines Falles als „Fall von" schließt dabei keineswegs aus, ihn gleichzeitig – in anderer Beleuchtung – als „Fall für" und „Fall mit" zu lesen.

2.2 FALL VON

Wenn in sozialpädagogischen Diskussionen davon die Rede ist, daß man Klienten nicht als „Fall", nicht nach „Schema F" behandeln dürfe, sondern als Menschen sehen solle, dann ist der Typus „Fall von" kritisch im Visier. Diese Kritik hat recht, sofern sie darauf verweist, daß eine andere Dimension, die von „Fall mit", nicht vergessen werden darf. Sie ist aber im Unrecht, wenn sie behauptet, die Betrachtungsweise als „Fall von", in der klassifiziert und definiert und „nach Aktenlage" entschieden werden muß, sei nur eine Sache für Bürokraten und Korinthenkacker und gehe echte SozialpädagogInnen nichts an.

„Fall von" heißt, daß der Fall „Beispiel für ein anerkanntes Allgemeines (Beispiel für eine Theorie, eine Norm, ein Phänomen)" ist (Peter 1986: 23). Verwaltungshandeln konfrontiert mit diesem Falltypus, sofern es dabei immer in irgendeiner Form darum geht, ein „Allgemeines" (ein Gesetz wie das BSHG, Verfahrensvorschriften, wie die Datenschutzbestimmungen nach §§ 61 ff. KJHG, einen „unbestimmten Rechtsbegriff" wie „Mitwirkung von Personensorgeberechtigten" (§ 36 KJHG) oder „Beteiligung von Kindern und Jugendlichen" (§ 8 KJHG) *in konkretes, auf den Einzelfall bezogenes Handeln sinnvoll umzusetzen.*

Verwaltungshandeln ist nicht die einzige Handlungsart, in der SozialpädagogInnen mit diesem Falltypus konfrontiert werden. Wenn sie es z.B. mit einem Fall von Diebstahl Jugendlicher, von geistiger oder seelischer Behinderung eines Kindes, mit einem Fall von Kindesmißhandlung oder von Obdachlosigkeit zu tun bekommen, so ist die „Verwaltungsseite" der Fälle keineswegs die einzige Dimension, in der sie „Beispiel für ein anerkanntes Allgemeines" sind (dasselbe gilt z. B. für die medizinische Seite von Behinderung − etwa: Fall von Down-Syndrom −; oder für die soziologische Seite von Obdachlosigkeit − etwa: Fall von Folgen langer Arbeitslosigkeit). Dennoch ist dieser Falltypus bzw. diese Betrachtungsweise als „Fall von" SozialpädagogInnen vor allem hinsichtlich der Verwaltungsseite ihres Handelns relevant, weil vor allem hier Fähigkeit zur richtigen Anwendung allgemeiner Vorgaben auf praktische Fälle über die Qualität sozialpädagogischer Arbeit entscheidet.

Ganz allgemein gesprochen geht es dabei immer um das richtige, d. h. fachgerechte Herstellen einer „Wenn-Dann-Beziehung": Nämlich zwischen dem jeweiligen Fall und dem „anerkannten Allgemeinen" (z. B. dem KJHG), auf welches der Fall zu beziehen ist (z. B. *wenn* Jugendliche, wie in Fall 1 beschrieben, Gegenstand eines Jugendgerichtsverfahrens werden, *dann* ist die Mitwirkung des Jugendamtes in der in § 52 KJHG beschriebenen Weise sicherzustellen).

Das Gesetz hat dabei den Charakter eines „Konditionalprogrammes": Es formuliert Bedingungen und Folgen, die „greifen", wenn ein bestimmter Fall zutrifft bzw. eintritt (z. B. *wenn* „Mütter oder Väter ... allein für ein Kind zu sorgen haben oder sorgen", *dann* haben sie „Anspruch auf Beratung und Unterstützung bei der Ausübung der Personensorge einschließlich der Geltendmachung von Unterhalts- oder Unterhaltsersatzansprüchen des Kindes oder Jugendlichen" (§ 18,1 KJHG). Zur Verdeutlichung, was mit dieser Verwaltungsseite und mit diesem Falltypus konkret gemeint ist, soll ein weiteres Beispiel dienen.

3 „Aus meinem Praktikum.
Situation: Familie mit vier Kindern, davon zwei schulpflichtig. Wohnsituation: relativ eng, drei Zimmer, Küche, großer Flur, Waschgelegenheit. Mutter zu Hause, Hausfrau. Vater seit ca. 4 Jahren arbeitslos, aus Sicht des Sozialamtes arbeitsscheu, kaum im Hause.
Finanzielle Situation: Arbeitslosenhilfe − Hilfe zum Lebensunterhalt − Kindergeld. Allerdings ist es so, daß die Frau mit den Kindern stets ohne Geld ist, da der Ehemann alles an sich nimmt, jedoch nicht immer für den Lebensunterhalt aufkommt. So ist die Frau gezwungen, mit dem auszukommen, was ihr Mann ihr gibt, oder sich anderweitig (betteln) zu helfen. Aufgrund dessen, daß die Mutter die Kinder vernachlässigte, hatte ich nun überlegt, ob die Situation, die vor allem die Kinder trifft, Möglichkeiten einer Verbesserung gibt. Der Vater der Kinder war in keiner Weise zugänglich, so daß eine Änderung der finanziellen Lage nicht zu erwarten war. Die Mutter war nur begrenzt zugänglich. Die Vernachlässigung der Kinder ging so weit, daß sie sich nicht um saubere Kleider für die Kinder bemühte, es kamen Kla-

gen aus der Schule, die Kinder würden stinken (Urin). Des weiteren wurde ein Kind, das sich schwere Verbrennungen zugezogen hatte vor längerer Zeit, nicht einem Arzt zur Nach- und Weiterbehandlung vorgestellt, obwohl dies dringend erforderlich war (das Kind konnte den Arm aufgrund von Vernarbungen nicht richtig bewegen) und obwohl die Mutter mehrmals dazu aufgefordert wurde. Meine Überlegungen gingen nun dahin, da mit der Mutter durch Gespräche keine Verhaltensänderung erreicht wurde, ob es sinnvoll wäre, die Kinder aus der Familie zu nehmen."

Es ist leicht zu sehen, daß in diesem Erfahrungsbericht aus einem Praktikum alle drei Falltypen abwechselnd unterstellt werden: Die Geschichte berichtet von Verständigungsversuchen *mit* einem Elternpaar, um dessen Kinder es vor allem geht (wobei offen bleibt, ob diese Versuche von der Praktikantin oder von anderen Personen aus dem Jugendamt – um ein Praktikum in diesem Amt handelt es sich offenbar – unternommen wurden). Die Versuche werden als wenig erfolgreich dargestellt: Der Vater sei „in keiner Weise zugänglich", die Mutter nur „begrenzt". Während die Unmöglichkeit, den Fall gemeinsam mit dem Vater zu lösen, als Tatsache unterstellt wird, scheint die Mutter immerhin „Gespräche" zuzulassen. Damit wird allerdings auch keine „Verhaltensänderung erreicht", was aus der Sicht der Praktikantin rechtfertigt, den Versuche einer gemeinsamen Lösung *mit* der Mutter aufzugeben und „die Kinder aus der Familie zu nehmen", d.h. den Fall endgültig als Fall *von* Kindes-Vernachlässigung, der das staatliche Wächteramt auf den Plan ruft, zu behandeln.

Bemerkenswert ist, daß von Versuchen einer Verständigung *mit* den Kindern selbst nichts berichtet wird.

Der Fall wird zugleich als „Fall *für*" dargestellt: Die Familie ist offenkundig schon seit längerem Fall *für* das Sozialamt und andere Behörden. Die beiden schulpflichtigen Kinder werden wegen ihrer mangelnden Sauberkeit zum Fall *für* die Schule, die ihrerseits offenbar befand, nach Urin stinkende Kinder seien ein Fall *fürs* Jugendamt und mit entsprechenden „Klagen" vorstellig wurde. Außerdem wird eines der Kinder, das sich „schwere Verbrennungen zugezogen hatte", als Fall *für* ärztliche Betreuung vorgestellt. Dabei scheint das sozialpädagogische „Verweisungswissen" (s.u.) des Jugendamtes, daß nämlich eine „Nach- und Weiterbehandlung ... dringend erforderlich" sei, der Mutter nicht vermittelbar gewesen zu sein. Eben dadurch wird auch dies behauptete Wissen zur Rechtfertigung, den Fall als Fall *von* Vernachlässigung weiterzubehandeln.

Welche praktische Handlungsperspektive eröffnet sich aber durch diese Betrachtung als „Fall *von*"? Im Blick auf den Vater der Kinder anscheinend gar keine. Weder der Umstand, daß er vom Sozialamt als Fall *von* „arbeitsscheu" etikettiert wird, noch die Tatsache, daß er sich als Fall *von* Unterhaltsverweigerung bzw. Unterschlagung präsentiert (sofern er zumindesten Teile der Frau und Kindern zustehenden „Hilfe zum Lebensunterhalt" [§ 11 ff. BSHG] und des Kindergeldes für sich behält), scheint irgendwelche Konsequenzen für ihn zu haben. An den oben zitierten § 18,1 KJHG (Recht auf Beratung und Unterstützung bei Unterhaltsansprüchen) scheint niemand zu denken, oder er „greift" nicht, weil die Frau nicht bereit ist, gegen ihren Mann gerichtlich vorzugehen. Dieser genießt sozusagen die Freiheit des hoffnungslosen Falles. Anders die Mutter der Kinder, deren Verweigerung einer „Verhaltensänderung" Konsequenzen hat, sofern dies die Praktikantin bzw. das Jugendamt zu der Überlegung bringt, „ob es sinnvoll wäre, die Kinder aus der Familie zu nehmen". Ich möchte an dieser Stelle nicht über den Sinn einer solchen Maßnahme diskutieren (denn das würde die Betrachtung als Fall *mit* der Frau und den Kindern voraussetzen, s.u.). Ich möchte vielmehr jetzt diskutieren, welche Art von Handeln in Gang kommt, wenn man die Frage der Praktikantin („ob es sinnvoll wäre") bejaht und davon ausgeht, daß im Moment genug geredet sei und Entscheidungen anstehen, die dem begründeten Verdacht Rechnung tragen, daß es sich um einen Fall *von* „Gefährdung des Kindeswohls" handelt.

An dieser Stelle wäre im Kasuistikseminar zweifellos wieder angesagt, „Hinterkopf-Wissen" zu mobilisieren, also dafür zu sorgen, daß alle TeilnehmerInnen das notwendige Minimum an fachlichem Wissen über die einschlägigen gesetzlichen Bestimmungen parat haben, um kompetent mitdiskutieren zu können. Ehe das im folgenden knapp zusammengestellt wird, muß aber noch klarer werden, was es bedeutet, daß jetzt der Fall *als* Fall *von* Verwaltungshandeln (konkret: als Vernachlässigung *von* „Kindeswohl") weiterbearbeitet wird.

Vor allem ist zu beachten, daß unter dieser Perspektive als handelnde Instanz des Falles nicht mehr eine Praktikantin X oder ein Sozialpädagoge Y tätig sind; sondern „das Jugendamt" wird hier tätig, indem es seine MitarbeiterInnen beauftragt, die in diesem Fall geeigneten und notwendigen Maßnahmen zu ergreifen bzw. Jugendhilfe-Leistungen zu erbringen. Diese Ausdrucksweise ist nicht nur Übersetzung sozialpädagogischen Handelns in Bürokratensprache, sondern hat einen ganz bestimmten Sinn. Sie erinnert daran, daß SozialpädagogInnen in aller Regel nicht als Privatpersonen oder selbsternannte Helfer und Helferinnen arbeiten, sondern als Teil einer gesetzlich gewährleisteten „Daseinsvorsorge" tätig sind (vgl. Maas 1992: 16f.), wozu, wie in diesem Fall, die gesetzlichen Grundlagen und Einrichtungen der Jugendhilfe gehören. Wie in unserem Fallbeispiel gilt auch allgemeiner:

> „Gesetzlich vorgesehene ‚Hilfen' sind nicht nur als Leistungen gestaltet, sie können auch Eingriffe in die Rechte der Betroffenen sein oder ‚Hilfe'-arten, die nicht ohne weiteres als Eingriffe bzw. als Leistungen zu qualifizieren sind.
> Finanzielle Hilfen nach dem BSHG sind gesetzliche Leistungen. Maßnahmen der öffentlichen Erziehung sind Jugend‚hilfe' auch dann, wenn sie gegen den Willen der Betroffenen durchgesetzt werden, also Eingriffe bedeuten. Als Beispiel für Hilfearten, die weder als Eingriffe noch als Leistungen im strengen Sinne anzusehen sind, sei die Jugendgerichtshilfe genannt. Keine dieser Hilfearten ist durch ihre gesetzliche Regelung inhaltlich voll definiert, auch untereinander sind diese Hilfearten sehr verschieden. *Ihnen ist aber gemeinsam, daß sie rechtlich gestaltete Erscheinungsformen staatlichen Handelns sind*" (Maas 1992: 17f., Hervorhebg. B. M.).

Das Zitat macht deutlich, daß es bei der Betrachtung sozialpädagogischen Handelns *als* Verwaltungshandeln um weit mehr geht als um den Papierkram, der dabei anfällt; auch um mehr als das, was die „Leute in der Verwaltung" von Jugend- oder Sozialamt tun. Es geht vielmehr um eine Dimension, die prinzipiell zum sozialpädagogischen Handeln gehört, auch wenn sie nicht immer im Vordergrund steht und schon gar nicht dies Handeln „inhaltlich voll definiert". Auch ganz unbürokratisch definierte sozialpädagogische Tätigkeiten, wie z. B. „gezielte Frühförderung" behinderter Kinder (Fall 2) oder sinnvolle Freizeitangebote für kriminalisierungsbedrohte Jugendliche (Fall 1) sind, *als* Jugendhilfemaßnahmen betrachtet, beschreibbar als Prozeß der fachkundigen Vorbereitung, Entscheidung, Durchführung und Auswertung (also Verwaltung) von Fällen sozialstaatlicher Daseinsvorsorge.

In unserem Beispielfall gehen wir von einer Situation aus, in der dies ganz im Vordergrund steht. Was ist hier zu beachten bzw. zu tun?
– Die Begriffe „Gefährdung des Kindeswohles" und „Vernachlässigung" stammen aus dem Bürgerlichen Gesetzbuch (§ 1666 BGB) und benennen dort Bedingungen, unter denen der Staat in Elternrechte eingreifen darf. Aber die Bedingungen gelten nicht für das Eingreifen des Jugendamtes, sondern des Vormundschaftsgerichtes. Als Fall des Jugendamtes handelt es sich, für Fachkundige liegt das auf der Hand, zunächst um einen Fall von „Hilfe zur Erziehung" gemäß § 27 ff. KJHG. § 27,1 bestimmt: *Wenn* „eine dem Wohl des Kindes oder des Jugendlichen entsprechende Erziehung nicht gewährleistet ist" und *wenn* „die Hilfe geeignet und notwendig ist", *dann* hat die

betroffene „Personensorgeberechtigte" (in unserem Fall die Mutter) „Anspruch auf Hilfe".
– Geht man davon aus, daß das erste „Wenn" geklärt ist (eine dem „Wohl" der Kinder entsprechende Erziehung ist nicht gewährleistet), so hat die Praktikantin, um den Fall als Fall von „Hilfe zur Erziehung" zu klären, mindestens noch zwei Probleme zu knacken: Sie muß klären, *welche* „Hilfe" „geeignet und notwendig" sein könnte. Und sie muß sich der Tatsache stellen, daß der begründete Anspruch der Mutter auf „Hilfe zur Erziehung" ja noch keineswegs bedeutet, daß man ihr einfach die Kinder wegnehmen darf!
– Bezüglich des ersten Problems schwebt der Praktikantin offenkundig eine Fremdunterbringung vor, was in der Sprache des Gesetzes bedeutet: Sie unterstellt, daß entweder „Heimerziehung" oder eine „sonstige betreute Wohnform" (§ 34 KJHG) oder auch „Vollzeitpflege" (§ 33 KJHG), vielleicht auch „Erziehung in einer Tagesgruppe" (§ 32 KJHG) „geeignete" und „notwendige" Hilfen seien. Nun genügt es aber für eine kompetente Bearbeitung dieses Falles als Fall *von* „Hilfe zur Erziehung" nicht, eine solche „geeignete" Einrichtung zu finden und dort die Kinder unterzubringen. Vielmehr sind dabei eine ganze Reihe von *Verfahrensregeln* zu beachten, die ebenfalls den Charakter jenes „anerkannten Allgemeinen" haben, sofern sie ebenfalls im Gesetz stehen. Dazu gehören u.a. folgende Regeln: daß den „Leistungsberechtigten" (hier: der Mutter) ein „Wunsch und Wahlrecht" bei der Gestaltung der Hilfe zusteht (§ 5 KJHG); daß auch die Kinder „entsprechend ihrem Entwicklungsstand an allen sie betreffenden Entscheidungen der öffentlichen Jugendhilfe zu beteiligen sind" (§ 8,1 KJHG); daß die Fremdunterbringung den Kontakt zur Herkunftsfamilie nicht abbrechen, sondern verbessern soll (§§ 32–34 KJHG); daß bei längerfristigen Maßnahmen ein „Hilfeplan" zugrundezulegen ist, der im Zusammenwirken „mehrerer Fachkräfte" und „zusammen mit dem Personensorgeberechtigten und dem Kind oder dem Jugendlichen" aufgestellt werden muß (§ 36,2 KJHG); allerdings auch, daß den Wünschen der Betroffenen nur dann entsprochen werden muß, wenn sie nicht mit „unverhältnismäßigen Mehrkosten" verbunden sind (§ 36,1), schließlich, daß bei alldem die Datenschutzbestimmungen nach § 61ff. KJHG eingehalten werden müssen. Die Beispiele zeigen, daß es sich bei diesen Verfahrensregeln des Falles *von* „Hilfe zur Erziehung" keineswegs nur um Instrumente bürokratischer Kontrolle handelt, sondern vor allem um Regeln, die den Betroffenen ihre Bürgerrechte gegenüber einem Staatsorgan (und das ist das Jugendamt nun mal) sichern sollen. Die Kunst der Fallbearbeitung besteht in dieser Hin-

sicht darin, solche Regeln auch in Fällen einzuhalten, in denen „schlechte Eltern" und „mißratene Kinder" dies schwermachen.
— Dennoch gibt es auch dafür Grenzen; und damit kompetent umzugehen ist das zweite Problem, das die Praktikantin im Beispielfall 3 zu lösen hat. Unterstellt man, daß sie bereits alles ihr Mögliche erfolglos versucht hat, um den „Personensorgeberechtigten" und den Kindern geeignete „Hilfen zur Erziehung" anzubieten, und unterstellt man weiter, daß die Verweigerung der Mutter, dabei mitzuwirken, das „körperliche, geistige oder seelische Wohl" (§ 1666 BGB) ihrer Kinder nachweislich *gefährdet,* so muß auch gegen den Willen der Betroffenen gehandelt werden. Aber auch dafür gibt es einzuhaltende Regeln: Zum einen die Regeln des Falles von „Inobhutnahme" (§ 42 KJHG), die besagen, daß das Jugendamt *dann* auch ohne Wissen und Willen der Eltern „vorläufig" (d.h. kurzfristig) „aus der Familie nehmen" und „unterbringen" kann und soll, *wenn* ein Kind oder Jugendlicher darum bittet (§ 42,2 KJHG) oder *wenn* „eine dringende Gefahr für das Wohl des Kindes oder des Jugendlichen die Inobhutnahme erfordert" (§ 42,3 KJHG). Sind diese Bedingungen nicht gegeben oder geht es um längerfristige Maßnahmen, so gilt die Regel, daß *nur* das Vormundschaftsgericht (auch dies ist ein Schutz von Bürgerrechten!) eine entsprechende Maßnahme anordnen kann. Für die sozialpädagogische Fallbearbeitung erfordert dies, einen entsprechenden Antrag an das Gericht zu stellen, damit dieses den Fall als Fall *von* Einschränkung oder Entzug des Sorgerechtes behandeln soll. Obwohl dadurch der Fall zum Fall *für* das Gericht wird, bleibt die Praktikantin für ihren Teil der fachkundigen Fallbearbeitung verantwortlich: „Auch in den Fällen, in denen Sozialarbeiter/Sozialpädagogen lediglich vorbereitende Funktionen im Hinblick auf eine woanders zu treffende Entscheidung wahrnehmen, müssen sie ihr Handeln bewußt in den Rechtsanwendungsprozeß einordnen, an dessen Ende die Entscheidung steht. Sie müssen die Entscheidungsalternativen überblicken und beurteilen, so als wären sie selbst zur Entscheidung aufgerufen." (Maas 1992: 20f.)
Das letzte Zitat leitet schon zum nächsten Abschnitt über, in dem es um die Frage geht, was kompetente sozialpädagogische Fallbearbeitung heißt, wenn es sich um das Verweisen in andere Zuständigkeiten handelt.

2.3 Fall für

Es wird oft gesagt, SozialpädagogInnen müßten, je nach Fall, „halbe Juristen" oder auch „halbe Therapeuten", „halbe Psychiater" sein, um ihren KlientInnen gerecht werden zu können. Gemeint ist damit das schon im 1. Kapitel angesprochene Problem, daß SozialpädagogInnen „ganzheitlich" und „alltagsorientiert" zuständig sein sollen, gleichwohl aber nur selten „das Ganze" in der Hand haben, sondern in ihren Fällen in vielerlei Hinsicht immer wieder von fremden Zuständigkeiten und fremden Kompetenzen abhängig sind. Viele SozialpädagogInnen leiden darunter, weil sie den Verdacht nicht abwehren können, sie seien tatsächlich immer nur „halb-kompetent", und weil sie die spezifische Leistung ihrer Profession nicht klar benennen können. Darum geht es in diesem Abschnitt. Ich beginne wieder mit einem Bespiel eines studentischen Seminarbeitrages.

4 „Frau W. hat angefangen zu trinken, als es in ihrer Ehe kriselte und ihr Mann sich von ihr trennte. Als Alkoholikerin bekam nicht sie, sondern ihr Mann das Sorgerecht für den Sohn vom Gericht zugesprochen, weshalb sie noch mehr trank. Das führte am Ende dazu, daß Frau W. ins Landeskrankenhaus kam, das ihre Entmündigung beantragte. Frau W. bekam eine Amtsvormünderin, durchlief im LKH eine Therapie und war nach einiger Zeit so weit, daß sie die Wiederbemündigung ins Auge faßte, sich eine kleine Wohnung suchte und durch eigene Anstrengung eine feste Anstellung in einer Großküche fand.
Nach ein paar Wochen klagte Frau W. ihrer Vormünderin, daß sie Stimmen höre und Angst hätte, allein zu sein und daher ein paar Tage bei ihren Eltern verbracht hätte. Die Vormünderin riet ihr hierauf, einen bestimmten Arzt im LKH aufzusuchen, zu dem Frau W. ein Vertrauensverhältnis aufgebaut hatte. Danach meldete Frau W. sich einige Tage nicht, holte auch kein Geld ab. Die Vormünderin ging daher zur Wohnung der Frau W., die jedoch nicht öffnete. Da die Vormünderin keinen Beweis hatte, daß Frau W. wieder trinkt, was sie aber stark vermutete, konnte sie keinen Beschluß zur gewaltsamen Öffnung der Wohnung beim Amtsgericht erwirken, was dann aber auch nicht mehr nötig war. Frau W. meldete sich noch am selben Tag telefonisch und berichtete, daß sie rückfällig geworden sei und sich im Moment bei ihren entfernt lebenden Eltern aufhalte, um dem Zugriff der V. zu entgehen, die sich sicher sofort um eine Zwangseinweisung ins LKH bemühen würde."

Auch diese Geschichte könnte als sozialpädagogischer „Fall von" sinnvoll bearbeitet werden: z.B. als Fall von „Vormundschaft" bzw. „Amtsvormundschaft". Das dafür wichtigste „anerkannte Allgemeine" wäre derzeit das 1990 in Kraft getretene „Betreuungsgesetz" (BtG) bzw. das durch dieses Gesetz geänderte Bürgerliche Gesetzbuch (§§ 1896ff. BGB). Wir könnten daran prüfen, wie auf dieser Ebene an dem Fall zu arbeiten wäre: Ob Frau W. zurecht entmündigt wurde, unter welchen Bedingungen sie Chancen auf „Wiederbemündigung" hat und was die Betreuerin dabei tun soll; welches Recht diese unter welchen Umständen hat, eine „gewaltsame Öffnung" der Wohnung von Frau W. zu erwirken und ob diese aufgrund ihres Verhaltens zurecht jene „Zwangseinweisung" befürchtet, vorausgesetzt, daß die „Vormünderin" ihre Pflicht tut. Wir würden dabei feststellen, daß es nach der jetzigen Rechtslage – anders als in der Fallgeschichte vorausgesetzt – eine „Entmündigung" und eine entsprechende Vormundschaft gar nicht mehr gibt, sondern statt dessen eine vom Vormundschaftsgericht eingesetzte Betreuung. Wir müßten prüfen, welche Konsequenzen dies für Frau W. hat.

Ich möchte diese Ebene der Fallarbeit im folgenden ausklammern und mich ganz auf den Umstand konzentrieren, der schon bei den bisher diskutierten Fällen auftauchte, daß sozialpädagogische Fallarbeit immer damit zu tun hat, einschätzen und darauf reagieren zu müssen, was *andere* Instanzen im betreffenden Fall tun.

– Was bedeutet es für die Sozialpädagogin, daß Frau W. als Alkoholikerin zum Fall *für* die Psychiatrie wurde? Was bedeutet es, daß sie von dort zum Fall *für* das Vormundschaftsgericht gemacht und entmündigt wurde? Für wen sonst war der Fall von Belang? Haben nicht, genau besehen, liebe Verwandte den Antrag auf Entmündigung gestellt? Ist Frau W. dabei Unrecht geschehen?

– Welche Bedeutung hat die Krankheit, an der Frau W. immer noch zu leiden schient, für ihre Fähigkeit, selbstverantwortlich zu handeln? Welche Schlüsse sind daraus zu ziehen, daß sie „Stimmen höre und Angst hätte, allein zu sein" oder „rückfällig geworden sei"? Sind das hinreichende Gründe, um Frau W. zu raten, sich wieder zur Behandlung ins Landeskrankenhaus zu begeben, oder gar dafür, sie gegen ihren Willen – aber zu ihrem Wohl – zwangsweise dorthin zu bringen?

Das Problem mit solchen Fragen ist, daß man sie in der sozialpädagogischen Arbeit an einem solchen Fall zweifellos stellen muß, aber kaum aus eigener Kompetenz hinreichend beantworten kann. Für den ersten Block dieser Fragen müßte die Sozialpädagogin etwa einen Rechtsanwalt an der Hand haben, der in Fälle dieser Art eingearbeitet ist, der in der Lage wäre, sich beim Gericht Zugang zu den Akten zu verschaffen und mit einem entsprechenden Mandat den Fall neu aufrollen könnte (also verhindern könnte, daß der Fall W. nach neuer Rechtslage vom „Vormundschaftsfall" zum „Betreuungsfall" wird – und im übrigen alles beim alten bleibt). Das für die Sozialpädagogin relevante Sachwissen ist dabei nicht, all das zu wissen und zu können, was der Rechtsanwalt weiß und kann, sondern zu wissen: Wie findet man einen solchen Rechtsanwalt? Wie beurteilt man seine Fähigkeiten, ehe man sich ihm ausliefert? Wie berät man die Klientin in dieser Sache? Wie löst man das Kosten-(Honorar)-Problem etc.?

Für den zweiten Block dieser Frage müßte die Sozialpädagogin über vergleichbare Kompetenzen bezüglich der psychiatrischen Seite des Falles verfügen. Sie müßte kein diagnostisches Spezialwissen über das Krankheitsbild der Klientin besitzen und auch nicht die Behandlungsmöglichkeiten der Landesklinik im einzelnen nachvollziehen können. Sie müßte aber hinreichende Kenntnisse und Kontakte haben, um die Perspektiven, die diese Klinik ihrer Klientin bietet, angemessen einschätzen zu können. Und sie müßte Wissen und Informationsquellen haben, die die Risiken ebenso einschätzbar machen, wie die Chancen, die entstehen, je nachdem ob sie das Handeln ihrer Klientin als eigenverantwortlich respektiert oder zu ihrem Schutz eingreift.

Den Fall als „Fall für" zu bearbeiten heißt demnach auch Wissen über ein „anerkanntes Allgemeines" zu nutzen und gekonnt auf den Fall anzuwenden. Nur geht es hier um eine andere Art von „Allgemeinem", nämlich weniger um spezifische Gesetze, Regeln, Verfahren und mehr um Zusammenhänge, Wissen, wo man sich informieren, wo man hinverweisen, wie man sich Zugang verschaffen kann etc. Demnach ist sozialpädagogische Fallarbeit unter dem Aspekt des „Falles für" einem ganz bestimmten Typus von Wissen zuzuordnen, den ich oben schon „Verweisungswissen" genannt habe. Sprondel, der mit diesem Begriff das alltägliche Allgemeinwissen *über* Sonderwissen (von Experten) bezeichnete (vgl. 1979: 147 ff.), stützt sich dabei auf einen Begriff des Phänomenologen Alfred Schütz (1946), der vom besonderen Wissenstyp des „gut informierten Bürgers" sprach. Schütz stellte diese Art von Wissen idealtypisch zwei anderen Arten gegenüber: Dem „Expertenwissen" und dem Wissen des „Mannes auf der Straße".

„Das Wissen des Experten ist auf ein beschränktes Gebiet begrenzt, aber darin klar und deutlich" (ebd. 87). Außerdem ist Expertenwissen darin beschränkt, daß es Wissen enthält *wie* man auf einem bestimmten Gebiet etwas erreicht, aber kein Wissen darüber *ob* ein Ziel gut oder weniger gut ist (vgl. ebd. S. 97). Mit dem Wissen des „Mannes auf der Straße" meint Schütz das durchschnittliche Alltagswissen (vgl. ebd. 87 f.) und praktische „Rezepte", die jede(r) von uns für die jeweiligen eigenen Angelegenheiten und Weltbezüge parat hat. Den „informierten Bürger" – zwischen diesen beiden angesiedelt – kennzeichnet ein Wissen, das befähigt, „zu *vernünftig begründeten* Meinungen auf Gebieten zu gelangen, die seinem Wissen entsprechend ihn zumindest mittelbar angehen..." (ebd. 88). Er hat die Fähigkeit (anders als der Experte) „Relevanzzonen" des Wissens zu untersuchen, also zu prüfen, welche „Bezugsrahmen" für welche Ziele die richtigen sind (vgl. ebd. 97).

Interessant ist für uns, wie Schütz das Verhältnis dieser Wissenstypen zueinander bestimmt: Zum einen, sagt er, sei jeder von uns gleichzeitig in irgendeiner Hinsicht „Experte", „Mann auf der Straße" und „informierter Bürger", wenn auch jeweils auf anderen Gebieten (vgl. ebd. 88). Zum andern unterscheiden sich diese Typen u. a. darin, daß sie ein jeweils anderes Verhältnis zur Expertenschaft ausdrücken:

> „Für den Mann auf der Straße genügt es z. B. zu wissen, daß es Experten gibt, die er konsultieren kann, falls er ihren Rat brauchen sollte, um seinen jeweiligen praktischen Zweck zu erreichen. Seine Rezepte sagen ihm, wann er einen Arzt aufsuchen soll oder einen Rechtsanwalt, wo er die benötigten Informationen und ähnliches erhalten wird. Der Experte weiß andererseits, daß nur ein anderer Experte alle technischen Details und Implikationen eines Problems auf seinem Gebiet verstehen wird, und er wird niemals einen Laien oder Dilettanten als kompetenten Richter seiner Leistungen anerkennen. Aber es ist der gut informierte Bürger, der sich als durchaus qualifiziert betrachtet, um zu entscheiden, wer ein kompetenter Experte *ist,* und der sich sogar entscheiden kann, nachdem er die Meinung des opponierenden Experten gehört hat." (ebd. 88)

Für unseren Zusammenhang ist vor allem der letzte Satz dieses Zitats interessant. Denn er beschreibt genau den Typus von Wissen, der notwendig ist, um im oben beschriebenen Sinn *als* SozialpädagogIn an einem Fall unter dem Aspekt zu arbeiten, daß er zum Fall *für* andere Instanzen geworden ist – oder werden sollte. Auch dabei geht es um nichts anderes als um die Fähigkeit, sich „vernünftig begründete Meinungen" über Expertenschaft relevanter Wissensgebiete zu bilden – durchaus mit Hilfe von Experten, aber ohne sich von der spezialistischen Sichtweise einzelner Experten abhängig zu machen. Das Modell des „Informierten Bürgers" beschreibt darüber hinaus sehr gut, was mit der oben diskutierten „Ganzheitlichkeit" des sozialpädagogischen Zuganges eigentlich gemeint ist: Nämlich nicht der Anspruch, auf allen Sätteln reiten zu können, auf allen Gebieten wie Sozial-, Rechts-, Erziehungs- und Gesundheitswesen Expertenschaft zu entwickeln; sondern der Anspruch, für all diese Bereiche Fähigkeiten zu begründeten Urteilen zu entwickeln, sich nicht mit den Einsichten des normalen Alltagsverstandes zu begnügen, sondern aufgeklärten, kritisch prüfenden, belehrten, kundigeren Alltagsverstand zu entwickeln.

Mit der Nutzung der Begriffe „Informierter Bürger" und „Verweisungswissen" für ein *sozialpädagogisches* Kompetenzmodell verändern wir den Sinn dieser Begriffe allerdings in bestimmter Hinsicht.

Erstens unterstellen wir damit, daß die Fähigkeiten des „Informierten Bürgers" nicht nur einen allgemeinen wissenssoziologisch beschreibbaren Typus kennzeichnen, sondern selbst zur speziellen, beruflich ausgeübten Aufgabe (insofern zur Expertenaufgaben neuen Typs) geworden sind. Dies liegt nicht nur an der allgemein gewachsenen Unübersichtlichkeit der Lebensverhältnisse, in der das Geschäft der „Ratgeber über Ratgeber" auf vielen Gebieten blüht. Im Fall der SozialpädagogInnen liegt es auch speziell daran, daß ihre KlientInnen eben dadurch zu KlientInnen werden, daß sie die normalen Fähigkeiten des Mannes/der Frau „auf der Straße" nicht in hinreichendem Maße besitzen. Genauer gesagt: nicht in dem Maße, das nötig wäre, um mit ihrem Alltag zurechtzukommen, ohne in größere Schwierigkeiten zu geraten, oder andere (z. B. ihre Kinder) in solche zu bringen. Die „Eigenregie des Alltages" (Pankoke 1986) droht zusammenzubrechen. Wie anhand aller unserer Beispiele gezeigt werden kann, braucht es deshalb „fallweise" Unterstützung bei Problemen, die normalerweise das Alltagswissen mit seinen „Bordmitteln" lösen kann: z.B. die Arbeitsvermittlung richtig zu nutzen (vgl. Fall 1), die nötige kinderärztliche Versorgung sicherzustellen (vgl. Fall 2), einen Unterhaltsanspruch zu erstreiten (vgl. Fall 3), sich einen „Rückfall" erlauben zu können, ohne dafür „zwangseingewiesen" zu werden (vgl. Fall 4). Ob der Bedarf nach Hilfe dadurch entsteht, daß die Fähigkeiten zur „normalen" eigenen Problembewältigung unterdurchschnittlich entwickelt sind, oder dadurch, daß die Alltagsprobleme selbst unbewältigbar groß sind, oder ob beides der Fall ist, spielt hier keine Rolle.

Die zweite Modifikation des Begriffs „Informierter Bürger" entsteht in seiner Nutzung als Modell sozialpädagogischer Fallarbeit dadurch, daß er nur *einen* Aspekt sozialpädagogischer Kompetenz benennt, der mit anderen zu verknüpfen ist. SozialpädagogInnen müssen in spezifischer Weise (und nicht nur in beliebiger Mischung) alle drei Wissens-Typen des Schütz'schen Modells miteinander verknüpfen:

– Sie müssen in diesem Sinne „Experten" sein, wenn sie ihre Fälle als „Fall von" lösen wollen. (Die oben beschriebene Fähigkeit, ein „anerkanntes Allgemeines" [z. B. das KJHG] genau zu kennen und auf einschlägige Fälle kompetent anwenden zu können, ist identisch mit dem, was Schütz als Expertenwissen beschreibt. Insofern ist es irreführend, von einem „Abschied vom Experten" [Olk 1986] zu reden. Richtig ist nur, daß spezielles Expertentum als Qualifikation für SozialpädagogInnen nicht genügt).

– Sie müssen auch „Informierte Bürger" sein, wenn sie das nötige „Verweisungswissen" ihres jeweiligen „Falles für" angemessen zur Verfügung stellen und die Relevanz anderen Expertenwissens prüfen sollen.

– Und sie müssen schließlich beides mit der Pragmatik, Bodenhaftung und dem gesunden Menschenverstand des „Mannes auf der Straße" verbinden, weil sie sonst keine Fähigkeiten entwickeln können, ihre Fälle als „Fall mit" zu bearbeiten.
Vom letztgenannten handelt der folgende Abschnitt.

2.4 Fall mit

Der Aspekt „Fall *mit*" (nach den Fällen 1 – 4): *Mit* einem bestimmten straffälligen Jugendlichen, einem bestimmten behinderten Kind, einer bestimmten überforderten Mutter, einer bestimmten Alkoholkranken etc. ist am schwierigsten kasuistisch zu bearbeiten. Auch hier gibt es ein „anerkanntes Allgemeines", das in den allgemein anerkannten Regeln eines anständigen menschlichen Umgangs gefaßt ist; so die Regel, daß jede(r) das Recht auf menschenwürdige Behandlung habe (vgl. § 1 des Grundgesetzes und des BSHG), oder die Regeln von Fairneß, wozu auch Rücksichtnahme auf Schwächere gehört. Sozialpädagogische Fälle gehören häufig zu den Realitäten im menschlichen Leben, wo solche scheinbaren Selbstverständlichkeiten eines „menschlichen" Umganges keineswegs immer selbstverständlich sind. Schwierig ist dabei, daß dieses an sich klare und allen bekannte Allgemeine, genannt „Menschenwürde", „Fairneß" etc. nicht einfach auf Fälle „anwendbar" ist (wie ein gesetzlich geltender Tatbestand oder ein „Gewußt wie" auf einen dazu passenden Fall). Andererseits braucht es dazu normalerweise keine spezielle Kompetenz, sondern eher das, was man/frau gewissermaßen „von zuhause" mitbringen sollte. Je schwieriger aber, je verwickelter und belastender die Fälle der Personen sind, um die es hier geht, desto schwieriger kann es sein, gerade die einfachen „eigentlich selbstverständlichen" Regeln menschlichen *Mit*einanders wirklich einzuhalten. Ich stelle es mir z. B. alles andere als einfach vor, mit den in Fall 3 geschilderten Eltern „fair" oder mit der Klientin aus Fall 4 „respektvoll" umzugehen. Zudem ist hier jeder Fall so vielfältig wie die Menschen und das Leben selbst, so daß in gewisser Weise in jedem Einzelfall und in jedem Moment neu entdeckt und ausgehandelt werden muß, was jeweils „Achtung von Menschenwürde" oder „fairer Umgang" eigentlich heißt.
Eine weitere Schwierigkeit dieser Dimension von Fallarbeit liegt darin, daß hier kein überprüfbares Produkt entsteht, an dem eindeutig abgelesen werden könnte, ob menschlich richtig, hilfreich, entlastend etc. mit den Betroffenen umgegangen wurde; es sei denn, man hält sich an die Rückmeldungen dieser Personen selbst, die sagen: Es hat

gut getan, geholfen, was Du gemacht hast – oder es hat nichts geholfen (vgl. Müller 1989). Aber solche Rückmeldungen sind selten und selten so klar, daß daraus eindeutige Schlüsse über die Qualität der sozialpädagogischen Arbeit gezogen werden könnten. Nicht viel weiter kommt man mit dem Versuch, als Maßstab den äußerlich sichtbaren Erfolg zu nehmen: wenn es Menschen besser geht, wenn sie unangemessenes Verhalten ändern, wenn Jugendliche in Scharen kommen und trotzdem das Mobiliar im Jugendtreff heile lassen, dann war die Arbeit mit ihnen gut. Aber beweisen Nichtbereitschaft zur Verhaltensänderung (Fall 3) oder Rückfall (Fall 4) oder Straftaten aus Langeweile (Fall 1), daß hier SozialpädagogInnen versagt haben? Offenkundig ist auf dieser Ebene sozialpädagogische Arbeit abhängig von dem, was ihre Adressaten wollen und tun, so daß nicht jeder Mißerfolg mit „Versagen der Sozialpädagogik" gleichzusetzen ist.
Schwieriger noch ist, dieses Abhängigsein und Wartenmüssen, daß die Adressaten auch „wollen, was sie sollen", nicht nur seufzend zu akzeptieren, sondern aktiv zu bejahen. Zum menschenwürdigen Umgang mit AdressatInnen gehört auch die Fähigkeit, ihnen die Freiheit zu lassen, „nein" zu sagen. Aber wie wird es möglich, auch eine solche Freiheit zu einem „Nein" als Erfolg (und nicht nur als gescheiterte „Verhaltensänderung") zu begreifen?
Schließlich kommt als Schwierigkeit hinzu, daß Fallarbeit auf dieser Ebene nicht nur eine fachliche, sondern unvermeidlich immer auch eine sehr persönliche Herausforderung ist. Nicht nur fachliches Können steht auf dem Spiel, sondern immer auch die eigene moralische Integrität, der eigene Selbstrespekt, der eigene „Gefühlshaushalt", wenn es darum geht, ob ich mit einem Klienten „kann" oder „nicht kann", einen „Draht" zu ihm/ihr entwickeln, eine „Beziehung" aufbauen kann oder nicht.
Ich möchte auch diese Ebene mit einem Beispiel illustrieren. Ich habe dafür absichtlich einen einfacheren Fall als die bisherigen gewählt: eine Einzelszene und, in gewisser Hinsicht, eine Erfolgsstory.

5 „Während meines Praktikums in einer Schule für verhaltensgestörte Kinder spielte ich in einer sogenannten Spielstunde mit einem Schüler aus der 8. Klasse Billard. Ziel des Spiels war es, die Konzentration des Schülers auch über einen längeren Zeitraum zu fördern. Aber auch das Einhalten von Regeln bzw. Strukturen und die Beharrlichkeit, d.h. das nicht schnelle Aufgeben bei Niederlagen sollten geübt werden. Der Schüler versuchte am Anfang des Spiels die vorher abgemachten Regeln zu umgehen und mich auszutricksen. Dem stand ich ziemlich hilflos gegenüber und Ärger kam in mir hoch, ich sagte aber nichts und hoffte, das Verhalten würde sich ändern mit der Zeit. Bald sah ich, daß das nur eine Hoffnung war. Dann versuchte ich mei-

nen Ärger über Austricksereien zu artikulieren und ich beharrte auf dem Einhalten der Spielregeln. Der Schüler wurde nun aggressiv mir gegenüber und versuchte sich seinerseits durchzusetzen. Als dies nicht gelang, drohte er mit dem Abbruch des Spiels. Dabei kamen mir Zweifel, ob ich richtig gehandelt hätte; ich äußerte aber meine Gefühle trotzdem und legte meinen Standpunkt klar dar. Nach einer kurzen Diskussion wollte der Schüler weiterspielen, aber sein Murren war unüberhörbar. Meine Zweifel hatten sich nicht verflogen und ich dachte mir: Du bist zu weit gegangen, als ich ihm zeigte, daß ich seine Tricks durchschaue. Ich sagte ihm, daß ich das nicht gut fände. Er spielte nun doch weiter und hielt sich jetzt an die Regeln. Und es schien mir, als freute er sich ein bißchen, daß er mich nicht austricksen konnte. Das erleichterte mich doch sehr, da ich Angst hatte, zu viel von meinen Gefühlen, d. h. meinen Ärger gezeigt zu haben."

Was bedeutet diese Geschichte, wenn man sie als „Fall *mit* dem Schüler X" interpretiert? Zunächst ist erkennbar, daß die beiden anderen Fallperspektiven auch in dieser Geschichte nicht ganz ausgeblendet sind. Die Tatsache, daß die Szene in einer „Schule für verhaltensgestörte Kinder" spielt, läßt darauf schließen, daß der Junge zunächst an einer „normalen" Schule gewesen war und dort als „Fall *von* Verhaltensstörung" definiert und als „Fall *für* die Sonderschule" ausgegrenzt worden war. Als solcher Fall von Verhaltensstörung wird er auch in der Geschichte eingeführt. Denn es geht ja keineswegs einfach nur um ein Billardspiel. Der Bericht macht deutlich: es geht um Lernziele, in denen das allgemeine Ziel der Überwindung jener „Störung" operationalisiert worden ist. Das Spiel wird als ein Instrument eingeführt, das Ziele wie „Konzentration ... auch über einen längeren Zeitraum", „Einhalten von Regeln" und „Beharrlichkeit" fördern soll. Es sieht zunächst so aus, als bestehe die Fallarbeit darin, dieses Instrument „Billard-Spiel" möglichst gekonnt so zu handhaben, daß jene Ziele „gefördert" werden.

Aber was heißt das praktisch? Die Art, wie die Geschichte weitergeht, macht deutlich, daß diese Ziele im direkten Handeln mit dem Jugendlichen zunächst einmal gar keine Rolle spielen. Es scheint so, als müßten sie gewissermaßen vergessen werden, um erreichbar zu bleiben (ganz in dem Sinne, wie die Zen-Philosophie sagt, man müsse ein Ziel „vergessen", um es treffen zu können; vgl. Brandon 1988). Man stelle sich nur vor, was passiert wäre, wenn der Praktikant zu dem Jungen gesagt hätte: „Paß mal auf, jetzt wollen wir erst mal Deine Konzentration ein bißchen üben, dann kommt das ‚Einhalten von Regeln' dran und am Schluß der Stunde fördern wir auch noch Deine Beharrlichkeit ...".

In Wirklichkeit bleibt dem Praktikanten gar nichts anderes übrig, als vom Feldherrenhügel des Strategen für Verhaltensänderungen herabzusteigen und sich in das Getümmel des pädagogischen Nahkampfes zu stürzen – um dort zunächst einmal die Übersicht zu verlieren. D. h. er kann erst mal nichts anderes tun, als eben Billard zu spielen, ausgetrickst-werden mitzukriegen, dem hilflos gegenüber zu stehen, den hochkommenden Ärger zu spüren und zu hoffen, daß sich das „mit der Zeit" ändern werde. Natürlich hat er auch einige Mittel, um sich in diesem pädagogischen Nahkampf seiner Haut zu wehren (und zwar Mittel – hier kommt doch wieder das strategische Hinterkopf-Wissen ins Spiel – die jenen Zielen zumindest nicht schaden dürfen). D. h. der Praktikant weiß z. B. intuitiv, daß es wenig nützen würde, die „Tricks" bei Strafe zu verbieten oder den Jungen moralisch niederzumachen. Er hat auch gelernt, daß es besser ist, den eigenen „Ärger" zu „artikulieren" und im übrigen auf dem Einhalten der Spielregeln zu beharren.

Aber wie macht man das: „Ärger artikulieren"? Als kalkulierte Strategie funktioniert es offenbar nicht, zumal auch der Jugendliche sein Kampfrepertoire einsetzt und in der Wahl seiner Mittel erheblich weniger durch Hinterkopf-Wissen beschränkt ist. Er kämpft so gut er kann mit *seinen* Mitteln: Mit „aggressiv" werden und mit Drohung des Spielabbruchs und bringt damit den Pädagogen gewaltig ins Wanken: Dieser zweifelt an sich selbst, wobei sich der Zweifel darauf bezieht, ob er „zu weit gegangen" sei, ob der Junge sich bloßgestellt fühle; vielleicht ist auch Schuldgefühl im Spiel, ob er selbst zu aggressiv geworden sei. Aber die Zweifel führen nicht dazu, daß er einfach nachgibt.

Mitten in dieser scheinbar unauflöslichen Pattsituation bahnt sich ein kleines pädagogisches Wunder an. Trotz unüberhörbaren „Murrens" fängt der Junge an, sich an die Regeln zu halten. Aber es ist keine Unterwerfung unter den mächtigeren Willen des pädagogischen Strategen. (Denn der weiß bis zum Schluß nicht, ob er eigentlich gewonnen oder verloren hat und was „gewinnen" hier überhaupt heißt: er ist nur „erleichtert" über das happy end, das er selbst nicht mehr erwartet hat). Es ist vielmehr so, daß der Junge sich selbst, gleichsam von innen heraus und ohne es bewußt zu wollen, anders definiert, nämlich nicht als Verlierer, sondern als Gewinner: „So als freute er sich ein bißchen, daß er mich nicht austricksen konnte." Ich „deute" diesen Satz: „So als freute er sich, einen erwachsenen Menschen getroffen zu haben, der ihn stark sein läßt, der sogar richtig ins Wanken kommt und doch nicht umfällt!"

Ich habe die Geschichte noch einmal auf diese Weise nacherzählt, weil ich glaube, daß sie ein schönes Modell dafür abgibt, was „Fall *mit*" überhaupt heißt; anders gesagt, was es mit der im engen Sinne *pädagogischen* Dimension sozialpädagogischer Fallarbeit auf sich hat. Was der Student hier schildert (den pädagogischen Nahkampf ohne Übersicht, die Verstrickung in Ärger, den Selbstzweifel es richtig zu machen, das trotzdem Beharren, das Unkalkulierbare des eigenen Erfolges), das ist nicht nur Anfängerschicksal, wie er selbst vielleicht meint. Dann wären pädagogische Könner als Leute zu definieren, die diese Ungewißheiten hinter sich haben und alles ganz „cool" und mit Methode durchziehen. Vielmehr ist das, was hier geschildert wird, prinzipiell so, auch wenn pädagogische Erfahrung zweifellos helfen kann, gelassener damit umzugehen.

Das Fallbeispiel schildert eine Art pädagogischer „Urszene", sofern es darstellt, wie die *Möglichkeit* eines „Falles mit" entsteht. „Urszene" meine ich hier nicht im lebensgeschichtlichen Sinn, obwohl sicher gezeigt werden könnte, daß auch die lebensgeschichtlichen Anfänge des Erzogen-Werdens und Erziehens einem ähnlichen Muster folgen. Mit „Urszene" meine ich nur die prinzipielle Bedeutung einer Schilderung des *Anfangs* einer pädagogischen Beziehung, vergleichbar etwa der berühmten Geschichte mit der Ohrfeige in Makarenkos Darstellung der „unrühmlichen Anfänge" seiner „Gorki-Kolonie" (Makarenko 1986: 12 ff.) oder vergleichbar Siegfried Bernfelds Darstellung der Anfänge im Kinderheim Baumgarten (Bernfeld 1921: 119 ff.). Vergleichbar ist selbstverständlich nicht, daß der dargestellte Praktikant ein ähnlich bedeutender Pädagoge wäre. Vergleichbar ist nur, daß er ähnlich genau beschreibt (wenn auch unreflektiert), was geschehen muß, damit eine pädagogische Interaktion, ein „Fall mit" zustande kommen kann: Daß nämlich Pädagoge/in und AdressatIn überhaupt den Punkt finden, an dem sie *Mit*einander, *co*produktiv wirken können.

Pädagogisches Handeln – und jede Fallbearbeitung als „Fall mit" – unterscheidet sich somit in dreierlei Hinsicht von *jeder* Art der Fallbearbeitung, die als technische Anwendung einer „anerkannten Allgemeinen", als „know how" funktioniert.

Erstens ist Arbeit am „Fall mit" prinzipiell „Bewältigung von Ungewißheit" (vgl. Olk 1986: 149 ff.). Denn das, was Grundlage und Gegenstand der Zusammenarbeit sein kann (nämlich das notwendige Stück gegenseitigen Vertrauens und die Sache, in der man sich traut), *kann nicht im voraus festgestellt sein,* sondern muß gemeinsam entdeckt werden. Dies gilt *auch dann,* wenn wir davon ausgehen, daß gleichzeitig (unter anderer Bearbeitungsperspektive, z. B. als Fall *von* Hilfe zur Erziehung, als Fall *für* eine Sonderschule etc.) sehr wohl im voraus festgelegt sein kann, worum es im konkreten Fall geht.

Zweitens hat **pädagogisches Handeln** (und jede Bearbeitung als „Fall mit") grundsätzlich den **Charakter eines** (mindestens) „bisubjektiven **Handelns"** (vgl. Winkler 1990: 45 ff.). D. h. zu dem, was da gehandelt bzw. produziert wird, gehören immer mindestens zwei: Pädagoge *und* Adressat, Sozialarbeiterin *und* Klientin etc. In gewisser Hinsicht kann man sagen: Was immer Sozialpädagogen im Blick auf die Dimension „Fall mit" tun, es bleibt **bloßer Versuch, bloßes Angebot,** ja bloße Geste, **solange es nicht vom Gegenüber aufgegriffen und durch dessen *Mit*handeln zu einem ganzen wird**. (Es gibt eine gruppenpädagogische Übung, die das gut illustriert: Darin müssen zwei Personen zu Musik tanzen, die je das Ende eines Besenstiels festhalten. Die Unbeholfenheit des Tanzes, der daraus oft entsteht, beweist keineswegs, daß beide für sich unbeholfene Tänzer wären.) Anders gesagt: Es gilt auch hier, und hier erst recht, die oben (Kap. 1.3) beschriebene „Validierungskompetenz" der Adressaten.

Drittens muß pädagogische Arbeit diese **Abhängigkeit nicht nur als Faktum akzeptieren, sondern selbst *wollen*.** Denn wenn es auf dieser Ebene darum geht, das „anerkannte Allgemeine" eines „menschenwürdigen", „fairen" Umgangs im konkreten Fall praktisch werden zu lassen, dann **muß die Abhängigkeit des pädagogischen Handelns vom Handeln seiner Adressaten mehr sein als ein bedauerliches Technologiedefizit; dann muß der Umgang mit ihr gewollt und Ausdruck fachlichen Könnens sein.**

Arbeitsfragen zu Kapitel 2:
1. Was sind die wichtigsten Unterscheidungsmerkmale der Betrachtungsweisen „Fall von", „Fall für", „Fall mit"?
2. Wie lassen sich diese Perspektiven auf andere „Fälle" übertragen? Machen Sie die Probe anhand eines Beispiels aus Ihrem eigenen Erfahrungsbereich.
3. Welche Anforderungen an professionelles Können ergeben sich aus jeder der drei Fall-Perspektiven? Sammeln Sie Stichpunkte zu jeder Perspektive und vergleichen Sie.

---

3. Kapitel: Der Prozeß professioneller Fallarbeit

Im folgenden Kapitel wird eine weitere Typologie fachlichen Handelns dargestellt. Sie liegt auf einer ähnlichen Abstraktionsebene wie die Einteilung in „Fall von", „Fall für" und „Fall mit", aber gewissermaßen quer dazu. Im Unterschied zur bisherigen Diskussion handelt es sich dabei nicht um eine neue Einteilung, sondern um das bekannteste Modell professionellen Handelns: Um die Einteilung dieses Handelns in Anamnese, Diagnose, Intervention und Evaluation. Aber auch hier geht es darum, die besonderen Aufgaben herauszuarbeiten, die sich für einen sozialpädagogischen Gebrauch dieses Schemas stellen.

3.1 Vorbemerkungen und eine Fallgeschichte

Im 1. Kapitel wurde versprochen, es werde Anleitung und Hilfe für die Bearbeitung konkreter Situationen gegeben, in denen sozialpädagogisches Handeln gefragt ist; es werde aber nicht der Anspruch erhoben, zu zeigen, wie eine „ganze" sozialpädagogische Fallbearbeitung von Anfang bis Ende entwickelt und durchgeführt werden kann. Diese Einschränkung gilt auch für dieses und die folgenden Kapitel, die sich mit Möglichkeiten beschäftigen, den *Prozeß sozialpädagogischen Handelns* durchsichtiger und besser handhabbar zu machen. Es geht dabei nicht darum, idealtypische Abläufe von „falllösenden" Prozessen im sozialpädagogischen Feld vorzuführen, wie das in anderen Beiträgen zur Sozialpädagogischen Kasuistik versucht wird (vgl. z.B. Germain/Gitterman 1983, Gehrmann/Müller 1990). Es geht eher darum, überhaupt praktikable Ansätze zu einem problemlösenden Denken und zu konzeptionellem Handeln im sozialpädagogischen Feld zu entwickeln, ohne dabei die Perspektive zu schnell auf's Praktikable zu verengen.

Für dieses Ziel haben die ersten beiden Kapitel zu zeigen versucht, daß sozialpädagogische Fälle immer aus mehreren Perspektiven betrachtet werden können (die vorgestellten drei Betrachtungsweisen sind selbstverständlich nicht die einzigen); und weiter, daß es fast immer der Mühe wert ist, ein und dieselbe Fallgeschichte abwechselnd auf ganz unterschiedlichen Ebenen zu betrachten, auf denen jeweils ganz verschiedene Herausforderungen an praktisches Tun sichtbar werden. Dies gilt in ganz besonderer Weise für „sozialpädagogische"

Fälle, so daß man sagen kann: Professionelle sozialpädagogische Fallarbeit schließt die Fähigkeit zu einer *multiperspektivischen* Betrachtung des Falles ein – oder es handelt sich nicht um professionelle Sozialpädagogik.

Dennoch ist die Fähigkeit, eine Fallgeschichte aus unterschiedlichen – und auf unterschiedliche Weise praxisrelevanten – Perspektiven zu sehen, noch nicht gleichzusetzen mit der Fähigkeit, das Handeln im jeweiligen Fall sinnvoll zu organisieren und konzeptionell nach überprüfbaren Regeln zu steuern. Um Hilfsmittel dafür geht es in den folgenden Kapiteln.

Ich greife dabei auf ein Schema zurück, das vor allem im klinisch-therapeutischen Kontext gebräuchlich ist, wonach Fallarbeit eine Abfolge von Anamnese, Diagnose, Intervention und Evaluation ist (die Begriffe werden unten erklärt). Wenn ich dieses Schema für die Arbeit mit sozialpädagogischen Fällen nutze, so geschieht dies keineswegs in der Absicht, sozialpädagogisches Handeln von vornherein als eine Variante therapeutischen Handelns zu definieren. Im Gegenteil: Ich greife diese Begriffe gerade deshalb auf, weil ein bestimmtes Alltagsverständnis, das möglicherweise Studierenden der Sozialpädagogik besonders naheliegt, dazu neigt, sozialpädagogische Fallarbeit zu „psychologisieren" (vgl. Meinhold 1986), d.h. sie unreflektiert als eine Art von Therapie zu begreifen. (Man beachte z.B. die Selbstverständlichkeit, mit der in den Fällen 3 und 5 die Adressaten, eine Mutter und ein Jugendlicher, in *psychologischen* Kategorien, als Objekte von „Verhaltensänderungen" – und damit als irgendwie „verhaltensgestört" – vorgestellt werden, obwohl in den Fallgeschichten keine „Behandlungen" im therapeutischen Sinne dargestellt werden und auch keine Möglichkeit dafür erkennbar ist.) Ich möchte also gerade zeigen, daß Anamnese auch etwas anderes bedeuten kann, als frühkindliche Schädigungen aufzudecken, Diagnose und Behandlung etwas anderes bedeuten kann, als Verhaltensstörungen zu identifizieren und zu beheben. Ein weiterer Beispielfall kann verständlich machen, was damit gemeint ist.

6 „Ich habe in den letzten Semesterferien ein Praktikum in einem autonomen Frauenhaus absolviert und dort in der Gruppe „Schwarze Winkel" gegen sexuelle Mißhandlung an Frauen und Mädchen mitgearbeitet.
Eines Tages rief uns eine Frau an und erzählte folgenden Vorfall: Nach einem Streit mit ihrem Ehemann ist die Mutter des elfjährigen Mädchens über Nacht zu ihrer Freundin gefahren. Am nächsten Tag kehrte sie nach Hause zurück, sah, daß ihre Tochter blutete und stellte ihren Mann in Anwesenheit der uns anrufenden Frau zur Rede. Dieser gab zu, seine Tochter vergewaltigt zu haben. Die Mutter zeigte ihren Mann daraufhin an, nahm die Anzeige je-

doch am nächsten Tag zurück, um ihre Ehe zu retten. Die Mutter brach den Kontakt zu der uns anrufenden Frau ab und sagte ihr als letztes nur, daß ihre Tochter gelogen hätte.
Wir waren sehr betroffen, vor allem weil wir als autonome Gruppe nicht unmittelbar tätig werden konnten. Wir klärten die Frau über den Inhalt der Paragraphen 42, 43 KJHG auf und baten sie, sich mit dem Jugendamt in Verbindung zu setzen."

Dieser Fall ist einer von der schrecklichen Sorte, der unmittelbar betroffen macht. Er scheint rasches Handeln zu erfordern und ist gleichzeitig überaus komplex, sodaß jede Überstürzung gefährlich wäre. Ihn wirklich zu „lösen", überfordert zweifellos nicht nur die Möglichkeiten einer Praktikantin am Studienanfang, sondern würde auch die Möglichkeiten unserer „kasuistischen" Verarbeitung sprengen. Mit einer erneuten Strafanzeige, die hier vermutlich geboten wäre, ist es ja nicht getan. Offenkundig müßten bei diesem Fall auf allen drei bisher diskutierten Ebenen schwierig zu realisierende Strategien entwickelt werden:

– Er müßte zuerst als Fall *für* das Jugendamt bearbeitet werden, mit Blick auf die Möglichkeit der „Inobhutnahme" (§ 42 KJHG) und anderer Schritte, um dem Mädchen die Möglichkeit anzubieten, sich vor Mißbrauch zu schützen; zweitens als Fall *für* die Strafjustiz, um den fortbestehenden Straftat-Verdacht der Vergewaltigung aufzuklären, gegebenenfalls zu verfolgen und den mutmaßlichen Täter von weiterem Mißbrauch abzuhalten. Die Schwierigkeit der Fallbearbeitung auf dieser Ebene besteht vor allem darin, daß das Frauenhaus als autonomer „freier Träger" sich – verständlicherweise – „betroffen" fühlt, aber damit noch kein Mandat hat, um dem Mädchen helfen zu können.

– Wenn man ein solches Mandat voraussetzt – z.B. wenn das Mädchen selbst „um Obhut bitten" (§ 42,2 KJHG) und das Jugendamt bzw. das Vormundschaftsgericht eine vorläufige Unterbringung im Frauenhaus ermöglicht – beginnt erst die eigentliche Fallbearbeitung: *Mit* dem Mädchen die unmittelbare Krise zu bewältigen, die schreckliche Erfahrung und möglicherweise deren Vorgeschichte „aufzuarbeiten", Zukunftsperspektiven zu entwickeln; und *mit* der Mutter, vielleicht sogar *mit* dem Vater zu verhandeln, um Lösungen „zum Wohl des Kindes" zu finden.

– Und dies begleitend wäre ein komplexer Prozeß der Bearbeitung als „Fall von" nötig: *von* Sicherung der Mittel für die Unterbringung, *von* Beweissicherung für den Fall einer Verhandlung, *von* Antrag auf Übertragung des Sorgerechts, falls mit den Eltern nicht zu kooperieren ist, etc. etc.

Um diese Fallbearbeitung zu gewährleisten, müßte auf allen drei Ebenen der Fallbearbeitung ein komplexer Arbeitsprozeß entwickelt werden: Der Sammlung der nötigen Vorinformationen; der Klärung von Problemlagen und Handlungsmöglichkeiten; der praktischen Schritte; und der Überprüfung und Weiterentwicklung dieser Strategien. In der Sprache gängiger Fachbegriffe heißt das: Irgendeine Form der Anamnese, der Diagnose, der Intervention und der Evaluation ist zweifellos auf all diesen Ebenen nötig. Es wäre aber sicher verfehlt, diesen Fall wegen des „therapeutischen" Beiklangs solcher Begriffe von vornherein als therapeutischen Fall, etwa als Fall von Familientherapie, zu interpretieren. Vielmehr ist der Therapiebedarf, der in einem solchen Fall bestehen mag, nur ein Aspekt, dessen sozialpädagogische Bearbeitung zudem nur in Grenzen möglich ist.

Im folgenden will ich die Begriffe dieses professionellen Prozesses erläutern.

3.2 BEGRIFFSERKLÄRUNGEN: ANAMNESE, DIAGNOSE, INTERVENTION, EVALUATION

Anamnese kommt aus dem griechischen Anamnesis, was „Wiedererinnerung" bedeutet. (Der Philosoph Platon verstand z. B. Ideen als „Wiedererinnerung" früheren Lebens). Genau übersetzt steckt in dem Wort Anamnese eine doppelte Verneinung. Denn das Gegenteil von Wiedererinnerung, das Vergessen, heißt auf griechisch Amnesie, was wörtlich übersetzt „nicht erinnern", „nicht dran denken" heißt. Es geht um „vergessene Zusammenhänge" zu dem, was aktuell als „Fall" behandelt wird. Man müßte also Anamnesis genauer mit Nicht-Nichterinnern übersetzen. Dies ist deshalb mehr als bloße Wortspielerei, weil es darauf aufmerksam macht, daß Anamnese keineswegs mit *zufällig* Wiedererinnertem zu tun hat. Vielmehr geht es um Vergessenes, leicht Übersehenes, bei dem es *Gründe* dafür gibt, daß es *nicht* erinnert wird. Und diese Gründe zu entdecken, kann wichtiger sein als das Erinnerte selbst. (Das Beispiel von Fall 6 macht dies schnell deutlich: Die Erinnerung an das, was dem Mädchen geschehen und vielleicht schon früher geschehen ist, bei der Mutter wachzurufen, ist nur möglich, wenn die Gründe, die sagen, daß all dies nicht wahr sein könne, bewältigbar sind.)

Diagnose kommt ebenfalls aus dem Griechischen und heißt wörtlich übersetzt „Auseinander-Erkennen" oder auch „durch und durch Erkennen". „Durchblick" ist eine ganz gute Übersetzung dafür. In jedem Fall geht es dabei um ein Auseinanderlegen, Sortieren und Gewichten von Aspekten mit dem Ziel, die Frage „was tun?" zu beantworten.

Diagnose und Anamnese sind nicht immer scharf voneinander zu trennen. Soweit es um die Vorklärung einer Fallbearbeitung geht, gibt es diagnostische Aufgaben, die ähnliche Funktionen haben, wie sie hier der Anamnese zugeschrieben wurden, z. B. wenn es um „Indikation" und „Kontraindikation" geht. Diese im medizinischen und therapeutischen Bereich üblichen Begriffe bezeichnen Prozesse der Klärung von Behandlungsarten. Die richtige Indikationsstellung soll verhindern, daß eine Behandlungsart gewählt wird, die im gegebenen Fall nicht helfen kann. Umgekehrt gibt es Anamnesen, die selbst schon den Charakter diagnostischer und therapeutischer Prozesse haben, z. B. in der Psychoanalyse.

Intervention kommt vom lateinischen Wort „intervenire", was soviel wie „dazwischen-kommen", „dazwischen-treten" bedeutet. Noch gebräuchlicher als Intervention ist der Begriff *Therapie,* der sich vom griechischen Wort „therapeutes" = Diener ableitet und also ganz allgemein soviel wie „Dienstleistung" bedeutet. Diese Wortbedeutungen sind insofern wichtig und passen auch zusammen, als personenbezogene professionelle Intervention bzw. Dienstleistung immer einen doppelten Bezug unterstellt: Nämlich einmal zu einer Person (oder zu mehreren), um deren Fall es geht, und zweitens einem „Problem", das jene Person „hat" (oder auch: das andere mit dieser Person haben) und das im engeren Sinne Gegenstand der Fallbearbeitung bzw. der „Behandlung" ist (vgl. Müller 1991 Kap. 2). Intervention (und Therapie) bedeutet also immer ein vermittelndes „Dazwischen-Treten" zwischen eine Person und ihr Problem. (Und dies zunächst einmal unabhängig davon, ob es um ein Problem geht, das diese Person „hat", oder um eines, das sie andern „macht").

Evaluation kommt aus dem Lateinischen und bedeutet Aus-Wertung. Es geht also, ganz allgemein, um Werte (lat. „Valor") und deren Überprüfung. Es geht dabei keineswegs nur um das Messen und Zählen von Effekten, sondern auch um das Überprüfen der Rechtmäßigkeit von Vorgehensweisen und von Entscheidungen. Es geht außerdem um Werten i. e. S., nämlich um die Überprüfung von Zielen und Mitteln anhand ethischer Prinzipien, wie sie etwa unter der Perspektive des „Falles *mit*" anzulegen sind (vgl. oben 2.4).

3.3 Gemeinsamkeiten und Unterschiede von Prozessen professioneller Fallarbeit

Sozialpädagogische Kasuistik unterscheidet sich, wie schon deutlich wurde, nicht absolut, sondern nur relativ von der Art und Weise, wie andere Professionen bei der Bearbeitung ihrer Fälle vorgehen. Ähnlichkeiten wie Unterschiede ergeben sich aus den Besonderheiten des jeweiligen Gegenstandes. Dabei ist die Sozialpädagogik stärker als andere Professionen darauf angewiesen, sich ihrer besonderen Rolle im Gefüge der „Dienstleistungs-Gesellschaft" zu versichern, eben weil ihr Gegenstand nur zum Teil durch eine besondere Zuständigkeit definiert ist (z. B. Zuständigkeit für Fälle *von* Jugendhilfe); zum anderen Teil aber gerade darin besteht, Zuständigkeiten zu klären und mit Betroffenen gemeinsam auszuhandeln, welche Hilfe sie brauchen. Ich möchte einige dieser Gemeinsamkeiten und Unterschiede im folgenden erläutern und dann in einem Schema zusammenfassen, das zugleich deutlich macht, daß die Abfolge von Anamnese, Diagnose, Intervention und Evaluation nicht als lineare Schrittfolge, sondern als zirkulärer Prozeß zu denken ist, wobei die einzelnen Schritte sich gegenseitig durchdringen und immer wieder von neuem beginnen können.

Was *Anamnese* inhaltlich heißt, hängt offenkundig vom Gegenstandsbereich und von der Betrachtungsperspektive des Falles ab. Bei der Anamnese (d. h. Rekonstruktion der Vorgeschichte) eines Kriminalfalles interessieren zweifellos andere Arten von Tatbeständen als bei der Anamnese eines Rheumaleidens, die ein Arzt vornimmt. Ein psychoanalytisch orientierter Therapeut wird sein Interesse an der Vorgeschichte seiner Klienten anders definieren als eine Verhaltenstherapeutin. Für sozialpädagogische Fallarbeit ist es besonders nötig, auf diese unterschiedlichen Relevanzbereiche von Anamnese zu achten und zwar gerade deshalb, weil in sozialpädagogischer Fallarbeit eben nicht objektiv vorgegeben ist, welche Informationen als „Vorgeschichte" einer Fallsituation wichtig sind. So gibt es unzählige sozialpädagogische Fallakten, die Berge von Informationen über Klienten enthalten, welche für praktische Zwecke sozialpädagogischer Arbeit vollkommen überflüssig sind. Und umgekehrt enthalten dieselben Akten die wichtigsten Informationen oft nicht: Z. B. Informationen darüber, was die Klienten selber wollen.

Die Funktion von Anamnese ist demnach doppelt: Zum einen den Relevanzbereich der Fallbearbeitung ungefähr abzustecken; andererseits ist es, wie noch deutlicher werden soll, die besondere Aufgabe der Anamnese, eine zu schnelle und zu enge Auswahl der für die Fallbearbeitung relevanten Informationen zu verhindern, den Blick für andere Möglichkeiten offenzuhalten. Es geht immer auch darum, „unwahrscheinliche Lesarten" (Oevermann) des Falles zu ermöglichen, vorgefaßte Meinungen hinterfragbar zu machen.

Sowohl für die Aufgabe, relevante Informationen gleichsam vorzusortieren, als auch dafür, den Blick offenzuhalten, bieten sich zur näheren Beschreibung sozialpädagogischer Anamnese die in Kap. 2 entwickelten Fallperspektiven an. Es liegt auf der Hand, daß z. B. bei der Fallgeschichte 5 andere Vorinformationen gefragt sind, je nachdem ob ich die Geschichte als Fall *von* „Verhaltensstörung", als Fall von Hilfe zur Erziehung nach Paragraph 30 KJHG, als Fall *für* eine besser geeignete Schule oder als (pädagogischen) Fall *mit* dem Schüler X betrachte: Welche Konsequenzen dieser Perspektivenwechsel praktisch hat, wird in den nächsten Kapiteln weiter diskutiert werden.

Diagnose wird von der Brockhaus Enzyklopädie (17. Aufl. 1966ff.) definiert als „die methodische Erforschung der Merkmale eines Gegenstandes ... um ihn mit bereits bekannten Begriffen erfassen zu können." Bezieht man diese Definition auf Diagnosen in praktischer Absicht (um die es in Fallarbeit immer geht), so ist unschwer zu erkennen, daß es dieser Definition um den Typus des „Falles von" geht. „Bekannte Begriffe" meint dasselbe wie anerkanntes Allgemeines (s. o.). Einen Gegenstand diagnostizieren heißt demnach, seine Merkmale gleichsam auf die Folie eines Bekannten bzw. Allgemeinen zu legen und zu prüfen, ob sie dazu passen. Der Vorgang ist im Prinzip derselbe, ob es sich um die Diagnose eines pathologischen Befundes, um die rechtliche Einordnung einer Straftat oder um die Prüfung der Voraussetzungen für eine Leistungsgewährung des Sozialamtes handelt. Für die Sozialpädagogik ist das aber nur *eine* der Bedeutungen von Diagnose.

Ein „Auseinander-Erkennen" von Merkmalen des Falles ist auch notwendig, wenn es um „Verweisungswissen", um den Typus „Fall für" geht, also um Fragen wie: „Soll ich die Psychiatrie zur Hilfe rufen? Soll ich eine Anzeige erstatten? Kann ich mich darauf verlassen, daß eine Schule meinen Klienten nicht nur abschieben will, oder daß der Berater vom Arbeitsamt ihn fair und umfassend berät? etc. Diagnosen haben in diesem Bereich immer den Charakter von „Indikationsstellungen". D.h. als Kriterien für Entscheidungen stehen hier zumeist nicht „bekannte Begriffe" zur Verfügung, die ich als Experte/in beherrschen kann, sondern nur das Wissen des „informierten Bürgers", der sich begründete Urteile über die Grenzen von Expertenkompetenz und über die Fähigkeiten „anderer" Experten zutraut. „Diagnosen" müssen deshalb in diesem Falltypus andere Grade von Ungewißheit bewältigen als beim „Fall von". Sie müssen z. B. auch dann zu verantwortbaren Entscheidungen führen, wenn es „opponierende Experten" (s. o.) gibt, die anderes raten.

Schließlich kommt eine noch ganz andere Art von „Diagnose" in den

Blick, wenn es sich um die Perspektive des „Falles mit" handelt. Dann bekommt jenes Auseinander-Erkennen des Falles den im 1. Kapitel beschriebenen Charakter der „Deutung". D.h. das Diagnostizieren (Aufdröseln, Ordnen, Gewichten von Aspekten) wird jetzt dem Kriterium unterworfen, ob es *hilfreich* ist, einem Gegenüber seinerseits zu neuen, besseren Deutungen seiner Situation zu verhelfen (und nicht dem Kriterium, ob es „an sich" die Wahrheit aufdeckt). Die besondere Herausforderung besteht hier darin, daß sich die Diagnose auf dieser Ebene nicht auf vorgegebene Ziele beziehen kann, sondern gerade darin besteht, gemeinsame Ziele zuallererst zu finden.

Zum Verständnis von *Intervention* ist es interessant, auf einen weiteren allgemeinen Begriff professioneller Fallarbeit hinzuweisen, den der *Behandlung*. Behandlung ist im Gesundheitswesen der üblichste Begriff, während von „sozialpädagogischer Behandlung" zu reden eher Unbehagen auslösen würde. Die Üblichkeit dieses Begriffes in der Medizin und das Unbehagen der Sozialpädagogik damit hat einen gemeinsamen Grund: Er liegt darin, daß der Begriff stillschweigend unterstellt, nicht die Person, der Patient werde behandelt, sondern sein Problem, sein Leiden, das was er oder sie „hat". (Etwa wenn es im Krankenhaus-Jargon heißt: „Heute wurden wieder drei Bandscheiben eingeliefert." Selbstverständlich wird dabei unterstellt, daß die Person des Patienten und das Problem [Bandscheibe], das er hat, unterscheidbar sei. Dennoch wird die verbreitete Kritik, Medizin reduziere Menschen auf ein „bearbeitungsfähiges Objekt" [vgl. Goffman 1973] durch solche Redeweise genährt).

„Sozialpädagogische *Behandlung*" kann man deshalb schlecht sagen, weil hier die Unterscheidung zwischen der Person des Klienten und dem Gegenstand der Fallbearbeitung zumeist schwieriger ist (vgl. B. Müller 1991: 50ff.). Z.B. legen die bisher diskutierten Beispiele (1–6) für eine naive Betrachtung nahe, daß die dort beschriebenen Personen (die beiden Jugendlichen, das behinderte Kind, die Mutter, Frau W., der Schüler, das Mädchen) selbst das Problem *sind* und nicht nur Probleme *haben*. Aber dies ist eben, selbst wenn es wahr wäre, eine für sozialpädagogische Intervention wenig hilfreiche Perspektive. Denn erst wenn greifbar wird, wer im gegebenen Fall welches Problem hat, wird auch greifbar, welche Interventionsmöglichkeiten darauf bezogen werden können. Zugleich aber fängt damit die eigentliche Arbeit erst an. Denn wer welches Problem hat, ist in sozialpädagogischen Fällen oft eine Definitionsfrage. (So scheinen z.B. die Mütter in Fall 3 und 6 nicht fähig und/oder nicht willens, das Problem anzugehen, das sie mit ihrem Mann haben, und sie machen es zum Problem der Kinder, oder sorgen dafür, daß die Kinder das Problem sind). Intervention wird hier nicht nur zum Dazwischen-Gehen zwischen Personen und Problem, sondern auch zur Vermittlung zwischen unterschiedlichen Problemdefinitionen. Dies wird besonders in Kapitel 7 weiter diskutiert.

Evaluation wird oft zu eng verstanden: Eingeengt auf die (wissenschaftliche) Überprüfung von außen und eingeengt auf das Messen der Nutzeffekte bestimmter Mittel für bestimmte Zwecke (z. B. die Überprüfung der Wirkung bestimmter Medikamente für bestimmte Krankheitsbilder oder die Wirkung bestimmter polizeilicher Maßnahmen für die Eindämmung bestimmter Typen von Straftaten, etwa Übergriffe mit rechtsradikalem Hintergrund). Weil eine solche unbeteiligte Überprüfung von außen aus vielerlei praktischen Gründen nur sehr begrenzt möglich ist, gerade im sozialpädagogischen Feld, und weil in vielen professionellen Handlungsvollzügen ein solches Messen von Nutzeffekten gar nicht möglich ist, wird daraus leicht der falsche Schluß gezogen, Evaluation sei gar kein notwendiger Bestandteil der professionellen Fallarbeit. Im Gegensatz dazu gehe ich hier von einem weiter gefaßten Begriff von Evaluation aus. Demnach ist Evaluation unerläßlicher Bestandteil *jeder* professionellen Bearbeitung von Fällen, unabhängig davon, ob sie als Auswertung von außen oder als Auswertung durch die professionell Handelnden selbst, als „Selbstevaluation" (vgl. Heiner 1988a) geschieht, und ebenso unabhängig davon, ob sie als besonderer Handlungsschritt mit besonderen Mitteln organisiert wird, oder nur als Teilfunktion der Kontrolle in andere Schritte einfließt.

Auch andere Professionen kennen Evaluation als unmittelbaren Bestandteil ihrer professionellen Handlungsvollzüge und nicht nur als externe Auswertung. In bestimmter Hinsicht ist dies Element bei den etablierten Professionen wie Jurisprudenz oder Medizin sogar erheblich systematischer entwickelt als etwa in der Sozialpädagogik. So kann man z. B. im juristischen Bereich alle verfahrensrechtlichen Elemente (z. B. Straf- und Zivilprozeßordnung, Revisionsmöglichkeiten von Urteilen etc.) als evaluatives Element bezeichnen, sofern ihr allgemeinster Zweck darin besteht, Rechtsakte im Einzelfall überprüfbar zu machen, ihre Übereinstimmung mit geltenden Normen des Rechtsstaates kontrollierbar zu machen. So kann man die Standesregeln der ärztlichen Profession, aber auch die Kunstregeln ärztlichen Handelns insofern als evaluatives Element bezeichnen, als sie (jenseits der Rechtssphäre i. e. S.) ärztliches Handeln überprüfbar und kritisierbar machen. In der Sozialpädagogik ist es schwieriger, anhand solcher Verfahrensnormen zu evaluieren, was entscheidend mit ihrer oben (Kap. 2) beschriebenen Multiperspektivität zu tun hat. Medizinische oder juristische Prüfverfahren können nur insofern vorbildlich sein, als es um die Perspektive des Falles *von,* um die Überprüfung der Anwendung allgemeingültiger Handlungsregeln geht. Dies kann aber nicht heißen, daß es darüber hinaus unwichtig oder unmöglich sei, ein „für eine systematische und fundierte Bilanzierung ... brauchbares Instrumentarium" (Heiner 1988a: 9) zu entwickeln. Zum Schluß dieses Kapitels sollen zwei Schemata das Gesagte noch einmal zusammenfassen.

Schema 1: Allgemeines Prozeßschema professioneller Fallarbeit F

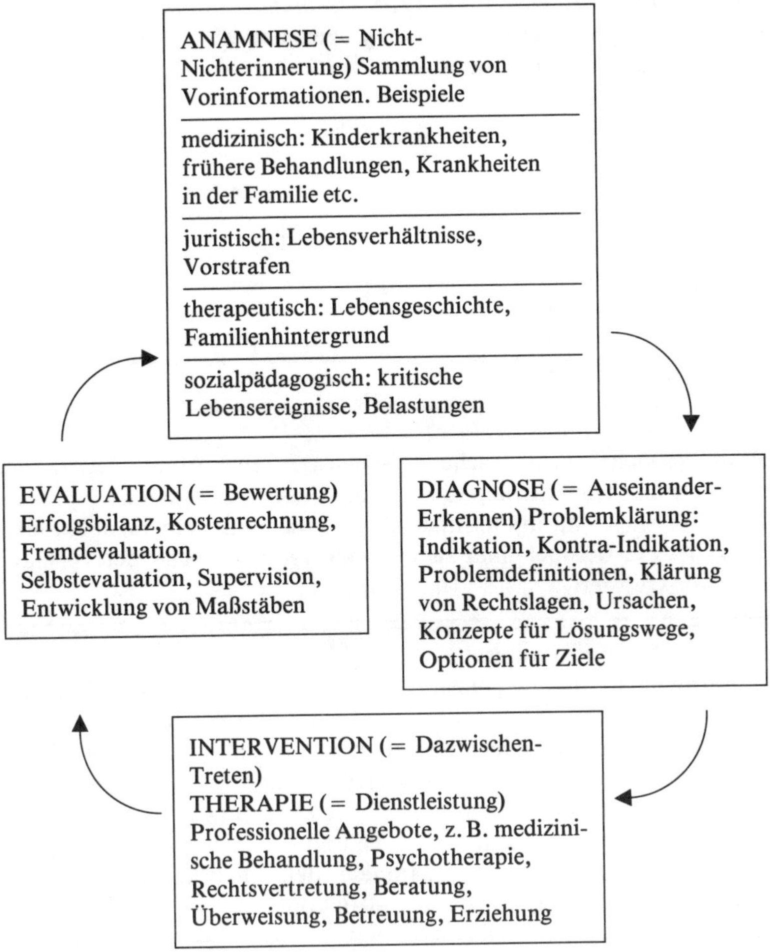

ANAMNESE (= Nicht-Nichterinnerung) Sammlung von Vorinformationen. Beispiele

medizinisch: Kinderkrankheiten, frühere Behandlungen, Krankheiten in der Familie etc.

juristisch: Lebensverhältnisse, Vorstrafen

therapeutisch: Lebensgeschichte, Familienhintergrund

sozialpädagogisch: kritische Lebensereignisse, Belastungen

EVALUATION (= Bewertung) Erfolgsbilanz, Kostenrechnung, Fremdevaluation, Selbstevaluation, Supervision, Entwicklung von Maßstäben

DIAGNOSE (= Auseinander-Erkennen) Problemklärung: Indikation, Kontra-Indikation, Problemdefinitionen, Klärung von Rechtslagen, Ursachen, Konzepte für Lösungswege, Optionen für Ziele

INTERVENTION (= Dazwischen-Treten)
THERAPIE (= Dienstleistung) Professionelle Angebote, z.B. medizinische Behandlung, Psychotherapie, Rechtsvertretung, Beratung, Überweisung, Betreuung, Erziehung

Festzuhalten bleibt folgendes: Anamnese, Diagnose, Intervention und Evaluation werden in diesem Buch als allgemeine Leitbegriffe für den Prozeß professioneller Fallarbeit benutzt. Sie müssen je nach Arbeitsfeld und Problemstellung inhaltlich sehr unterschiedlich gefüllt werden.
Ihre Verwendung für die Beschreibung und Analyse sozialpädagogischer Fälle bedeutet keine einseitige Orientierung an therapeutischem Handeln, sondern zielt gerade darauf, die notwendige Offenheit und Mehrdimensionalität des Prozesses sozialpädagogischer Fallarbeit zur Geltung zu bringen. Hierbei ist besonders zu beachten, daß je nach Betrachtungsperspektive die einzelnen Stufen des Arbeitsprozesses unterschiedliche Bedeutung erhalten. Daraus läßt sich für sozialpädagogische Fallarbeit eine allgemeine Matrix konstruieren, die im folgenden Schema abgebildet wird:

Schema 2

	Fall Von	Fall Für	Fall Mit
Anamnese			
Diagnose			
Intervention			
Evaluation			

Würde es nicht einem zu schematischen Denken Vorschub leisten, so könnte man sagen: Sozialpädagogische Kasuistik besteht darin, diese Felder je nach Fall unterschiedlich zu füllen. Im folgenden Kapitel wird dies am Beispiel eines zentralen Aufgabengebietes der Jugendhilfe konkretisiert.

Arbeitsaufgaben zu Kapitel 3:
1. Formulieren Sie in eigenen Worten, was unter den Begriffen Anamnese, Diagnose, Intervention, Evaluation zu verstehen ist.
2. Stellen Sie sich einen medizinischen oder einen juristischen Fall vor und formulieren Sie, welche Tatbestände hier mit Anamnese, Diagnose, Intervention, Evaluation gemeint sein können.
3. Wählen Sie einen der Beispielfälle und sammeln Sie Ideen zu der Frage, welche Aufgabe der Anamnese, der Diagnose, der Intervention und der Evaluation sich hier stellen könnten.

4. Kapitel: Das Beispiel „Hilfeplanung" nach dem KJHG

4.1 Der „Hilfeplan" als gesetzliche Pflicht zu professioneller Verfahrensweise

Man kann die Aufgaben, die sich im Blick auf den Prozeß sozialpädagogischer Fallarbeit stellen, anhand der Anforderungen erläutern, die das KJHG an den Prozeß der „Hilfeplanung" stellt. Der hier wichtige Paragraph 36,3 lautet:

> „Die Entscheidung über die im Einzelfall angezeigte Hilfeart soll, wenn Hilfe zur Erziehung voraussichtlich für längere Zeit zu leisten ist, im Zusammenwirken mehrerer Fachkräfte getroffen werden. Als Grundlage für die Ausgestaltung der Hilfe sollen sie zusammen mit dem Personensorgeberechtigten und dem Kind oder dem Jugendlichen *einen Hilfeplan aufstellen, der Feststellungen über den erzieherischen Bedarf, die zu gewährende Art der Hilfe sowie die notwendigen Leistungen enthält; sie sollen regelmäßig prüfen, ob die gewählte Hilfe weiterhin geeignet und notwendig ist.* Werden bei der Durchführung der Hilfe andere Personen, Dienste oder Einrichtungen tätig, so sind sie an der Aufstellung des Hilfeplans und seiner Überprüfung zu beteiligen." (Hervorhebung B. M.)

Die Tatsache, daß hier ein gesetzlicher Rahmen für die Fallarbeit der Jugendhilfe formuliert ist, bedeutet keineswegs, wie zuweilen behauptet wird, daß es sich dabei um weisungsabhängige und damit nicht im vollen Sinne professionelle Tätigkeit handelt. Vielmehr benutzt das Gesetz hier lauter sogenannte „unbestimmte Rechtsbegriffe" (z. B. „erzieherischer Bedarf", „notwendige Leistungen", „geeignete und notwendige Hilfe" etc.), die unabdingbar verlangen, durch fachliches Erkennen, Entscheiden und Handeln inhaltlich gefüllt zu werden.
Der Frankfurter Kommentar zum KJHG sagt sogar:

> „Für die Rechtsverwirklichung kommt damit der fachlich-sozialpädagogischen Stellungnahme entsprechend qualifizierter Kräfte des JA (Jugendamtes B. M.) die entscheidende Bedeutung zu (...). Fachfremde, nichtsozialpädagogische Aspekte und Methoden sind deswegen ausgeschlossen." (Münder u. a. zu Paragraph 27 Rz. 25).

Sozialpädagogische Fallarbeit hat hier nur deshalb einen gesetzlichen Rahmen, der ihre Entscheidungsfreiheit einengt, weil sie selbst zugleich staatliche Leistungsverwaltung ist (vgl. oben 2.2) und damit Rechte von Bürgerinnen und Bürgern betrifft.
Es ist nun im folgenden zu zeigen, daß die zitierten Vorschriften, ins-

besondere die hervorgehobenen Passagen, zwingend einen Arbeitsprozeß erfordern, der im beschriebenen Sinne Anamnese, Diagnose, Intervention und Evaluation umfaßt. Die drei im Gesetz genannten verpflichtenden Elemente des Hilfeplans, nämlich die „Feststellungen über den erzieherischen Bedarf", die „zu gewährende Art der Hilfe", die „notwendigen Leistungen" und, als viertes, das „regelmäßige Prüfen", entsprechen den vier Elementen der Fallarbeit. Die Vorschriften, daß Entscheidungen „im Zusammenwirken mehrerer Fachkräfte getroffen werden" sollen, daß die mit dem Fall befaßten „Personen, Dienste oder Einrichtungen" an der Planung zu „beteiligen" seien, und vor allem, daß der „Hilfeplan zusammen mit dem Personensorgeberechtigten und dem Kind oder Jugendlichen" aufgestellt werden muß, machen zwingend: Gerade als „Fall *von* Hilfe zur Erziehung" nach dem KJHG muß zumindesten jeder unter Paragraph 36.2 fallende Fall *zugleich* als „Fall *für*" jene zu beteiligenden „Personen, Dienste oder Einrichtungen" *und* als „Fall *mit*" den betroffenen „Personensorgeberechtigten", Kindern und Jugendlichen bearbeitet werden. Hier jedenfalls läßt sich die „sozialpädagogische" und die „sozialarbeiterische" Seite unmöglich auseinanderdividieren. Wesentlich zum Verständnis ist, daß es hier nicht darum geht, irgendwelchen Vorschriften formal Genüge zu tun, sondern darum, die faktische Bedeutung dieser gesetzlichen Vorschrift eines „Hilfeplans" zu erfassen. Sie besteht eben darin, daß das Gesetz Verfahrensregeln für das Vorgehen vorschreibt, welche dazu zwingen, die grundlegenden Elemente professioneller Fallarbeit zu beachten, zugleich aber die inhaltliche Ausgestaltung dieser Elemente *nicht* vorschreibt (eben deshalb sind die Rechtsbegriffe „unbestimmt"!), sondern zur *Aufgabe fachlich qualifizierten Handelns* macht. Das folgende Beispiel (einer Sozialpädagogin, die nach mehrjähriger Berufstätigkeit wieder zu studieren begann) kann illustrieren, was damit gemeint ist. Es ist gerade deshalb lehrreich, weil es noch von der alten Gesetzeslage des Jugendwohlfahrtsgesetzes ausgeht, das keine solchen weitgehenden Verfahrensregeln kannte und insofern offenließ, welchen Standards Jugendhilfe genügen muß.

7 „In einem Kinderdorf für verhaltensauffällige Kinder und Jugendliche, in welchem ich als Anerkennungspraktikantin tätig war, wurde ein 14jähriger Junge untergebracht. Rechtliche Grundlage war damals (1985) Paragraph 62 JWG: Freiwillige Erziehungshilfe. Auffällig wurde der Junge durch Schulversagen, Schuleschwänzen. Seine Mutter und sein Stiefvater betrieben eine Kneipe. Beide neigten dem Alkohol zu, es gab häufig Streitigkeiten, wobei auch Handgreiflichkeiten nicht ausblieben. Die Aufgabe des Jungen war es, die Kneipe zu führen, oft bis tief in die Nacht hinein."

Das JWG stellte im genannten § 62 für einen solchen Fall drei Bedingungen für die Intervention: Es mußte anzunehmen sein, daß bei dem betreffenden Minderjährigen die „leibliche, geistige oder seelische Entwicklung gefährdet oder geschädigt ist"; die „Maßnahme" (hier: der Unterbringung) mußte „zur Abwendung der Gefahr oder zur Beseitigung des Schadens geboten" sein; und die „Personensorgeberechtigten" mußten bereit sein, „die Durchführung der Freiwilligen Erziehungshilfe zu fördern".
Es ist sicher kein Zufall, daß keine dieser Bedingungen in diesem Fallbericht erwähnt wird. Es werden zwar eine Reihe von Verhaltensweisen und Lebensbedingungen des Jugendlichen genannt, die vermuten lassen, daß dieser vor der „Maßnahme" unter für ein Kind unserer Gesellschaft ungewöhnlich ungünstigen Bedingungen lebte. Aber daß dies seine „Entwicklung" „gefährdet" oder gar „geschädigt", also seine Persönlichkeit beeinträchtigt hat, wird nicht einmal erwähnt – es sei denn, man betrachtet den mangelhaften Schulbesuch schon als solche Schädigung. Ebensowenig klingt eine abwägende Überlegung an, ob gerade diese Maßnahme (der Unterbringung) „geboten" war, oder vielleicht etwas ganz anderes. Die Frage der „Indikation", die nach der Nützlichkeit von Heimerziehung im Vergleich zu anderen Möglichkeiten der Unterstützung scheint nicht im Blick – und man darf vermuten, daß diese Frage nicht nur der Praktikantin, sondern auch den Instanzen entgangen ist, die über den Fall entschieden haben. Es wird nicht überprüft, sondern als selbstverständlich unterstellt, daß die Jugendhilfe-Maßnahme für diesen Jugendlichen „geeignet" ist. Auch die dritte Bedingung, die Förderung der Maßnahme durch die „Personensorgeberechtigten", dürfte sich auf die damals übliche schriftliche Einverständniserklärung beschränkt haben.
Die Tatsache der relativen Irrelevanz gesetzlicher Bestimmungen für die praktischen Verfahrensweisen der Jugendhilfe in Zeiten des JWG hing sicher damit zusammen, daß sich dieses Gesetz mit der Frage der Realisierbarkeit seiner Vorschriften nicht befaßte, sondern diese ganz dem Ermessen der ausführenden Organe überließ. Ich möchte im folgenden im einzelnen diskutieren, inwiefern dies nach dem KJHG anders geworden ist und wie in einem solchen Fall nach den Verfahrensregeln des „Hilfeplans" verfahren werden müßte.

4.2 DIE KLÄRUNG DES „ERZIEHERISCHEN BEDARFS":
SOZIALPÄDAGOGISCHE ANAMNESE

Die Klärung des „erzieherischen Bedarfs" läßt sich insofern der Anamnese zuordnen, als es dabei um die grundlegende „Indikationsstellung" (s. o.) geht, *ob* überhaupt ein Bedarf auf „Hilfe zur Erziehung" besteht, und noch nicht um den Bedarf im einzelnen. (Der Übergang zur Diagnose ist freilich fließend). Festgestellt werden muß dafür gemäß § 27,1, ob eine „dem Wohl des Kindes oder Jugendlichen entsprechende Erziehung gewährleistet" und ob die Hilfe „für seine Entwicklung geeignet und notwendig ist" (vgl. oben 2.2). Fragt man, wie das praktisch festgestellt werden kann, so gerät man unvermeidlich in Suchprozesse, wie sie oben als „Anamnese" beschrieben wurden. Denn diese „unbestimmten Rechtsbegriffe" können nicht willkürlich gefüllt werden.

Zunächst ist dabei wichtig, daß die Frage, deren Umfeld hier zu klären ist, nicht mehr die nach „Gefährdung" oder „Schädigung", sondern die nach Gewährleistung einer dem Wohl des Kindes entsprechenden Erziehung ist.

Die Kriterien des JWG (Gefährdung bzw. Schädigung des leiblichen, geistigen oder seelischen Wohls) produzierten nicht nur das Dilemma, daß Hilfe nur geleistet werden konnte, wenn den Betroffenen zuvor ein persönliches Defizit zugeschrieben wurde; hinzu kam, daß diese Kriterien nur überprüft werden konnten, indem psychologische und/oder medizinische Untersuchungsmethoden zur Hilfe genommen wurden (wenn denn ernsthafte Prüfung und nicht nur willkürliches Ermessen gefragt war). SozialpädagogInnen hatten somit einen gesetzlichen Auftrag, der nicht nur wegen der damit verbundenen Abstempelung fachlich bedenklich, sondern auch mit pädagogischen Mitteln letztlich undurchführbar war.

Demgegenüber fällt die Aufgabe, zu prüfen, ob eine dem Wohl des Kindes entsprechende *Erziehung* gewährleistet ist, nicht nur offenkundig in sozialpädagogische Zuständigkeit. Sie ist auch mit sozialpädagogischen Mitteln und unter Beachtung der gesetzlichen Vorgaben tatsächlich zu lösen.

Im Fallbeispiel 7 ist der die sozialpädagogische Bearbeitung auslösende Anfangstatbestand offenkundig das „Schulversagen, Schuleschwänzen" des Jungen. Von diesen Fakten auf einen Mangel an Erziehungsmöglichkeiten zu schließen, ist zweifellos sozialpädagogisch sinnvoller, als gleich Gefährdung oder Schädigung einer Persönlichkeit zu vermuten. Dennoch genügt dieser Anfangsverdacht offenkundig nicht. Es könnte ja auch an der „Dummheit" oder „Faulheit" des Jungen liegen. Um über solche Alltagserklärungen hinauszukommen, muß die Geschichte und der Kontext dieser Tatsachen, die Lebenswelt des Jugendlichen einbezogen werden. Dafür ist die Befragung von „Zeugen" ebenso wie die eigene Anschauung dieses Kontextes notwendig, die helfen können, an die „vergessenen Zusammenhänge" (s. o.) zu erinnern. Als „Zeugen" dieser Anamnese kommen eben die Personen in Betracht, die laut Gesetz einbezogen werden müssen: Die mit dem Fall befaßten Personen und Einrichtungen (z. B. die jetzigen und früheren Lehrer, ggf. soziale Dienste, die früher mit dem Jungen und seiner Familie befaßt waren etc.), aber ebenso die betroffenen Eltern und der Junge selbst. Dies schreibt das Gesetz auch ausdrücklich vor. Nach Paragraph 27,2 KJHG soll auch „das engere soziale Umfeld des Kindes oder des Jugendlichen einbezogen werden". Dabei geht es nicht nur darum, die jeweiligen Mängel und Belastungen des Erziehungsmilieus aufzuspüren, sondern auch die vorhandenen Unterstützungspotentiale und Entwicklungsmöglichkeiten aufzudecken. Der Hilfeplan hat ja auch zu belegen, daß die in Aussicht genommene Hilfe „notwendig" und „geeignet" ist, was voraussetzt, daß die Selbsthilfepotentiale im Blick sind, an die unterstützend angeknüpft werden kann, so daß auch geprüft werden kann, ob die Jugendhilfe tatsächlich eine *bessere* Alternative zur bestehenden Lebenssituation bietet.

Das Ergebnis einer solchen Anamnese (Nicht-Nichterinnerung) vielfältiger Beobachtungen und Stellungnahmen wird höchstwahrscheinlich nicht eindeutig sein. Was die Lehrer wahrgenommen haben, wird möglicherweise der Sicht der Eltern widersprechen, und die Sicht des Jungen wird noch eine andere sein. Ein eindeutiges Ergebnis ist auch gar nicht notwendig. Denn Zweck von Anamnese ist ja nicht, schon ein vorläufiges Ergebnis zu produzieren, sondern im Gegenteil, gerade vorgefaßte Sichtweisen infrage zu stellen, Hintergründe aufzudecken, die ein anderes Licht auf die Sache werfen können, den Blick zu weiten.

Vergleicht man ein solches Vorgehen mit dem Fallbericht, so wird deutlich: Dieser enthält auch eine „Anamnese", allerdings eine, die vor allem aus suggestiven Andeutungen besteht: „Kneipe", „neigten dem Alkohol zu", „häufig Streitigkeiten", „Handgreiflichkeiten". Abgesehen von dem Hinweis auf die nächtliche Arbeit des Jungen sind es keine Aussagen, die seine Lebenslage beschreiben, sondern Aussagen über Mutter und Stiefvater, die offenbar dazu dienen, den impliziten Beweis zu führen, daß deren Verhalten eine Gefährdung und/oder Schädigung des Jungen darstelle. Das vermutete Ergebnis und der offenbar dringende Wunsch des Amtes, den Jungen da herauszuholen, steuert hier die Wahrnehmung und läßt Gründe dafür suchen und finden, während andersartige Gesichtspunkte und „Lesarten" (s. o.) ausgeblendet werden. Daß Fremdunterbringung „geeignet" und „notwendig" sei, erscheint dadurch so selbstverständlich, daß darüber gar nicht mehr geredet zu werden braucht. Gerade die

Eindeutigkeit des Ergebnisses der „Anamnese", ohne daß irgend eine Informationsquelle dafür genannt wird, muß den Verdacht erwekken, daß hier mehr selbsternanntes Rettertum als sachliche Prüfung der Tatsachen und beteiligten Interessen am Werke war.

4.3 Die „zu gewährende Art der Hilfe": Sozialpädagogische Diagnose

Bei einem offenen Ergebnis und unterschiedlichen Zeugenaussagen der Anamnese kann Hilfeplanung nun allerdings nicht stehenbleiben. Sie muß ja zu einer Entscheidung führen, a) ob ein „erzieherischer Bedarf" i.S. des KJHG besteht (also eine dem Wohl des Kindes entsprechende Erziehung nicht gewährleistet ist); und b) welche Art der Hilfe diesem Bedarf Rechnung tragen soll. Vor allem die erstgenannte Entscheidung hat insofern rechtliche Wirkung, als sie nach Paragraph 27,1 KJHG den Anspruch auf „Hilfe zur Erziehung" begründet (oder verneint) (vgl. Münder u.a. 1991 zu Paragraph 27 Rz. 3ff.). Diese Entscheidung kann nicht willkürlich sein, sondern muß im Zweifelsfall der Überprüfung durch ein Verwaltungsgericht standhalten können (vgl. ebd. Rz. 7; nach dem Kommentar von Schellhorn/Wienand ist der Hilfeplan ein „Verwaltungsakt..., den der Leistungsberechtigte vor dem Verwaltungsgericht anfechten kann" [zu Paragraph 36 Rz. 15]).

Im Sinne der gesetzlichen Vorgaben genügt für die „Indikation" die Vorklärung der Frage, *ob* „Hilfe zur Erziehung" anzubieten ist, eine Anamnese der Lebenslage des Jugendlichen nicht. Das Gesetz verlangt auch zu prüfen, ob „Hilfe zur Erziehung" im gegebenen Fall „für seine Entwicklung geeignet und notwendig ist" (§ 27,1). D.h., es muß nicht nur erwogen werden, ob „erzieherischer Bedarf" vorliegt, sondern auch, ob Jugendhilfe ihm entsprechen kann. Beides muß eng aufeinander bezogen werden. „Insofern sind das *Ob* (Vorliegen der Voraussetzung) und das *Wie* (welche konkrete Hilfe) eng miteinander verbunden." (Münder u.a., Paragraph 27 Rz. 9)

> „Um den Rechtsanspruch faktisch nicht in der Weise leerlaufen zu lassen, daß nach Feststellung der Voraussetzungen der Jugendhilfeträger aus einer großen Auswahl möglicher Hilfearten auswählen kann (oder einfach eine zufällig verfügbare Hilfeart nutzt, B. M.), folgt, daß *sehr genau* der *erzieherische Bedarf*, die benachteiligte Lebenslage usw. zu bestimmen sind. Erst die genaue Bestimmung der Momente, die für die Voraussetzung wichtig sind, kann erkennen lassen, ob der Jugendhilfeträger bei der konkreten Hilfe (also beim Wie der Leistung) rechtmäßig handelt." (ebd. Rz. 10)

Man kann sich nun fragen: Wie kann Hilfeplanung zu einem klaren Ergebnis führen, das auch rechtlicher Überprüfung standhält, wenn das vom KJHG verlangte Beteiligungsverfahren *und* die vom selben Gesetz verlangte Fachlichkeit der Entscheidung ernst genommen wird? Denn es ist offenkundig nicht auszuschließen, sondern im Gegenteil zu vermuten, daß unter diesen Bedingungen schon auf der Stufe der Anamnese sehr unterschiedliche Interessen und Sichtweisen auftauchen, die schwer auf einen Nenner zu bringen sind.
Die Antwort auf diese Frage beantwortet zugleich die nach der sozialpädagogischen Diagnose, sofern diese in nichts anderem besteht als dem Versuch, über willkürliche Entscheidungen hinauszukommen und das Handeln überprüfbar und verbesserbar zu machen. Deshalb kommentieren Schellhorn/Wienand, der Feststellung, Hilfeplanung sei ein Verwaltungsakt

„steht nicht entgegen, daß der Hilfeplan (...) in erster Linie als Instrument der Selbstkontrolle für das verantwortliche Jugendamt und den Betreiber der Einrichtung anzusehen ist, da (...) der Plan auch dazu dient, die Vorstellungen, Anträge und Erwartungen der Herkunftsfamilie und des Kindes oder Jugendlichen mit einzuschließen" (Schellhorn/Wienand zu § 36 Rz. 15).

Man kann nicht verstehen, was hier sozialpädagogische Diagnose heißt, wenn man nicht begreift, weshalb hier drei scheinbar nicht zusammengehörige Dinge als unmittelbare Einheit betrachtet werden: Nämlich die *Rechtmäßigkeit* (und rechtliche Überprüfbarkeit) der Bearbeitung des Falles, die *fachliche* „Selbstkontrolle" und die Einbeziehung der „Vorstellungen" etc. der *Betroffenen*. Man muß sich, um dies zu verstehen, von dem Alltagsverständnis von Diagnose lösen, das vom medizinischen Feld geprägt ist, wonach Maßstab der Diagnose im Einzelfall ausschließlich das jeweils relevante Experten-Fachwissen ist (als das „anerkannte Allgemeine"), während rechtliche Erwägungen und Klientenwünsche allenfalls bei der folgenden Behandlung und auch da nur am Rande eine Rolle spielen. Sozialpädagogische Diagnose ist demgegenüber, jedenfalls im Kontext der Hilfen zur Erziehung nach dem KJHG, nicht nur ganz prinzipiell verpflichtet, spezifisches Fachwissen bezüglich benachteiligter Lebenslagen etc. (das allerdings unabdingbar ist) heranzuziehen. Sie ist nach den Regeln des Hilfeplans auch rechtlich verpflichtet, die Schlüsse, die sie aus ihrem Fachwissen für den Einzelfall zieht, einer doppelten Kontrolle auszusetzen: Zum einen der Kontrolle „mehrerer Fachkräfte", die natürlich auch andere fachliche Gesichtspunkte (z.B. schulische, psychologische, medizinische) einbringen können, wobei die sozialpädagogische Perspektive die entscheidende bleibt (vgl. Münder u. a. 1992 zu § 27 Rz. 25). Zum anderen die Kontrolle durch die Betroffenen selbst, die „nicht Objekt, sondern Subjekt des Hilfeprozesses sind" (Münder u. a. 1992 zu § 27 Rz. 17). Die Rechtmäßigkeit (und Rechtssicherheit) der Fallbearbeitung hängt hier also sowohl daran, daß sozialpädagogisch-fachliche Gesichtspunkte dafür maßgebend sind, als auch daran, daß diese sich den genannten Kontrollen nachweislich gestellt haben.

Es ist offenkundig, daß in unserem Fallbeispiel ein solches Verfahren der Diagnose keine Rolle spielte. Wenn wir das kritisieren, müssen wir uns allerdings mit dem Einwand auseinandersetzen, ein solches Verfahren könne auch gar nicht zu dem verlangten klaren Ergebnis führen. Denn es liege im Beispielfall (und vielen anderen Fällen) ja auf der Hand, daß sich die sozialpädagogisch-fachliche Stellungnahme und die Stellungnahme der Personensorgeberechtigten widersprechen *müssen;* denn deren Verhalten und deren Interessen (die z. B. in Fall 7 dazu führen, daß der Junge gesetzwidrig nächtliche Kinderarbeit verrichten muß) seien ja gerade das, was „erzieherischen Bedarf" verursache. Setzt man dagegen, daß ein 14jähriger schon für sich selbst sprechen könne und sein Beteiligungsrecht gewichtiger sei als das der Eltern, so verkompliziert sich die Situation noch. Denn auch hier gäbe es zahllose Beispielfälle, in denen entweder überhaupt keine klare Stellungnahme zu bekommen ist, oder in denen die Wünsche der Jugendlichen mit dem nicht übereinstimmen, was aus fachlicher Sicht wünschenswert erscheint.

Richtig ist an diesem Einwand, daß sozialpädagogische Diagnose nach dem Verfahren des „Hilfeplans" keineswegs immer zu eindeutigen Ergebnissen führt, sondern häufig zu mehreren, nicht ohne weiteres vereinbaren „Diagnosen" der Beteiligten. Nicht richtig ist, wenn daraus der Schluß gezogen wird, daß im Streitfall der fachlichen Sicht Recht und der Sicht der Betroffenen Unrecht zu geben sei; oder gar der Schluß, daß Betroffene, die sich widerspenstig zeigen oder aus pädagogischer Sicht falsch verhalten, damit das Recht verwirkt hätten, als Subjekte statt als Objekte der Fallbearbeitung zu gelten. Freilich wäre auch das Umgekehrte fatal, sich bedingungslos an dem zu orientieren, was Klienten wünschen. Vielmehr kann die fachliche Sicht in einem solchen Fall nicht mehr (aber auch nicht weniger) beanspruchen, als eine fachlich verantwortete „Deutung" (s. o.) zu sein, der die „Validierung" durch ihre Adressaten noch fehlt. Die Arbeit daran, eine solche Validierung zu bekommen, ist Aufgabe der Intervention. Dies schließt nicht aus, daß es auch Fälle geben kann (z. B. nach §§ 42, 43 KJHG, § 1666 BGB), in denen die widersprechenden

Deutungen bzw. Verhaltensweisen von Adressaten so gefährlich für die betroffenen Kinder und Jugendlichen sind, daß die Pflicht besteht, fachlicher Einsicht entsprechend auch gegen den Willen von Betroffenen zu handeln, und dies Handeln mit Hilfe richterlicher Sanktionsgewalt auch durchzusetzen, also „einzugreifen" (vgl. Kap. 7.1). Auch dann allerdings handelt es sich um eine (als Notmaßnahme gewaltsam durchgesetzte) Deutung über die „zu gewährende Art der Hilfe", nicht um eine validierte Diagnose, die einen exklusiven Wahrheitsanspruch darüber hätte, was der „wirkliche" Bedarf sei.

4.4 Die „notwendigen Leistungen": Sozialpädagogische Intervention

Bei der Diskussion von Intervention ist besonders wichtig zu beachten, daß die Schritte im Prozeß der Fallbearbeitung nicht voneinander isoliert werden können. Jede qualifizierte Intervention muß auch Elemente der Anamnese, der Diagnose und der Evaluation enthalten; wie auch umgekehrt gilt, daß natürlich schon Anamnese und Diagnose Formen praktischer Einmischung sind. Dennoch ist bedeutsam, daß laut Gesetz neben dem „erzieherischen Bedarf" und der „zu gewährenden Art der Hilfe" als dritter Bestandteil des Hilfeplans auch die „notwendigen Leistungen" aufgeführt sein müssen. Gemeint sind damit zunächst sicher die konkreten „Hilfen zur Erziehung", die sich im Prozeß der Anamnese und Diagnose als „geeignet" und „notwendig" herauskristallisiert haben: Z.B. die konkrete „betreute Wohnform" (vgl. § 34 KJHG) eines bestimmten Trägers, auf die sich die Beteiligten geeinigt haben, oder das bestimmte Angebot einer „Tagesgruppe" (vgl. § 32 KJHG), samt den dafür vorzusehenden sächlichen Leistungen (z.B. Pflegesätze). Nach Späth gehört dazu auch das Angebot der vorgesehenen Einrichtung: „Welche besonderen Leistungen, pädagogischen und therapeutischen Leistungen, z.B. schulische Förderangebote, Spieltherapie, Bewegungserziehung, besondere heilpädagogische Angebote, berufsvorbereitende Maßnahmen etc. für notwendig erachtet und in der Einrichtung angeboten werden sollen" (1992: 16).

Nun scheint der Gesetzgeber von dem vergleichsweise einfachen Fall auszugehen, daß Anamnese und Diagnose abgeschlossen, „erzieherischer Bedarf" und „zu gewährende Art der Hilfe" eindeutig und im Konsens aller Beteiligten ermittelt sind, *ehe* daraus die Konsequenzen bezüglich der „notwendigen Leistungen" gezogen werden.

Bei unserem Beispielfall müssen wir allerdings von der (leider zumeist wahrscheinlicheren) Annahme ausgehen, daß nicht nur die Anamnese, sondern auch die Diagnose zu einem offenen Ergebnis geführt hat, in dem die „sehr genaue" Bestimmung des „erzieherischen Bedarfs" und der „Art der Hilfe" strittig oder unbestimmbar bleibt. Soll hier die Frage „was tun?" nicht willkürlich oder gewaltsam entschieden werden, so bleibt nichts anderes übrig, als einen Konsens bzw. Kompromiß *innerhalb der Intervention selbst* zu suchen.

Der große Pädagoge Siegfried Bernfeld hat bezüglich des Verhältnisses von Kindern und Pädagogen gesagt: „Die Antinomie zwischen dem berechtigten Willen des Kindes und dem berechtigten Willen des Lehrers löst keine Pädagogik auf. Vielmehr besteht sie in dieser Antinomie" (1921: 139). Entscheidend sei nur, ob dieser Gegensatz gewaltsam und durch Unterwerfung der einen Seite gelöst werde, oder durch einen Kompromiß, in dem beide Seiten zu ihrem Recht kommen (vgl. ebd.). Adressaten sozialer Arbeit sind nur zum Teil Kinder, aber sinngemäß läßt sich der Gedanke in jedem Fall übertragen.

Geht man davon aus, daß es Aufgabe von Anamnese und Diagnose ist, a) herauszufinden, was SozialpädagogInnen aus fachlicher Sicht zur Veränderung der Lage (oder des Verhaltens) ihrer Adressaten berechtigterweise „wollen" müssen, und b) herauszufinden, welcher „berechtigte Wille" ihre Adressaten dazu bringt, ihr Leben so zu gestalten, wie sie es tun – so bleiben für die Intervention zwei weitere Aufgaben: Zum einen die Aufgabe, c) den genannten „Kompromiß" zwischen beidem zu finden (statt die eigene Sichtweise möglichst vollständig durchzusetzen). Zum anderen die Aufgabe, d) die „notwendigen Leistungen" für die praktische Umsetzung dieses Kompromisses gekonnt zu erbringen. (Nicht nur die einzelnen „Maßnahmen" der Jugendhilfe sind solche Leistungen, sondern *auch* die Art und Weise, wie sie an den Mann, die Frau, das Kind gebracht werden.)

Vergleicht man dies Arbeitsprogramm mit der Fallgeschichte 7, so wird wieder deutlich, an welcher Stelle uns die Geschichte (ähnlich wie die meisten Jugendhilfe-Akten) völlig im Stich läßt. Sie gibt uns einige Informationen zu a), auch wenn diese gefiltert erscheinen und unklar bleibt, aus welcher Quelle sie stammen. Immerhin scheint es Fakten zu geben, die den „berechtigten Willen", ja die Pflicht zur Einmischung begründen: Schuleschwänzen, nächtliche Kinderarbeit, möglicherweise auch „Handgreiflichkeiten", also physische Mißhandlung sind keine Harmlosigkeiten. Wir erfahren dagegen nichts über b), die Gründe, die Eltern bewegen können, sich so zu verhalten, und auch nichts über mögliche Kompensationen, die der Junge für das erzielt, was ihm zugemutet wurde. Wenn wir nicht davon ausgehen wollen, daß es sich bei den Eltern um gefühllose Monster handelt, müssen wir annehmen, daß zumindest verständlich sein kann, welche Belastungen hier weitergegeben wurden. Wir wissen auch nicht, ob physische Mißhandlung – falls sie im Spiel war – das eigentlich Schlimme war oder nicht eher das, was Honig als das eigentlich Charakteristische familialer Gewalt gegen Kinder nennt: „Strukturelle Vernachlässigung", die er definiert als „Unentschiedenheit von Zuneigung und Ablehnung, den unberechenbaren Wechsel zwischen Bestrafung, emotionaler Ausbeutung einerseits, Zuwendung, Schutz und fördernder Unterstützung andererseits" (1986: 286). Wir können darüber nur spekulieren. Wir erfahren nichts darüber, was der Junge selbst als Belastung empfand und wie er es verarbeitete; auch nichts darüber, ob die Schule versucht hat, Unterstützung anzubieten oder vielleicht selbst zur Quelle der Belastung geworden ist, die „strukturelle Vernachlässigung" ungewollt verstärkt hat. Weil wir über all dies gar nichts erfahren, gibt es auch c) keine erkennbaren Ansätze für eine Kompromißbildung. Vielleicht wäre es denkbar gewesen, mit sehr viel weniger aufwendigen Mitteln als einer Heimunterbringung die Familie so zu entlasten, daß die Nachtarbeit des Jungen überflüssig geworden wäre. Vielleicht blieben die Chancen einer Vermittlung zur Schule ungetestet, vielleicht anderes. Vielleicht gab es auch keine andere Chance. Wir wissen es nicht.

Sicher aber scheint mir, daß die Suche nach einem solchen Kompromiß der Sichtweisen und Interessen (also die Bearbeitung als „Fall *mit*") keineswegs bedeutet hätte, von der „eigentlich richtigen", fachlichen Handlungsweise im Sinne eines „faulen Kompromisses" abzuweichen. Denn eben diese Kompromißsuche *ist* fachliches Handeln. Sie macht (Gesichtspunkt d) die Realisierung der „notwendigen Leistungen" nicht schlechter, sondern besser, wenn auch schwieriger. Sie stellt die Wirksamkeit der zu ergreifenden Maßnahmen nicht in Frage, sondern gibt ihnen erst eine Chance, eben sofern es nicht verordnete, sondern gemeinsam vereinbarte Maßnahmen sind. Anders als in der Medizin, wo richtige „Verordnung" und genaues Befolgen der Verordnung (die „compliance" der Patienten) die entscheidenden Variablen des Heilungserfolges sein mögen, *ist in der Sozialpädagogik der faire Kompromiß das entscheidende Interventionsinstrument.* SozialpädagogInnen brauchen sich deshalb nicht zu schämen, wenn sie schon mitten in der Intervention stecken und noch nicht wissen, was dabei herauskommen wird. Das ist kein Fehler, sondern Prinzip ihrer Fachlichkeit.

4.5 Das „regelmässig prüfen": Sozialpädagogische Evaluation

Schon im vorigen Kapitel wurde klar, daß Evaluation gerade in sozialpädagogischer Fallarbeit erheblich mehr meint als nur die technische Überprüfung der eingesetzten Mittel. Was aber bedeutet das z. B. konkret im Blick auf die Vorschrift des KJHG zu jeder „langfristig zu leistenden Hilfe zur Erziehung": „Sie sollen regelmäßig prüfen, ob die gewählte Hilfeart weiterhin geeignet und notwendig ist" (§ 36,2 KJHG). Mit „Sie" sind keineswegs nur die fallführenden SozialarbeiterInnen gemeint, sondern auch alle an den anderen Schritten der Hilfeplanung beteiligten Personen und insbesondere die Adressaten der „Hilfe zur Erziehung". Hinzu kommen hier die bei der „Durchführung" des bisherigen Hilfeplans tätigen „Personen, Dienste oder Einrichtungen". Allein schon aus dieser Zusammensetzung der Planenden ergibt sich, daß diese gesetzliche Pflicht zur regelmäßigen Evaluation weit mehr umfaßt als nur die Überprüfung des zweckmäßigen Einsatzes von Jugendhilfemitteln, also z. B. die Klärung der Frage, ob wirklich Heimerziehung weiterhin „notwendig" ist oder ob der Fall nicht auch mit sparsameren Mitteln (etwa als Fall von Familienhilfe oder Tagespflege nach §§ 31, 32 KJHG) erfolgreich bearbeitet werden kann. Vielmehr muß der Fall selbst und die Ziele seiner Bearbeitung „regelmäßig" zur Diskussion stehen: Anamnese, Diagnose und Intervention stehen demnach zur Revision an, unter Einbeziehung der Perspektive derer, die bisher für die „Durchführung" – also für die Intervention i. e. S. – verantwortlich waren. Vor allem aber muß die Evaluation auch die Perspektive der Betroffenen selbst einbeziehen, und es liegt auf der Hand, daß Wünsche von Betroffenen nicht einfach nach technischen Effizienzkriterien beurteilt werden können, sondern *neue* Verhandlungen der Ziele und Mittel, neue Kompromißbildungen erfordern können. Evaluation ist also hier nichts anderes als Wiederholung bzw. Fortschreibung des gesamten Prozesses der Hilfeplanung.
Offenkundig ist dabei, daß Evaluation in der sozialpädagogischen Fallarbeit eine sehr unterschiedliche Aufgabe sein kann, je nach der Perspektive, die dabei im Blick ist. Einen Fall als Fall *von* einem bestimmten sozialpädagogischen Maßnahmetyp zu betrachten (z. B. Fortführung von Heimerziehung gegen sozialpädagogische Familienhilfe abzuwägen) ist offenkundig ein andersartiger Evaluationsprozeß als derjenige, der notwendig ist, um der Perspektive des Falles *für* gerecht zu werden: Z. B. zu evaluieren, ob alles getan wurde, damit ein jugendlicher „drop out" doch noch einen Hauptschulabschluß schaffen könnte und was dafür zu tun wäre (vgl. Fall 5 und 7); oder

wie sich Maßnahmen der Jugendgerichtshilfe zu anderen Instanzen, die an einer „Kriminalisierungs-Karriere" beteiligt sind, verhalten (vgl. Fall 1). Um noch anderes geht es, wenn *mit* Betroffenen zusammen evaluiert werden soll, also zu überprüfen ist, inwieweit Handlungsmöglichkeiten und Ziele von SozialpädagogInnen den Handlungsmöglichkeiten und Zielen ihrer Klienten bezüglich ihrer „berechtigten" Wünsche und Interessen an einem „Leben in Menschenwürde" (s. o. Kap. 2.4) entsprechen.

Wenden wir dies auf den Beispielfall 7 an, so müßten wir viel schon Gesagtes wiederholen – und wieder feststellen, daß uns die wichtigsten Informationen für ein „Prüfen" im Sinne des Gesetzes fehlen.

Dazu müßten wir auch, was hier nicht diskutierbar ist, die Beachtung weiterer Bestimmungen des Gesetzes überprüfen, z. B. der §§ 37 und 38 KJHG, die die Elternrechte *während* der Durchführung von solchen Hilfen zur Erziehung betreffen. Im Rahmen des Hilfeplans wäre besonders zu beachten, daß eine Evaluation dieser *ausführenden* Praxis laut KJHG ebenfalls Pflichtaufgabe des einweisenden Jugendamtes wäre, das den Träger der Maßnahme (in Fall 7: das Kinderdorf) einzubeziehen hätte, aber keineswegs diesem die Aufgabe einfach überlassen könnte. Der Kommentar von Schellhorn/ Wienand meint dazu:

„Gerade die Regelung über die laufende Überprüfung macht deutlich, daß der ‚Fall' für das Jugendamt nicht mit der Fremdunterbringung abgeschlossen ist, sondern ständig unter Kontrolle und Betreuung zu halten ist" (1992 zu § 36 Rz. 13).

Evaluation hat auch in dieser Hinsicht nicht den Charakter einer Bewertung, die dem Prozeß der Hilfe zur Erziehung selbst äußerlich bleibt. Sie ist notwendiger und aktiver Teil der Hilfeplanung selbst, sofern sie dazu verpflichtet, die Fallbearbeitung nicht in einzelnen Phasen und Zuständigkeiten zerfallen zu lassen, sondern sie als Gesamtprozeß verantwortbar zu machen.

4.6 Ein Schema zur Hilfeplanung

Ich fasse die Überlegungen dieses Kapitels noch einmal schematisch zusammen und benutze dabei die am Schluß des vorigen Kapitels (Schema 2) dargestellte Matrix. Demnach kann man den Prozeß der Hilfeplanung nach dem KJHG in folgender vereinfachter (von konkreten Fällen abstrahierter) Form darstellen:

Schema 3: Schema zum Hilfeplan nach § 36 KJHG

	Fall von (§ 36,2 KJHG)	Fall für (Jugendamt, Dienste, Einrichtungen)	Fall mit (Jugendlichen, Personensorgeberechtigten)
Anamnese	„erzieherischer Bedarf"	bisherige Maßnahmen, Fallakten etc.	Die Sichtweise/ Geschichte der Adressaten
Diagnose	„geeignete" und „notwendige" Art der Hilfe	mehrperspektivische Sichtweise: Zusammenwirken mehrerer Fachkräfte	Wünsche, Vorstellungen der Adressaten
Intervention	„notwendige Leistungen"	Planung und Koordination von Hilfe, die andere Kräfte/ Einrichtungen durchführen	Vereinbarungen über Zusammenarbeit, Kompromißbildungen
Evaluation	„regelmäßig prüfen"	Gemeinsame Auswertung der Planungs- und der Durchführungsverantwortlichen	Gemeinsame Überprüfung der Vereinbarungen/Leistungen mit den Adressaten

Dieses und das vorige Kapitel können dem zu Anfang formulierten Anspruch sicher nicht ganz entsprechen, zu lehren, wie Studierende aus *eigenen* Erfahrungen lernen können. Sie dienen dazu, einen Interpretationsrahmen für sozialpädagogische Fallarbeit zu liefern und zu zeigen, daß dieser Rahmen nicht willkürlich gewählt wurde, sondern – jedenfalls im Bereich der Jugendhilfe – einem gesetzlich verpflichtenden Auftrag entspricht. Vielleicht habe ich dabei mehr für „Praktiker" geschrieben und die studentische Geduld etwas strapaziert. Auch habe ich nicht, etwa an einem konkreten Fall aus der Praxis von Hilfeplanung, im einzelnen vorgeführt, „wie man's macht". Dazu hätte ich eben jene „ganze" Fallbearbeitung modellhaft vorführen müssen, wie das z. B. in den Lehrbüchern des Case-Work oder des Case-Management (z. B. Wendt 1991) versucht wird. Ein Casework-Buch zum KJHG wäre zweifellos eine gute Sache, ist aber nicht meine Absicht. Ich benutzte das Beispiel Hilfeplanung nur, um die Struktur sozialpädagogischen Handelns besser verständlich zu machen.

Ich kehre in den folgenden Kapiteln wieder mehr zu den „kleinen" Fällen und einzelnen Handlungssituationen zurück, wie sie eher dem studentischen Erfahrungsbezug entsprechen. Ich versuche von dort aus mehr im Detail zu zeigen, welche Fragen zu stellen, welche Gesichtspunkte zu beachten hilfreich sein kann, wenn man als AnfängerIn in das schwierige Geschäft sozialpädagogischer Anamnese, Diagnose, Intervention und Evaluation eindringen will.

Arbeitsfragen und Aufgaben zu Kapitel 4:
1. Was versteht das KJHG unter Hilfeplanung? Formulieren Sie die Bedingungen, unter denen „Hilfeplanung" vorgeschrieben ist und die Regeln, die dabei beachtet werden müssen, in eigenen Worten.
2. Worin besteht die Übereinstimmung zwischen dem gesetzlichen Auftrag der „Hilfeplanung" nach § 36 KJHG und den professionellen Regeln der Fallarbeit?
3. Wählen Sie ein weiteres Beispiel aus eigener Erfahrung oder aus diesem Buch (z. B. Fall 3) und notieren Sie Einfälle, Fragen und Schritte, die Ihnen dabei zur „Hilfeplanung" einfallen.

5. Kapitel: Aufmerksamer Umgang mit Nichtwissen (Sozialpädagogische Anamnese)

Den etwas paradoxen Titel dieses Kapitels verdanke ich einem französischen Kollegen, der die Ansicht vertrat, für die Verständigung zwischen den Nationen und Kulturen sei noch wichtiger als das gegenseitige Verstehen die Fähigkeit, zu akzeptieren, daß man sich eben *nicht* verstehen kann.
Sozialpädagogische Anamnese hat zweifellos damit zu tun, andere Menschen, Menschen in schwierigen Situationen, zu verstehen; und manche davon sind wirklich so „anders" und leben unter so anderen Bedingungen als die SozialpädagogInnen, die ihnen gerne helfen möchten, daß das Verstehen eben so schwerfällt wie bei den Angehörigen einer fremden Kultur.

5.1 Grenzen des Verstehens

Solchen Erfahrungen wird oft mit widersprüchlichen Haltungen begegnet: Entweder mit einer aktivistischen Haltung, die nach dem Motto verfährt, irgend etwas zu tun sei besser, als gar nichts zu tun; oder mit einer ängstlich-abwartenden Haltung, die glaubt, nur Fehler machen zu können, ehe nicht sehr viel mehr über die Ursachen und Hintergründe bekannt ist. Die erste Haltung verzichtet auf Anamnese und stürzt sich auf die erstbeste Lösung, vielleicht aus der geheimen Befürchtung, daß zuviel Wissen doch nur noch mehr Ungewißheit (und mehr Arbeit) mit sich bringt. Die andere Haltung fordert Anamnese, viel Anamnese, so, als handle es sich um ein Detektivspiel, bei dem es darauf ankommt, soviel als möglich an Hintergründen und Motiven aufzudecken, um den Mörder (sprich: die „eigentlichen" Ursachen des Problems) zu finden; (wobei sich, falls solche Ursachen entdeckt werden, häufig herausstellt, daß es sich um Dinge handelt, an denen Sozialpädagogik leider nichts ändern kann). Am schlimmsten, und keineswegs selten, ist das Wechseln zwischen beiden Haltungen.
Wenn ich Anamnese in zugespitzter Formulierung „aufmerksamen Umgang mit Nichtwissen" nenne, so geht es mir um eine Alternative zu beiden Haltungen. Sie hat Ähnlichkeit mit dem, was Sigmund

Freud die Grundregel der „freischwebenden Aufmerksamkeit" nannte, aber auch Ähnlichkeit mit schlichtem mitmenschlichem Interesse und Anteilnahme, die zunächst einfach zuhört, ohne gleich Bescheid wissen zu wollen. Diese Haltung vermag die Ungewißheit und die vielen Fragezeichen, die mit jedem sozialpädagogischen Fall verbunden sind (was kommt da auf mich zu? kann ich das überhaupt leisten? was wird da von mir erwartet? muß ich nicht wenigstens so tun, als hätte ich vollen Durchblick? ...) so zu ertragen, daß sie sogar noch weitere Ungewißheiten (andere Sichtweisen, fremde Arten, Dinge zu bewerten etc.) verkraften kann. Und dies ohne den Blick fürs Naheliegende und Praktische zu verlieren.

Ich möchte die Notwendigkeit einer solchen Haltung zunächst an einem weiteren studentischen Fallbeispiel illustrieren (diesmal eines aus der Altenpflege) und danach weiter diskutieren, was das für das Verständnis von Anamnese bedeutet und wie sie zu realisieren wäre:

8 „Beschreibung einer Praktikumssituation.
Frau X, ca. 75 Jahre alt, bewohnt ein Einzelzimmer unserer Pflegestation. Sie ist krebskrank, aber noch völlig unabhängig von der Hilfe anderer. Vor einiger Zeit ist sie in ihrem Zimmer ausgerutscht und hingefallen. Physisch hat sie außer einem blauen Flecken keinen Schaden davongetragen, aber psychisch hat sie sich seit der Zeit verändert. Frau X bewegt sich nur noch so wenig wie möglich und bleibt am liebsten im Bett liegen, weil sie, wie sie sagt, Angst hat, wieder hinzufallen. Gleichzeitig fängt sie an, das Essen zu verweigern und redet ständig vom Sterben. Der Arzt, der sie regelmäßig besucht, macht ihr klar, daß es noch längst nicht soweit sei. Frau X fühlt sich wohl von allen unverstanden, obwohl man sich um sie bemüht, und wird immer weinerlicher. Soweit die Vorgeschichte.
Es ist Putztag auf der Station und Frau X soll ihr Zimmer räumen, a) damit ungestört geputzt werden kann, b) damit ein Grund vorhanden ist, sie wieder einmal unter Menschen zu bringen. Frau X sträubt sich mit allen Mitteln: sie könne doch nicht gehen etc. Schließlich läßt sie sich, „bewaffnet" mit zwei Stöcken und zwei Pflegerinnen an ihrer Seite, zum gemeinsamen Aufenthaltsraum bringen. Dort sitzt sie und ist nicht bereit, auf Gespräche einzugehen, die ihr andere anbieten. Die Stöcke hat man in das benachbarte Stationszimmer gebracht, da Frau X sie im Grunde sowieso nicht braucht. Nach drei Minuten beginnt Frau X, jede Schwester oder Pflegerin, die vorbeikommt, um ihre Stöcke zu bitten, sie wolle jetzt endlich wieder in ihr Zimmer. Die Antworten sind jeweils ähnlich: das Zimmer sei noch nicht soweit, sie sitze ja erst ein paar Minuten hier etc. Frau X wird es zuviel und sie marschiert ohne Stöcke und ohne Hilfe schnurstracks in ihr Zimmer und in ihr Bett."

Die Fallgeschichte gliedert sich in zwei Teile: Die Schilderung einer praktischen Konfliktsituation und eine „Vorgeschichte" dazu, also

eine Anamnese. Die Konfliktsituation selbst macht auf den ersten Blick, und von der Schlußpointe her gesehen, einen harmlosen, ja humoristischen Eindruck. Die „Wunderheilung" der gelähmten Frau könnte glatt als Fernseh-Sketch durchgehen. Aber man täusche sich nicht. Konflikte dieser Art können im sozialpädagogischen Alltag nicht nur viel Nerven kosten, sondern auch auf bittere Weise eskalieren und tragisch enden (vgl. Fall 19).
Ich beziehe die Geschichte auf die oben skizzierten Haltungen des Schon-Bescheid-Wissens bzw. des Längst-Nicht-Genug-Wissens, die beide hier ihre Bestätigung finden können. Die eine Haltung wird die Geschichte vom Schluß her interpretieren und die ganze „Vorgeschichte" – abgesehen von der ärztlichen Information, daß die Frau physisch gehfähig sei – für praktisch irrelevant halten:

> „Da sieht man's mal wieder. Man muß sowas nicht so ernst nehmen. Man muß den alten Leutchen freundlich sagen, was Sache ist und wenn sie nicht wollen, dann müssen sie halt. Na bitte, es geht doch!" etc.

Die andere Haltung wird die „Vorgeschichte" als Anamnese bei weitem zu oberflächlich finden und davon ausgehen, daß sie sorgfältig hinterfragt werden müsse, ehe man sich der diagnostischen Frage nähern kann, was mit der Frau „los ist" und wie sie zu behandeln wäre:

> „Man müßte in der Anamnese zumindest erheben, ob die Frau schon früher an depressiven Zuständen oder anderen psychisch bedingten Krankheiten gelitten hat und ob ähnliches aus dem familialen Umfeld bekannt ist. Erlitt sie frühkindliche Traumata, die jetzt im Alter wieder virulent werden? Haben „Stöcke" oder „Bett" eine besondere symbolische Bedeutung für sie, die lebensgeschichtlich aufzuklären wäre? Bekanntlich ist die Alterspsychiatrie ein schwieriges Gebiet. Eine einigermaßen solide Diagnose wird ohne etliche Wochen Beobachtung im Landeskrankenhaus nicht zu erstellen sein. Die Szene am „Putztag" läßt sich vermutlich als affektbedingte Energieleistung verstehen, die allerdings nicht von Dauer sein dürfte und ihrerseits der Ursachenklärung bedarf..."

Die Frau ist vermutlich gestorben, ehe die Anamnese zu Ende ist.
Die Fallerzählung und die Vorgeschichte der Studentin kommen der Haltung näher, die für sozialpädagogische Anamnese hilfreich ist: Sie schildert Fakten und Ereignisse, ohne sie zu bewerten als besondere, aber doch „normale" Alltagsbegebenheiten. Sie berichtet nach- und nebeneinander, a) was die Frau „hat" (Krebs), b) was sie kann (selbständig gehen), c) was sie tut (im Bett liegen), d) wie sie sich fühlt (unverstanden) und e) wie sie sich gibt (weinerlich). Die Studentin berichtet dies, ohne den Versuch zu machen, zu „verstehen", wie alles zusammenpaßt. Die ganzen Beobachtungen „auf die Reihe" zu krie-

gen oder zu interpretieren, scheint ihr kaum wichtig, wohl aber die Aufmerksamkeit, all dies zu sehen und nichts davon außer acht zu lassen. Dem entspricht, wie das Ereignis am „Putztag" dargestellt wird. Für einen der wissen will, was mit der Frau „eigentlich los ist", paßt das alles nicht zusammen: Zuerst die Frau gegen ihren Protest „unter Menschen zu bringen", dabei sie zu behandeln, als könne sie tatsächlich nicht gehen (zwei Stöcke *und* zwei Pflegerinnen braucht es), dann aber ihr die Stöcke wieder zu nehmen, um schließlich, als die Frau voll Wut zeigt, daß sie doch gehen kann, zuzulassen, daß sie ins Bett geht und damit „beweist", daß sie recht hatte. Logisch zu verstehen ist das alles nicht – aber intuitiv kann man nachvollziehen, daß hier sehr aufmerksam, verständnisvoll und sogar hilfreich gehandelt wurde.

Wichtig scheint mir, daß in diesem Fall die offen wahrnehmende, aber nicht interpretierende Haltung der Anamnese unmittelbar praktisch wirksam ist – und nicht nur als Vorbereitung einer anschließenden Diagnose und Intervention Bedeutung hat. Eine genauere Diagnose und „Lösung" des Falles erübrigt sich hier durch die wundersame Wiederherstellung der Gehfähigkeit – ein Happy End, das natürlich nicht immer gegeben ist. Deutlich wird aber, daß der „aufmerksame Umgang mit Nichtwissen" unmittelbar als „Intervention" wirken kann; denn ohne diesen Umgang wäre die Geschichte vermutlich ganz anders verlaufen.

Marianne Meinhold hat das, was ich hier als Grundhaltung der Anamnese beschreibe, als sozialpädagogisches Arbeitsprinzip postuliert und dabei die Formulierung noch einmal zugespitzt: *„Soviel wie möglich sehen – so wenig wie möglich verstehen"* (1987: 207). Ich denke nicht, daß ernsthaft als Arbeitsprinzip vertreten werden kann, Klienten möglichst *nicht* zu verstehen. Aber mit der Begründung, die Meinhold für ihre These gibt, bin ich voll einverstanden:

> „Das Gefühl, einen anderen Menschen zu verstehen, zeugt häufig von beschränkter Wahrnehmung und ist nur selten Ergebnis von Verstehensleistungen. Sobald sich Verstehen einstellt, wird die Suche nach Information beendet. Die Sichtweisen des Klienten werden den eigenen Interpretationen untergeordnet. Die beruhigende Gewißheit, die Situation des Klienten eindeutig aufgeschlüsselt zu haben, vereitelt den Auftrag, die innere und äußere Welt des Klienten zu erkunden. Auf diesem Weg wird wenig über den Bedarf und die Belastungen, wie der Klient sie erlebt, erfahren, noch lassen sich seine Vorstellungen von passenden Hilfen ermitteln. Erst durch die Bereitschaft des professionellen Helfers, auch solche Ereignisse wahrzunehmen, die zu den eigenen Vorstellungen nicht passen, erhält der Klient jenen Handlungsspielraum, um an der Ausgestaltung des Rahmenangebots gleichberechtigt mitwirken zu können." (ebd.)

Die zugespitzte Formulierung Meinholds, die uns auffordert, das Verstehenwollen zugunsten des „Sehens" zurückzustellen, steht demnach selbst im Dienst eines besseren Verstehens. Es geht darum, das Paradox zu bewältigen, daß gerade das Immer-Schon-Verstanden-Haben wirkliches Verstehen blockieren kann, unfähig machen kann, zu „sehen", ebenso wie das dringende „Helfen-Wollen" hindern kann, wahrzunehmen, wie und wo Hilfe überhaupt nötig ist. Dabei ist das „Sehen" vielleicht nicht einmal das wichtigste. Meinholds Erläuterung ihres Arbeitsprinzips redet, genau betrachtet, mehr vom *Hören*, nämlich auf die Wahrnehmungsweisen und Vorstellungen der Klienten. Beides, das Mehr-Sehen-Können und das Besser-Hören-Können ist Ziel der Anamnese. Ihr Ziel ist nicht, möglichst umfassendes Hintergrundwissen über Klienten und ihre Handlungsmotive zu erlangen.

5.2 ANAMNESE UND FALL-GENESE

Dieses Verständnis von Anamnese, das seinen Sinn und Zweck im besseren Wahrnehmen des „Hier und Jetzt" − und nicht im Aufdecken der Entstehungsgeschichte des Falles − sieht, steht scheinbar im Widerspruch zum herkömmlichen Verständnis von Anamnese und auch zu unserer begriffsgeschichtlichen Ableitung: Anamnese als Nicht-Nicht-Erinnern (vgl. Kap. 3.2). Der Widerspruch löst sich auf, wenn wir daran denken, daß das Wahrnehmen von „Nicht-Erinnertem" in der Fallarbeit nie Selbstzweck sein kann und auch nicht dazu dient, „den Mörder zu fangen" (s. o.), sondern helfen soll, das Richtige zu tun und zu lassen. Die Entstehungsgeschichte eines Falles ist nur insofern wichtig, als dieser ja gewöhnlich in der Beschreibung irgend eines aktuellen Zustandes bzw. Konfliktes besteht, der uns in irgendeiner Weise zum Handeln auffordert. Ob wir „Das Richtige" tun können, hängt davon ab, ob wir unser Handeln als *Prozeß,* der zu jenem Zustand geführt hat, richtig einordnen können; so daß wir weder nach dem „Hoppla-jetzt-komm-ich-Prinzip" unser aktuelles Verständnis für „die" Lösung halten, noch die Rolle unterschätzen, die wir in jenem Prozeß bekommen können.
Siegfried Bernfeld erläuterte diese prozeßorientierte oder „genetische" Betrachtungsweise am Beispiel des Umgangs mit Kleinkindern:

> „... denn wir haben es ja in der Pädagogik niemals mit Zuständen, sondern immer nur mit Prozessen, mit Vorgängen zu tun. Es ist ja ganz falsch zu sagen: das Kind *ist* so und so, sondern jedes Kind, das wir vor uns haben, ist ein Durchgangsstadium von dem, was es früher war, zu dem,

was es später sein wird (...) Wollen wir Prozesse beeinflussen, so müssen wir vor allem wissen, wie es zu ihrem gegenwärtigen Stadium gekommen ist; denn nur dann werden wir die jeweils sehr ähnlichen Zustände sehr verschiedenartiger Kinder als verschiedene beurteilen und beeinflussen können. Drei brave Kinder nebeneinander auf der einen Seite und drei schlimme, störrische, rebellische Kinder auf der anderen Seite, sind nicht *zwei* Gruppen, sondern sind möglicherweise sechs verschiedene Gruppen; denn aus sehr verschiedenen Anfängen kann sich das im Augenblick gleichartige oder fast gleichartige Bild des braven oder des störrischen Kindes entwickeln." (Bernfeld 1932: 64f.)

Welche Bedeutung diese „genetische" Betrachtungsweise hat, kann man sich vielleicht am besten an einem Beispiel vergegenwärtigen, in dem sie völlig fehlt. Ich füge dazu eine weitere studentische Fallgeschichte ein.

9 „Situation im Kindergarten.
4 Jungen bauen mit Bauklötzen eine Stadt. Ein 5. Junge kommt hinzu und macht die Stadt wieder kaputt. Er bespuckt die Jungen und zieht ihnen an den Haaren. Ich versuche dazwischenzugehen, werde ebenfalls bespuckt und gehauen. Dann greift die Erzieherin ein, verbindet dem Jungen die Augen und setzt ihn auf einen Stuhl. Ich bin innerlich empört über die Reaktion der Erzieherin, sage aber nichts. Später erzähle ich es der Leiterin und werfe mir vor, nicht gleich protestiert zu haben."

Es ist dies eine Fallgeschichte, die einen Konflikt ganz ohne Anamnese, ohne Vorgeschichte, berichtet. Da aber das Verhalten des Jungen ganz unverständlich wäre, wenn man es nicht im Kontext eines Prozesses begreift, wird ein solcher Prozeß von beiden „fallbearbeitenden" Pädagoginnen, von der Praktikantin und von der Erzieherin, stillschweigend dazu erfunden. Diese unreflektiert mitgedachten Hintergrundsgeschichten sind sehr unterschiedlich. Die Praktikantin geht offenkundig davon aus, daß nicht das aggressive Verhalten des Jungen das eigentliche Ereignis sei, sondern daß dahinter ein Prozeß zu vermuten sei, durch den dieser Junge ein Problem *habe*, das sich in aggressivem Verhalten *äußere*. Weil eine solche oder ähnliche Gedankenkette unreflektiert bei ihr abläuft, läßt sie es sich gefallen, von dem Jungen „bespuckt und gehauen" zu werden (sie reagiert „verstehend", statt selbst aggressiv); und aus demselben Grund ist sie „empört" über die Reaktion der Erzieherin, die kein Gespür für das zu haben scheint, was „hinter" dem Verhalten des Jungen steht. Die Erzieherin scheint ihrerseits einen Prozeß hinter dem Ereignis zu unterstellen, der ihre Reaktion rechtfertigen könnte: Sie handelt so, als vermute sie, daß der Junge einen Lernprozeß aggressiven Verhaltens hinter sich habe, der ihm wieder ausgetrieben werden müsse. Um zu verhindern, daß dieser Prozeß durch eine weitere Erfahrung erfolgreicher Aggression bekräftigt wird, ersinnt sie eine Strafe, die uns etwas mittelalterlich anmutet: Sie stellt den Jungen durch das Verbinden der Augen gleichsam an den Pranger, um mit seiner Beschämung gleichzeitig zu erreichen, daß sich die anderen Kinder von ähnlichem Verhalten abschrecken lassen.

Wenn wir nun als Leser der Geschichte die Empörung der Praktikantin über solche „Schwarze Pädagogik" (Rutschky) teilen, so werden wir fast automatisch einen weiteren Hintergrundsprozeß dazu phantasieren, in dessen Mittelpunkt nicht mehr der Junge, sondern die Erzieherin selbst steht: Wir werden z. B. vermuten, daß sie ihrerseits ein Problem mit dem Verhalten des Jungen hat und deshalb nicht wirklich erzieherisch, sondern *verdeckt* aggressiv reagiert; und wir können dann spekulieren, ob sie an solche Erziehungspraktiken wirklich „glaubt" (z. B. weil sie sie in ihrer [schlechten] Ausbildung gelernt hat), oder ob man ihr Verhalten anders erklären muß: z. B., daß sie es der Praktikantin von der Universität „zeigen" will, oder daß sie sich an dem Jungen unbewußt für etwas rächt, was sie selbst als Kind erlitten hat.

An all diesen unwillkürlich einfließenden Hintergrundsgeschichten mag nun etwas dran sein. Das Problem damit ist nur, daß es sich, um einen Ausdruck von Sigmund Freud zu variieren, um „wilde Anamnesen" handelt, die in ihrem Wahrheitsgehalt unüberprüfbar und in ihren Folgen unkalkulierbar bleiben. Eben deshalb bleibt der Praktikantin ja auch nichts anderes übrig, als sich bei der Leiterin zu beklagen und sich zu ärgern, daß sie nicht „gleich protestiert" hat – was vermutlich auch nicht viel genützt hätte.

Wir können aus der Geschichte eine weitere Erkenntnis über Anamnese ziehen: Nämlich daß diese als fachlich gekonnte Anamnese immer schon Vorläuferinnen in Gestalt solcher unreflektierter „wilder" Anamnesen hat. Ihr Zweck ist so betrachtet nichts anderes, als dies „Immer-Schon-Verstanden-Haben" infrage zu stellen. (Insofern gibt es doch Ähnlichkeiten mit dem, was gute Detektive tun.) Es geht also genau genommen nicht darum, *irgendwelche* „vergessenen" Hintergrundinformationen zu bekommen, sondern darum, uns daran zu erinnern, wie wir immer schon, ohne es zu merken, dabei sind, die Lücken unseres Wissens durch unsere eigenen Erfahrungen, Vermutungen (und Wünsche!) zu füllen – und dadurch wahrnehmungsunfähig werden für alles, was hier nicht hereinpaßt.

Dies auf professionelle Weise zu überwinden kann bedeuten, hinter einem scheinbar eindeutigen (Fehl)-Verhalten ein Problem zu ent-

schlüsseln. Es kann aber auch das genaue Gegenteil bedeuten: Ein scheinbar eindeutiges Hintergrundsproblem („ist ja kein Wunder, bei den Eltern ..." etc.) infrage zu stellen und erst mal nach einfacheren Erklärungen zu suchen. Es kann bedeuten, andere zu fragen, wie sie die Sache sehen; es kann aber auch bedeuten, einen Moment innezuhalten und in sich selbst hineinzuhorchen.
So könnte Anamnese des Kindergarten-Konflikts zunächst schlicht darin bestehen, genau zu beschreiben, was in der Situation und davor geschehen ist: Was hat der Junge, der die Stadt der andern „kaputt" gemacht hat, genau gemacht? Was haben die andern gemacht? Etwa nichts? Wer hat was gesehen? Was war vorher? Was ist danach geschehen? Wie war das „Drumherum"? Was war am Morgen, als alle kamen, was war gestern? Erst wenn solche Versuche gemacht sind, besser zu sehen und zu hören, was geschehen ist und was erlebt wurde, sollte man anfangen, sich mit der Frage zu beschäftigen, wer welches Problem damit hat. Aber das gehört schon ins Kapitel über Diagnose.

5.3 Arbeitsregeln für die sozialpädagogische Anamnese

Ich formuliere im folgenden einige Regeln mit Erläuterungen, die Hinweise geben, wie diese Aufgabe der Anamnese praktisch angegangen werden kann. Es geht dabei nicht um Rezepte, „wie man's macht". Denn wenn es dabei um Aufmerksamkeit für das Unerwartete, leicht Übersehene geht, kommt es nicht darauf an, etwas „richtig" zu machen, sondern eben darauf, aus eigenen Versuchen lernen zu können. Also eher um Hilfsregeln der Selbstüberprüfung als um ein Modell für die Vorgehensweise handelt es sich.

> **1. Arbeitsregel: Anamnese heißt, einen Fall wie einen unbekannten Menschen kennenzulernen.**

Wer mit sozialpädagogischer Fallarbeit beginnt, wird zunächst immer das Gefühl haben, viel zu wenig darüber zu wissen, um einigermaßen sicher handeln zu können. Dies gilt besonders, wenn es sich um einzelne Situationen handelt, hinter denen eine lange Problemgeschichte zu vermuten ist (z.B. in unseren Fällen 3, 4, 6–9). Ist da nicht zuerst eine ganz ausführliche Anamnese der jeweiligen Geschichte nötig, ehe der erste Schritt getan werden kann? Dazu ist zu sagen: Die Anamnese *ist* der erste Schritt; und so wie er getan wird, so ist mein Zugang zum Fall. Wenn ich als erstes Fallakten studiere oder nach frühkindlichen Erfahrungen forsche, ehe ich überhaupt mit den Leuten, um die es geht, geredet habe, verhalte ich mich etwa so, als wollte ich einen mir unbekannten Menschen dadurch schneller und besser kennenlernen, daß ich Erkundigungen über ihn einziehe, oder ihn bei der ersten Begegnung frage, ob er wohl Probleme mit seiner Mutter hat.

Der in der Arbeitsregel formulierte Vergleich zwischen der Erschließung eines Falles durch Anamnese und dem Kennenlernen eines Menschen im Alltag besagt also folgendes: Es geht bei der Anamnese nicht darum, einen Fallhintergrund aufzudecken und in den Griff zu bekommen, sondern darum, die Chancen zu verbessern, daß sich die *notwendigen* Hintergrundinformationen *von selbst* erschließen. Der Vergleich sagt außerdem, daß es nicht beunruhigend sein sollte, sondern ganz normal ist, wenn ich zu Beginn jeder Fallarbeit wenig über die Hintergründe weiß, und schon gar nicht, wie ich den Fall „lösen" kann.

2. Arbeitsregel: Anamnese heißt, den eigenen Zugang zum Fall besser kennenzulernen.

Die oben diskutierten Beispiele, vor allem Fall 9, zeigten schon: Aufgabe der Anamnese ist nicht nur, Hintergrundsinformationen zu bekommen, sondern mehr noch, das scheinbare Immer-Schon-Bescheid-Wissen in Frage zu stellen. Dies heißt nichts anderes, als den eigenen Zugang, die eigenen selbstverständlichen Unterstellungen und Vermutungen, besser wahrzunehmen und dadurch überprüfen zu lernen.

Diese Distanz vom eigenen „immer schon wissen was für den anderen gut ist", hat die klassische sozialpädagogische Methodenlehre des Case-Work durch den Grundsatz zu erreichen gesucht: „Anfangen wo der Klient steht". Dieser Grundsatz kann allerdings mißverständlich sein, wenn es wahr ist, daß gerade mein dringendes Verstehen-*Wollen,* „wo der andere steht", mich am Sehen und Hören hindern kann. Der Satz sollte deshalb präzisiert werden. Es geht nicht darum, dort anzufangen, wo ich den anderen stehen sehe, sondern dort anzufangen, wo der andere *mich* stehen sieht: Bei den Erwartungen, Wünschen, Befürchtungen, die mir mein Gegenüber entgegenbringt, gerade auch bei den Erwartungen, die ich für illusionär halte und weder erfüllen kann, noch will. Dies nicht deshalb, weil dieser „fremde Blick" auf mein Handeln an sich richtiger wäre als meine „natürliche" Einstellung zum Fall; sondern weil ich nur so die notwendige kritische Distanz zu meiner eigenen Sichtweise bekommen kann.

3. Arbeitsregel: Anamnese heißt, sich eine Reihe von Fragen zu stellen:

Schema 4:

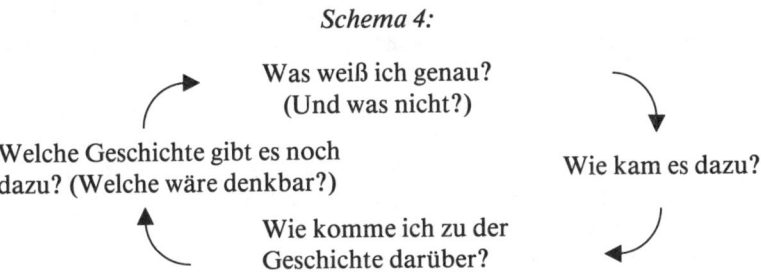

Dies ist weniger eine Regel als ein Schema von Fragen, die in einem Kreis angeordnet sind, so daß die Beantwortung der letzten Frage zur ersten zurückführt. Auch hier geht es um die Klärung des eigenen Zuganges zur Fallgeschichte. Anders als bei Arbeitsregel 2 ist jetzt aber nicht das Problem im Blick, wie ich ein Stück Distanz von meiner eigenen Beteiligung oder gar Verstrickung im Fallgeschehen bekommen kann. Vielmehr ist jetzt (ähnlich wie in Arbeitsregel 1) im Blick, wie man sich an eine Fallgeschichte gleichsam von außen herantasten kann und dabei schrittweise ein genaueres Verständnis bekommen kann (was z. B. anhand der Fälle 1 oder 7 diskutiert werden könnte). Es sind einfache Fragen, die keine große Erläuterung brauchen. Wichtig ist vielleicht nur, daß es beim Herantasten an einen Fall immer um zweierlei geht: Zum einen um die Klärung von *Tatbeständen*, von Fakten (Was ist geschehen? Wer hat was getan, gesagt, gesehen, gehört?). Zum andern geht es um *Geschichten* darüber, um Meinungen, Sichtweisen, Wünsche, Überzeugungen. Beides ist gleichermaßen wichtig. Denn sozialpädagogische Fallarbeit besteht nicht nur im Klären von Fakten, sondern mehr noch im sich Verständigen über Wünsche und Meinungen. Wichtig ist aber auch, Fakten und Meinungen nicht miteinander zu verwechseln und die jeweils plausibelste Geschichte über einen Fall nicht für die einzig denkbare zu halten.

4. Arbeitsregel: Anamnese heißt, unterschiedliche Sichtweisen und Ebenen des Falles nebeneinander zu stellen.

Einige Erläuterungen zu dieser Regel sind schon in den bisherigen Ausführungen dieses Kapitels und im vorigen Kapitel zu finden. Gerade auf der Stufe der Anamnese ist wichtig, zu beachten, daß jede sozialpädagogische Fallgeschichte sehr unterschiedliche „Lesarten" ermöglicht. Dies bezieht sich aber nicht nur auf die Unterschiede von Standpunkten und Sichtweisen der Beteiligten. Vielmehr ist die in diesem und den folgenden Kapiteln im Mittelpunkt stehende Ebene, die ich „Fall *mit*" genannt habe, nur eine der drei Ebenen, auf denen sozialpädagogische Fälle in jeder Arbeitsphase betrachtet werden können.

So ist denkbar, daß die Beispielfälle 8 und 9 sich auf eine Weise weiterentwickeln, die dazu zwingt, die andern beiden Ebenen stärker zu beachten. Die Verweigerungshaltung der alten Dame (Fall 8) kann trotz aller Mühen so eskalieren, daß in der Tat geprüft werden muß, ob es „unterlassene Hilfeleistung" bedeuten würde, sie *nicht* zum „Fall *für*" die Psychiatrie zu machen; und dafür *kann* eine klinische Anamnese, aber auch eine Erkundung der für den Notfall in Frage kommenden Institutionen wichtig sein. Damit würde gleichzeitig die Ebene des „Falles *von*" aktiviert, sofern sich Probleme der Pflegschaft im Sinne des Betreuungsgesetzes, Versicherungsfragen u.ä. stellen würden. Entsprechend kann sich bei der Fallgeschichte aus dem Kindergarten (Fall 9) herausstellen, daß der kleine Junge eben doch ein nicht im Kindergarten entstandenes und dort zu bewältigendes Problem hat, sondern daß tatsächlich gravierende Schwierigkeiten zu bewältigen sind. Er würde dann zum „Fall *von*" Hilfe zur Erziehung und damit – aus Sicht des Kindergartens – zum „Fall *für*" Erziehungsberatung und/oder für den Allgemeinen Sozialdienst, wozu entsprechende Kontakte und Vorklärungen zu leisten wären.

Entscheidend aber ist, daß diese anderen Ebenen *neben* die bisher diskutierte treten und nicht an ihre Stelle. Sollte die alte Dame zum Pflegschaftsfall werden und/oder klinischer Behandlung bedürfen, so heißt dies keineswegs, daß über der Anamnese ihrer Rechtsverhältnisse oder Krankheitsgeschichte die „kleinen" Anamnesen ihrer Alltagskonflikte vernachlässigt werden dürften, die der Fallbericht beispielhaft vorführt. Geschähe dies, so wäre man auf dem Wege, die Frau als Nur-Noch-Patientin, Nur-Noch-Pflegschaftsfall zu betrachten, statt als Menschen mit dem Recht auf Selbstbestimmung. Das Umgekehrte gilt allerdings auch: Offenheit und Sensibilität für die Adressatenperspektive würde zur naiven Verharmlosung der Macht von Krankheit, Rechtstatbeständen und sozialen Verhältnissen, wenn sie glaubt, *jeden* Konflikt aushandeln zu können. Eine Balance dieser Ebenen ist also schon auf der Stufe der Anamnese notwendig und es gibt keine Rezepte, die das Gleichgewicht garantieren könnten. Für das Beispiel des kleinen Jungen heißt das: Gerade wenn die Anamnese den Verdacht erhärten sollte, daß seiner Aggressivität massive Störungen oder vielleicht auch Mißhandlung zugrunde liegen, wird es um so wichtiger, alles sorgfältig zu registrieren, was sich bei seinen Konflikten als „ganz normal" erklären läßt. Andernfalls droht die Anamnese zur sich selbst erfüllenden Prophezeiung zu werden. Umgekehrt kann es fatal sein, die schwierigen Verhaltensweisen eines solchen Kindes immer *nur* als Alltagskonflikte zu deuten und die Signale bzw. Hilferufe zu übersehen, die darin stecken können. Wo aber das eine ins andere übergeht, das kann keine Theorie entscheiden. Da hilft nur: Aufmerksamer Umgang mit Nichtwissen.

5. Arbeitsregel: Anamnese ist nie vollständig. Sie muß es auch nicht sein. Sie beginnt immer wieder von neuem.

Ich habe schon gesagt und wiederhole hier, daß die Phasen des Prozesses der Fallbearbeitung im sozialpädagogischen Bereich noch weniger als in andern professionellen Feldern voneinander isoliert werden können. Deshalb kann man Anamnese nicht nur als Anfangsphase und Einstieg in einen Fall betrachten. Sie ist zugleich eine Funktion, die in allen Phasen der Arbeit wieder aufzunehmen wichtig sein kann. Aspekte der Vorgeschichte eines Falles, die zu Beginn aufzudecken nichts als Indiskretion und Übergriff bedeuten würde, können später, auf der Grundlage einer gewachsenen Vertrauensbeziehung, große Bedeutung bekommen. Auch kann es in jeder Phase der Fallarbeit weiterhelfen, übersehene, vergessene, aus praktischen Gründen ausgeklammerte Aspekte und überraschende, neue „unwahrscheinliche" Sichtweisen aufzugreifen und auf sich wirken zu lassen. Diese Funktion der Anamnese, wieder aufzugreifen, ist umso notwendiger, je mehr es sich um langwierige, „chronische" Fälle handelt (vgl. z.B. Fall 4), bei denen je länger sie gelaufen sind desto weniger unterscheidbar ist: Welche der aktuelle anstehenden Schwierigkeiten stammen aus Problemen, die ein Klient in seinem Alltag hat oder macht; und welche sind ungewollte Folgen der mehr oder weniger gut gemeinten Eingriffe in diesen Alltag? Anamnese immer wieder neu anzufangen kann ein Hilfsmittel sein, um sogenannte „kumulative Strategien" (vgl. Bourgett u.a. 1980: 46ff.) zu vermeiden, die nach dem Prinzip „mehr desselben" (Watzlawick) verfahren: Also immer die Probleme mit produzieren, die sie zu bearbeiten vorgeben.

Ich gebe zu: Ich habe mit diesen Überlegungen das übliche Verständnis von Anamnese sehr gedehnt, sie mehr als Arbeitsprinzip und weniger als begrenzten Arbeitsschritt beschrieben. Mir scheint dies notwendig, um verständlich zu machen, daß Anamnese in der Praxis sozialer Arbeit kein aus dem klinischen Bereich übernommener Fremdkörper, sondern unentbehrliches Element eigenständig konzipierter sozialpädagogischer Professionalität ist. In diesem weitesten Sinne kann man Anamnese definieren als die Summe aller Tätigkeiten, die verhindern, einen Fall nach Schema F zu behandeln. So hat es übrigens schon die große Alice Salomon gesehen, von der im nächsten Kapitel noch die Rede ist. Sie nannte es die „höchste Aufgabe" methodischer Sozialarbeit, „verschiedenes für verschiedenartige Menschen zu tun, die Unterschiede zwischen den Menschen zu begreifen" (1925: 51).

Arbeitsaufgaben zu Kapitel 5:
1. Wählen Sie eine Fallgeschichte aus diesem Buch oder ein eigenes Beispiel und versuchen Sie, die Geschichte aus der Perspektive der Personen, die in der Fallgeschichte vorkommen, zu erzählen und aufzuschreiben.
2. Vergleichen Sie die so entstandenen Fallgeschichten miteinander und stellen Sie fest, ob sich Falldarstellungen und Hintergründe unterscheiden.
3. Sammeln Sie anhand eines Fallbeispiels Stichpunkte zur Anamnese, die Ihnen zu den Ebenen „Fall von", „Fall für", „Fall mit" einfallen.

6. Kapitel: Wer hat welches Problem?
(Sozialpädagogische Diagnose)

6.1 „Was ist das Problem?" oder: „Wer hat welches Problem?"

Ich erläutere zunächst wieder den Titel, den ich für das Kapitel gewählt habe. Daß es bei der Diagnose um „Probleme" und ihre Klärung geht, erscheint selbstverständlich. Schließlich ist Fallarbeit eine praktische Angelegenheit, bei der es wenig nützt, den Blick zu weiten und schweifen zu lassen, wenn dies nicht zurückführt auf ein konkretes Problem und dafür (möglichst hilfreiche) Einsichten vermittelt. Nur scheint die Definition von Diagnose als „Problemklärung" zu weit gefaßt. Denn alle Fallarbeit (auch Anamnese, Intervention, Evaluation) ist Arbeit an Problemklärungen. Immer handelt es sich dabei ja um Schritte zur kritischen Überprüfung unseres Erfahrungswissens und nicht um technische Rezeptanwendung.
Zweifellos ist es auf der Stufe der Diagnose besonders wichtig, die Unteilbarkeit des Prozesses professioneller Fallarbeit zu beachten. Sind schon Anamnese und Diagnose nur gedanklich – aber kaum praktisch – voneinander zu trennen, so gilt das erst recht für das Verhältnis von Diagnose und Intervention. Insbesondere unter dem Aspekt des „Falles *mit*" ist schon eine Anamnese, und mehr noch eine Diagnose, gar nicht möglich, ohne praktisch zu intervenieren, sich einzumischen. Umgekehrt ist Intervention nicht einfach Umsetzung vorher gefundener Lösungen, sondern schließt selbst Erkundungsprozesse ein. Deshalb ist es sicher kein Zufall, daß die ersten Lehrbücher der sozialpädagogischen Fallarbeit den Titel „Social Diagnosis" bzw. „Soziale Diagnose" trugen (Richmond 1917, Salomon 1925) und unter diesem Begriff den *gesamten* Prozeß der Fallarbeit faßten.
Allerdings setzen diese Klassikerinnen der Fallarbeit, des „Case-Work" genau das als selbstverständlich voraus, wonach im Titel dieses Kapitels gefragt ist. Sie unterstellen, daß schon bekannt sei, wer „das Problem" *hat:* selbstverständlich der oder die KlientIn. Die Aufgabe der sozialen Diagnose wäre demnach festzustellen, was dieses Problem *ist*. Ich habe aber bewußt nicht formuliert: Diagnose heißt, herausfinden: „was *ist* das Problem?" und zwar aus drei Gründen. Zum einen, weil dadurch wieder der Anspruch vermutet werden könnte, hier sollen sozialpädagogische Fälle als ganze, als Lebenslage, „gelöst" werden. Abgesehen von der Frage, ob dies überhaupt

möglich ist, ist es jedenfalls nicht mein Anspruch. Zu klären, wer welches Problem „hat", ist als bescheidenere Aufgabe gemeint; die Frage bezieht sich nur auf die konkrete Situation, die in den Fallgeschichten geschildert wird. Der zweite Grund ist damit schon angedeutet. Diagnose heißt hier nicht, herauszufinden, was mit der/dem Betroffenen „eigentlich" los ist, sondern herauszufinden, was in einer Situation *zu tun* ist (ohne dabei zu vergessen, daß auf die jeweils möglichen Schritte andere Schritte folgen müssen). Der dritte Grund ist, daß es in sozialpädagogischen Fällen, anders als z.B. bei ärztlichen Diagnosen, nur begrenzt um objektive Tatsachen, sondern mehr noch um subjektive Zuschreibungen geht, die je nach Standpunkt verschieden sind. Im medizinischen Bereich heißt Diagnose, festzustellen, was der Patient (objektiv) „hat"; (z.B. durch Röntgenaufnahme festzustellen, ob ein schmerzender Arm gebrochen oder nur verstaucht ist). Die genannten klassischen Versuche zur sozialpädagogischen Methode sind diesem Modell insofern gefolgt, als sie es zur Aufgabe der „sozialen Diagnose" erklärten, die *objektiven* Ursachen von Hilfebedürftigkeit zu ermitteln und damit willkürliches Entscheiden oder Herumdoktern an Symptomen abzuschaffen. Trotz ihrer großen Verdienste um die Professionalisierung sozialer Arbeit sind diese Versuche letztlich gescheitert. Sie konnten das Problem nicht lösen, wie Sozialpädagogik ein Recht auf „objektive" Diagnose hilfebedürftiger Zustände beanspruchen konnte, ohne dabei die Selbstbestimmungsrechte ihrer Klienten zu verletzen (vgl. dazu Brumlik/Keckeisen 1976; Müller 1991. Darstellungen der Geschichte des Case-Work und ihrer Bedeutung für die Sozialpädagogik in Deutschland finden sich bes. bei C. W. Müller 1988 und M. Neuffer 1990).
Sozialpädagogische Diagnose mußte mit jenem Modell scheitern, sofern jene Vorfrage – *Wer* hat das Problem? – nicht bzw. einseitig und willkürlich beantwortet wurde. Dies war deshalb fatal, weil es bei sozialpädagogischen Fällen nur selten um objektiv feststellbare Befunde geht (die es natürlich auch gibt, z.B. wenn ein Sozialhilfeanspruch geprüft werden muß). Meist aber handelt es sich, wenn diagnostische Kompetenz gefragt ist, um Schwierigkeiten *zwischen* Personen, die *unterschiedlich* definieren, wer oder was das Problem ist (s.o.). D.h. ein sozialpädagogisches Problem entsteht in aller Regel dadurch, daß jemand sich beeinträchtigt, benachteiligt, in seinen Rechten beschnitten und gestört fühlt oder seinerseits andere beeinträchtigt und stört. Insofern ist *grundsätzlich relativ, d.h. vom Standpunkt abhängig, wer welches Problem dabei hat oder anderen zuschreibt.* Erst wenn dieses Verhältnis der Probleme Beteiligter zu-

einander einigermaßen geklärt ist, kann genauer bestimmt bzw. ausgehandelt werden, welche dieser Probleme wie zu lösen wären. Aber das gehört schon eigentlich in den Bereich der Intervention.

6.2 Zwei Fälle und einige Probleme

Ich möchte diesen relativen Charakter sozialpädagogischer Probleme und die Aufgabe ihrer Diagnose im folgenden wieder in einigen „Arbeitsregeln" entfalten, zunächst aber wie im bisherigen Vorgehen an studentischen Praktikums-Beispielen erläutern. Das erste schildert einen Diagnoseversuch mittels Umfrage. Eine Studentin erhoffte sich davon mehr Klarheit über ihr Praktikumsfeld. Es handelte sich dabei um einen Verein für ältere Menschen, dessen Zweck Selbsthilfe der Mitglieder auf Gegenseitigkeit ist.

„Innerhalb meines Praktikums machte ich eine Mitgliederbefragung. Bezüglich der Antworten hatte ich eigene Vorstellungen. Ich erwartete, daß ich freudig erwartet und aufgenommen werde. Als ich telefonisch einen Termin ausmachen wollte, haben viele Personen keinen Besuch gewünscht und wollten mit mir nichts zu tun haben."

Der Fall erscheint auf den ersten Blick insofern unergiebig, als die Diagnose zu Ende ist, ehe sie überhaupt begonnen hat. Die Studentin erzählte im Seminar von einigen Ideen, die sie hatte, um die etwas eingeschlafenen Aktivitäten der Vereinsmitglieder wieder in Schwung zu bringen. Sie glaubte, die alten Leute würden begeistert reagieren, wenn sie jemand danach fragt, bei welchen Problemen sie Unterstützung benötigen und wo sie Lust hätten, für andere etwas zu tun. Aber nichts dergleichen geschah. Die Nachfrage stieß auf Mißtrauen und Desinteresse. Der mißlungene Diagnoseversuch läßt in der Fallgeschichte alle für uns interessanten Fragen offen: Wer unter den Mitgliedern des Selbsthilfevereins hat welche Probleme und welchen Hilfebedarf? Woran liegt es, daß der Laden nicht läuft? Wer wäre bereit, was zu tun? Warum sind die Leute überhaupt noch Mitglieder, wenn sie so wenig Interesse zeigen? etc. Antwort auf solche Fragen, das wäre hier „soziale Diagnose"; aber die Tür zu solchen Antworten geht – im wahrsten Sinne des Wortes – nicht auf.

Damit wird aber wenigstens eines ganz deutlich: Nämlich daß die berichtende Studentin *selbst* ein Problem hat. Sie weiß nicht, ob es an ihr selbst und ihrem ungeschickten Vorgehen liegt, daß sie hier nicht weiterkommt oder daran, daß der Verein soviel Anlaß zu Mißtrauen gegeben hat; oder ob gerade die Ablehnung Anzeichen dafür ist, daß die Leute eigentlich Zuwendung brauchen. Solche Fragen nach den

Bedingungen, unter denen die soziale Diagnose überhaupt Chancen hat, sind der erste Schritt. Die Fallgeschichte zeigt, daß *eine* Antwort auf die Frage, „Wer hat das Problem?" eigentlich immer richtig ist. Sie lautet: „Immer der, der fragt." Sozialpädagogische Diagnose ist unmöglich, wenn sie nicht zugleich Klärung der Frage ist, was „mein/unser Problem" dabei ist.

In welchem Verhältnis dieses „eigene" Problem zu den Problemen anderer Fallbeteiligter steht, illustriert die nächste Fallgeschichte.

11 „Sommerlager einer Jugendgruppe.
Ca. 60 Kinder und Jugendliche im Alter von 10 bis 15 Jahren verbringen ihre Ferien, beaufsichtigt von 10 Gruppenleitern (GL), die 16 bis 20 Jahre alt sind. Außerdem sind noch 3 erwachsene Mitarbeiter als Hauptverantwortliche mit dabei. Die Kinder haben als ‚Runden' (ca. 6 Kinder) einen GL als direkte Bezugsperson.
Eines Abends wird ein GL mit seiner Gruppe von der Polizei ins Ferienhaus zurückgebracht. Er hatte mit den Kindern Polizeiausrüstungen, also Mützen und Kellen gebastelt und dann mit Hilfe eines Blitzgerätes eines Fotoapparates an einer Landstraße ‚Radarkontrolle gespielt'. Bis eines der angehaltenen Autos ein wirklicher Polizeiwagen war. Großer Ärger wurde durch das Eingreifen der erwachsenen Mitarbeiter verhindert. Sie beruhigten auch Eltern, die von dieser Geschichte erfuhren und im Ferienhaus anriefen.
Jeden Abend versammelten sich die GL und die erwachsenen Mitarbeiter im ‚Leitungsteam'. Dort wurde alles besprochen, was so anlag; Planung des nächsten Tages, Aktionen und Schwierigkeiten. Eine Aufarbeitung dieser Angelegenheit fand jedoch nicht statt. Einige GL fanden die Sache eher lustig. Andere griffen den sowieso nicht sehr beliebten Mitarbeiter heftig an, worauf dieser sich in eine trotzige Abwehrhaltung zurückzog. Nach ein paar Tagen verlief die Geschichte im Sande."

Auf den ersten Blick handelt es sich um einen harmlosen Dumme-Jungen-Streich, der kaum zu schwierigeren Diagnosen herausfordert und schließlich „im Sande" verläuft. Aber nicht ganz. Schließlich geht es „objektiv" um eine Straftat, die gemäß § 132 des Strafgesetzbuches als „Amtsanmaßung" oder nach § 315 b als „gefährlicher Eingriff in den Straßenverkehr" mit Gefängnis geahndet werden könnte. Es gibt genügend abweichende Karrieren, die mit solchem „Blödsinn" begonnen haben. Aber gerade weil im vorliegenden Fall jene Konsequenzen unangemessen, ja absurd erscheinen, und offenkundig bei allen Beteiligten Einigkeit besteht, die Geschiche *nicht* zum Fall *für* die Justiz werden zu lassen, haben verschiedene Leute verschiedene Probleme damit.
– Am wenigsten sicher die beteiligten Kinder, für die das ganze eher ein aufregendes Abenteuer war; wohl aber der jugendliche Gruppen-

leiter, der eine großartige pädagogische Idee gehabt zu haben meinte und nun bei den anderen Gruppenleitern, die er auszustechen hoffte, einen großen Gesichtsverlust hinnehmen muß — ganz abgesehen von der Strafandrohung, die für ihn nicht abschätzbar ist.

— Die Polizei hat das Problem, daß das eigentlich für diesen Tatbestand vorgesehene Instrumentarium (Strafanzeige) nicht zu passen scheint. Sie muß deshalb die diagnostische Leistung erbringen, zu klären, wie ihre Dienstvorschrift umzusetzen sei, „verhältnismäßige Mittel" anzuwenden. Sie scheint zu dem Schluß gekommen zu sein, dies sei ein Fall *für* die pädagogische Leitung, die solche Dinge verhindern müsse, und hat damit ihren Teil des Falles gelöst — abgesehen davon, daß sie keine Garantie hat, daß sich solche Dinge nicht wiederholen und damit keine Garantie gegen den Vorwurf der Amtspflichtverletzung.

— Ein Problem haben auch die Eltern, die davon hören und verunsichert sind, weil im Ferienlager ihrer Kinder die Polizei eingreifen muß, und die nicht wissen: Sollen wir den PädagogInnen, die so etwas nicht verhindern können, weiterhin unsere Kinder anvertrauen?

— All diese Probleme werden allerdings erst dadurch zum sozialpädagogischen Problem i. e. S., daß sie das Handeln und die diagnostische Kompetenz der SozialpädagogInnen (hier vor allem der erwachsenen „Hauptverantwortlichen") herausfordern. Diese müssen, wenn sie verhindern wollen, daß die Geschichte eskaliert, herausfinden — und zwar schnell! — wer welches Problem damit hat und wer wie darauf reagieren könnte. Gelingt ihnen das nicht, so haben sie jenen „großen Ärger" am Hals, den im Beispielfall die Mitarbeiter eben noch verhindern konnten.

— Dies scheint durch umsichtiges Reagieren auf all jene Probleme weitgehend gelungen zu sein (wobei Diagnose und Intervention zusammenfallen) und nur dadurch erscheint der Fall als einer von der harmlosen, lustigen Sorte. Anzunehmen ist: Die Mitarbeiter zeigten der Polizei Verständnis für ihr Problem und machten ihr glaubhaft, daß man die Jungs von jetzt an im Griff haben werde; sie erkannten, daß beunruhigte Eltern ein solches Sommerlager auch platzen lassen können und reagierten mit entsprechenden Argumenten; sie wußten wohl auch, daß solche Geschichten für manche Kinder Anlaß sein können, noch „eins drauf" zu setzen und daß das ganze auch problematische Rückwirkungen auf das Team hat. Letzteres scheint am Ende das einzige Problem zu sein, das nicht bewältigt, sondern nur zugedeckt wird. Möglicherweise wird es beim nächsten Konflikt aus dem Hintergrund mitwirken — genau wie die ungenannten früheren

Konflikte, die hier dazu führten, daß dieser Gruppenleiter „sowieso nicht sehr beliebt" war.

Ich leite aus den Beispielen zunächst zwei Arbeitsregeln ab, die für sozialpädagogische Diagnose verallgemeinert werden können. Weitere werden folgen. Es handelt sich dabei, wie schon im vorigen Kapitel betont, weniger um Handlungsregeln, da sozialpädagogische Fälle so verschieden sind, daß verallgemeinernde Handlungsrezepte kaum sinnvoll erscheinen. Es sind eher Erkenntnisregeln, die benutzt werden können, um unübersichtliche Handlungssituationen (eben „Fälle") etwas durchsichtiger zu machen.

> **1. Arbeitsregel: Sozialpädagogische Diagnose heißt zu klären, was für welche Beteiligten in einer Fallsituation das Problem ist.**

Diese Regel scheint mir mit dem bisher Gesagten hinreichend erläutert. Sie hat aber nur dann praktischen Nutzen für die Arbeit an sozialpädagogischen Fällen, d. h. nur dann wird die Problemsuche nicht zum Selbstzweck, wenn auch die Anforderungen im Blick sind, die daraus für sozialpädagogisches Handeln erwachsen. Die Beispiele (Fall 10 und 11) zeigen: Aus den Problemen, die unterschiedliche Fallbeteiligte haben, entstehen zugleich auch Probleme für die Sozialpädagogen und beides ist keineswegs identisch. Insofern ist es eine elementare Aufgabe sozialpädagogischer Diagnose, die Probleme, die meine Klienten haben, zu unterscheiden von den Problemen, die ich (als fallbearbeitende Person) *mit* diesen Problemen habe.

> **2. Arbeitsregel: Sozialpädagogische Diagnose heißt zu klären, was für mich selbst in einer Fallgeschichte das Problem ist.**

Mit „meinem Problem" können sowohl äußere Schwierigkeiten gemeint sein (etwa wenn ich die an mich gerichteten Erwartungen nicht erfüllen will oder kann und dadurch Ärger kriege), als auch „innere" Schwierigkeiten, sei es zwischen den beteiligten SozialpädagogInnen (wie die Teamprobleme im Beispiel 11 zeigen), seien es persönliche Schwierigkeiten, die ich mit mir selbst habe, um den Fall zu „verkraften". „Mein Problem" kann aber auch schlicht und immer wieder die Tatsache sein, daß ich mit meinen Anläufen zur Diagnose des Problems steckenbleibe (siehe Fall 10), so daß zur vordringlichsten diagnostischen Aufgabe die Frage wird: Was davon liegt an mir und was an der Sache bzw. den Leuten, mit denen ich es zu tun habe?

6.3 WER HAT WELCHES MANDAT?

In den bisherigen Beispielen dieses Kapitels steckte schon ein weiterer Aspekt, der uns im folgenden beschäftigt. Es geht bei sozialpädagogischer Diagnose nicht nur um die Frage, wer welche Probleme hat, sondern auch um die Frage, wer an wen welche Erwartungen zur Klärung und Lösung dieser Probleme hat. So kann der Diagnoseversuch der Studentin (Fall 10) schlicht daran gescheitert sein, daß die Leute nicht recht wußten, in wessen Auftrag und zu welchem Zweck die Studentin ihre Fragen stellte und deshalb keinen Grund sahen, ihr die Tür zu öffnen. In Fall 11 löst der „Streich" der Gruppe offenkundig Erwartungen an das Mitarbeiterteam aus, „etwas" zu tun, „pädagogisch" zu reagieren, den „Unfug abzustellen" oder ihn „lustig" zu finden. Solche Erwartungen haben die Polizei, die Eltern, die Gruppenleiter, die Kinder; und offenkundig decken sich die Erwartungen nicht. Die diagnostische Aufgabe ist dabei nicht nur, zu klären, in welchem Verhältnis diese Handlungserwartungen zueinander stehen, sondern auch, wie sie sich zu den eigenen Handlungsvorstellungen und -möglichkeiten verhalten. Ich nenne dies die Aufgabe der Klärung des sozialpädagogischen Mandats (vgl. dazu Müller 1991 Kap. 4). Es ist eine diagnostische Aufgabe, die aber zugleich, wie im nächsten Kapitel noch deutlicher wird, auch unabdingbar zur Intervention gehört. Das folgende Fallbeispiel illustriert weiter, was damit gemeint ist.

12 „Frank ist zehn Jahre alt und besucht die 2. Klasse der Grundschule einer Kleinstadt. Frank wurde 2 mal von der Einschulung zurückgestellt, da er für sein Alter angeblich zu klein und nicht reif genug war.
Der Besuch der 1. Klasse war mit großen Schwierigkeiten verbunden, da Frank sich nur schwer konzentrieren kann und seine Mutter Analphabetin ist und ihm bei den Hausaufgaben nicht helfen kann.
Frank erhielt eine schlechte Beurteilung durch seine Lehrerin, die den Eltern nahelegte, Frank doch auf eine Sonderschule zu schicken. Dies wollen die Eltern jedoch auf keinen Fall.
Eine Pensionärin aus der Nachbarschaft hat sich angeboten, Frank Nachhilfeunterricht zu geben. (Name geändert, B. M.)

Es handelt sich um einen Fall aus einem Jugendamts-Praktikum, bei dem zunächst ganz klar zu sein scheint, was das Problem ist: Das Schulversagen von Frank. Komplizierter wird der Fall dadurch, daß die Probleme, die die Beteiligten mit diesem Tatbestand haben, offenkundig verschieden sind.
– Die Lehrerin hat das Problem, daß sie einen Schüler, der so sehr

hinter den Anforderungen zurückbleibt, nicht länger als dieses eine Jahr in ihrer Klasse mitschleppen kann bzw. will.
– Die Eltern scheinen das Problem zu haben, daß sie die drohenden Konsequenzen dieser schulischen Beurteilung (Sonderschule) als Kränkung ihres Kindes (und wohl auch der Familienehre) empfinden und deshalb unbedingt vermeiden wollen.
– Franks eigene Probleme mit der Situation bleiben unerwähnt (vielleicht nicht zufällig!), aber man kann unterstellen, daß er sie hat (und deshalb auch Probleme „macht", die wieder auf ihn zurückschlagen). Jedenfalls die Pensionärin aus der Nachbarschaft scheint sich um ihn zu sorgen, und sie wird Gründe dafür haben.
Zum sozialpädagogischen Fall (hier: zum Fall für das Jugendamt) wird die Geschichte aber erst durch die Handlungserwartungen, die aus dieser Konstellation folgen. Zunächst vermutlich dadurch, daß die Lehrerin bzw. die Schule den Fall dort meldete mit der Erwartung, MitarbeiterInnen des Amtes sollten die Eltern zu der als schulisch richtig erkannten Lösung (Sonderschule) motivieren und vielleicht auch flankierend Hilfen anbieten: Sei es durch Gespräche, sei es durch Tests und Beratungsangebote der Erziehungsberatungs-Stelle, sei es, falls all dies nicht hilft, auch durch Beantragung richterlicher Anordnungen, um die Eltern notfalls zu zwingen, eine dem Wohl des Kindes förderliche Erziehung zu ermöglichen. Aber genügen solche Erwartungen der Schule als Mandat für die *sozialpädagogische* Fallarbeit? Nach allem bisher Gesagten (vgl. bes. Kap. 4) offenkundig nicht, vor allem dann nicht, wenn, wie hier, die Erwartungen der „Leistungsberechtigten" (vgl. § 5 KJHG) in ganz andere Richtung gehen. An der Auseinandersetzung mit ihnen führt bei fachlicher und gesetzeskonformer Arbeit kein Weg vorbei. Aber damit ist ja keineswegs gesagt, daß die Eltern recht haben und die Lehrerin Unrecht. Vielleicht ist die Fortsetzung dieser Schule, mit oder ohne Nachhilfe, wirklich nur Quälerei für Frank. Es gibt also *kein unmittelbar aus den Erwartungen anderer ableitbares* Mandat, „etwas" zu tun. An einer eigenen, sozialpädagogisch verantworteten Diagnose zu den Fragen, *ob* „erzieherischer Bedarf" vorliegt und welche Hilfe „geeignet und notwendig" wäre (§ 27 KJHG), führt somit ebenfalls kein Weg vorbei (s. o. Kap. 4). Dies verlangt nicht, das Problem der Lehrerin zu lösen. (Die Frage zu entscheiden, ob ein Kind auf die Sonderschule muß, ist nicht Aufgabe des Jugendamtes). Wohl aber gibt es Anlaß genug, zu prüfen, ob Frank Hilfe braucht.
Ehe wir weiter diskutieren, wer welches Problem zu lösen hat, sind die diagnostischen Schritte festzuhalten, die an diesem Beispiel erkennbar werden. Ich fasse sie in der folgenden Arbeitsregel zusammen:

> 3. Arbeitsregel: Sozialpädagogische Diagnose heißt, zu klären, welche Mandate zum Handeln auffordern. Dabei sind konstitutive und nicht konstitutive Mandate zu unterscheiden.

Unter Mandat verstehe ich hier die Summe aller *positiven* Erwartungen, also aller Ansprüche und Hoffnungen an die Fallbearbeitung; und zwar zunächst unabhängig davon, ob diese Erwartungen klar artikuliert oder nur indirekt erkennbar werden, ob sie realistisch oder unrealistisch, ob sie in sich stimmig oder widersprüchlich sind; und schließlich auch unabhängig davon, ob diese Erwartungen vom damit befaßten Sozialpädagogen bzw. der Sozialarbeiterin selbst erfüllt oder nur als „Fall *für*" (andere Instanzen) bearbeitet werden können (vgl. auch Meinhold 1988). Der erste Satz der Regel wurde im Vorhergehenden schon erläutert. Er bekräftigt, daß die Klärung der Erwartungen, welche die an einer Fallsituation Beteiligten bezüglich der Fallbearbeitung haben, keineswegs immer selbstverständlich, sondern zumeist ein wichtiger Teil diagnostischer Arbeit ist. Dies gilt, weil und sofern die Erwartungen der Beteiligten sich auf *unterschiedliche* Probleme beziehen. Erwartungen können zudem positiv oder negativ, Ansprüche und Hoffnungen oder Befürchtungen sein.

6.4 KLIENTENMANDAT, GESETZLICHER AUFTRAG UND FACHLICHKEIT

Im folgenden geht es um den zweiten Satz der 3. Arbeitsregel. Die Unterscheidung von konstitutiven und nicht konstitutiven Mandaten weist darauf hin, daß jene Erwartungen nicht alle von gleichem Gewicht für die sozialpädagogische Fallarbeit sein können. Unabhängig von der Art des jeweiligen Falles sind für sozialpädagogisches Handeln grundsätzlich drei „Auftraggeber" konstitutiv: 1. Die Klienten bzw. „Leistungsberechtigten", 2. die Vorgaben der Gesetze und, davon abgeleitet, die bürokratischen Regeln und Weisungen, die einen Ermessensspielraum offenlassen und 3. schließlich das eigene fachliche Urteil, die professionelle Verantwortung, die den Spielraum füllen. Wir könnten in den in diesem Buch eingeführten Begriffen auch sagen: Die Diagnose eines sozialpädagogischen Falles muß mindestens immer aus der Perspektive des „Falles *mit*" und des „Falles *von*" erfolgen; beide Perspektiven schließen die Gegenüberstellung von Außenerwartungen und eigener fachlicher Sicht des Falles ein. Zu letzterem gehört hier vor allem der Versuch, dem in der Fallgeschichte stummen Hauptbetroffenen, dem Kind Frank, eine Stimme zu verschaffen und seine Interessen nach bestem Wissen einzubringen.

Es versteht sich aber nach dem bisher Gesagten, daß „fachliche Sicht" keinen absoluten Beurteilungsstandpunkt meint. Auch Engagement für das „Wohl des Kindes" schafft kein Wissensmonopol darüber, *was* diesem Wohl dient. „Fachliche Sicht" heißt nicht mehr als *die jeweilige aus Wissen und Erfahrung gewachsene Einsicht, was zu tun nötig wäre, die zugleich für Belehrung offen ist, insbesondere dadurch, daß sie auf KlientInnen differenziert zu hören und die einschlägigen rechtlich/bürokratischen Ermessensspielräume handzuhaben vermag.* Weder Fachwissen noch Belehrung und Vorgaben heben aber die Notwendigkeit auf, zu entscheiden und diese Entscheidung zu verantworten, zumal ja meistens weder die Ermessensspielräume eindeutig definiert sind, noch die Klientenseite mit einer Stimme spricht, sondern unterschiedliche Interessen vertritt.

Diese drei Arten oder Quellen eines sozialpädagogischen Mandates konstitutiv zu nennen heißt nun keineswegs, daß immer in ihrem Sinne gehandelt werden könnte. Dies ist schon deshalb unmöglich, weil die aus solchen Mandaten entstehenden Handlungserwartungen zusammenpassen *können,* aber nicht müssen. So passen im Beispielfall 12 diese Mandate insoweit zusammen, als gerade die *gesetzlichen* Vorgaben, betrachtet man den Fall des Schulkindes Frank, als Fall von „Hilfe zur Erziehung" nach § 27 und § 36 KJHG dazu nötigen, eine sozialpädagogisch *fachliche* Entscheidung zu treffen, die ihrerseits weder fachlich noch rechtmäßig sein könnte, wenn sie nicht soweit als möglich im Konsens mit den Eltern und dem Kind entwickelt würde. Ob aber der Beginn einer Lösung auf dieser Linie möglich ist, etwa durch die Unterstützung der hilfsbereiten Nachbarin oder durch das Angebot einer „sozialpädagogischen Familienhilfe" (§ 31 KJHG) ist damit nicht garantiert. Es kann ja sein, daß auch die sozialpädagogisch-fachliche Sicht (ggf. unter Heranziehung der psychologisch-diagnostischen Möglichkeiten einer Beratungsstelle) zu keinem anderen Ergebnis kommt als die Lehrerin, *ohne* daß es gelingt, die Eltern für diese Einsicht zu gewinnen. Und wer weiß, ob dann Frank aufhört, zu blocken. Es kann auch sein und ist häufig der Fall, daß eine fachlich klar angezeigte und von den Betroffenen gewünschte Interventionsart einfach deshalb nicht möglich ist, weil Geldmangel und/oder bürokratische Hindernisse sie nicht zulassen, oder weil die dafür geeigneten Leute nicht zur Verfügung stehen.

Die Mandate dieser drei „Auftraggeber" konstitutiv zu nennen heißt also, daß sozialpädagogische Fallarbeit in eine Krise oder an eine Grenze gerät, wenn ihnen nicht entsprochen werden kann oder wenn sie miteinander unvereinbar werden. Dies gilt nicht in gleicher Weise für diejenigen Erwartungen, die ich nicht-konstitutiv genannt habe, z.B. die Erwartungen der Polizei in Fall 11 (eine Wiederholung solcher Streiche unter allen Umständen zu verhindern), oder die der Lehrerin in Fall 12 (den Eltern die Sonderschule schmackhaft zu machen), oder dem Wunsch des Staatsanwalts in Fall 1 (nach erzieherischer Strenge). Solche Sichtweisen und Erwartungen wahrzunehmen und zu berücksichtigen, kann zwar praktisch sehr wichtig sein; denn erstens können die ja recht haben und zweitens geschieht Sozialpädagogik nicht in einem geschützten Raum, sondern muß andere Realitäten (und vor allem Machtverhältnisse) berücksichtigen. Aber ob Polizei, Lehrerin, Justiz etc. am Ende mit dem zufrieden sind, was SozialpädagogInnen tun, hat *für sich genommen keinerlei Bedeutung* für die Beurteilung der Qualität sozialpädagogischer Arbeit. Darüber entscheidet allein die − im dargestellten Sinn verpflichtete − eigene Fachlichkeit.

Für das eigene Urteil aber ist das Ausloten der wechselseitigen Vermittelbarkeit jener konstitutiven Mandate entscheidendes Qualitätsmerkmal sozialpädagogischer Fallbearbeitung. Nicht der Erfolg dieser Vermittlung − der oft nicht in sozialpädagogischer Hand liegt − entscheidet über die Qualität der Arbeit, sondern die Klarheit und Fairneß, mit der Sozialpädagogen versuchen, diese Perspektiven wechselseitig ins Spiel zu bringen. Dabei wird gewöhnlich das „Respektieren der Problemdefinition des Klienten" (Meinhold 1987: 207) als fachliche Aufgabe zurecht besonders hervorgehoben − was in diagnostischer Hinsicht zuallererst heißt, diese Definition *wahrnehmen* zu können und sie nicht einfach mit der eigenen Sichtweise zu vermengen oder alle Wünsche abzuqualifizieren oder wegzudefinieren, für deren Erfüllung es keine Vorschriften gibt. Dies Hervorheben des Klientenmandats bedeutet aber nicht, daß es grundsätzlich Vorrang hätte vor einer Orientierung an eigener fachlicher Einsicht oder an gesetzlich/administrativen Handlungsspielräumen (was eine idealistische Illusion wäre). Es bedeutet nur, daß das Klientenmandat leichter als die andern beiden auf der Strecke bleibt − umso leichter, je brisanter der Fall ist − und deshalb besonderen Schutz braucht.

6.5 WER HAT WELCHE RESSOURCEN?

Sozialpädagogische Diagnose, die ja praktisch hilfreich und kein Selbstzweck sein soll, kann sich nicht damit begnügen, die Probleme und Lösungserwartungen der Fallbeteiligten abzuklären, sondern muß sich auch um die Mittel kümmern, etwas zu tun. Dieser Gesichtspunkt ist grundsätzlich in den rechtlichen Vorgaben sozialpädagogischen Handelns enthalten. Zumindesten soweit es sich dabei um Leistungsgesetze wie das KJHG oder das BSHG handelt, sind SozialpädagogInnen in ihrer Fallarbeit zugleich VerwalterInnen öffentlicher Mittel. Diese, so heißt es z. B. in § 79,2 KJHG, sollen „die Träger der öffentlichen Jugendhilfe ... rechtzeitig und ausreichend zur Verfügung" stellen. Das Einfordern, nötigenfalls Aufspüren und Nutzbarmachen von zweckbestimmten Mitteln gehört zweifellos zur sozialpädagogischen Fallarbeit und das fallbezogen konkrete Finden und „Lockermachen" solcher Mittel ist (zumindest auch) eine diagnostische Aufgabe. Aber es liegt auf der Hand, daß es gerade in den hier diskutierten Fällen nicht nur um Geldmittel geht, sondern mehr noch um immaterielle Ressourcen, z. B. um Informationen, Kommunikationsangebote, Zeit für Zuwendung, Verständnis etc. Verallgemeinernd läßt sich dazu die nächste These formulieren.

4. Arbeitsregel: Sozialpädagogische Diagnose heißt, zu klären, wer über welche Mittel zur Lösung eines Problems verfügt.

Sozialarbeit wird heute oft im Ganzen als „Ressourcenarbeit" (vgl. Meinhold 1982, 1987) charakterisiert. Dies entspricht nicht nur einem zufällig modernen „sozialökologischen" Ansatz, sondern gehört notwendig zur Sache sozialer Arbeit. Zweifellos kann die Frage nach den Mitteln sozialpädagogischer Fallarbeit nicht einfach so lange zurückgestellt werden, bis die Diagnose beendet ist und „das Problem" auf dem Tisch liegt. Die gilt gerade deshalb, weil das jeweilige Problem nicht einfach vorweg definiert und dann bearbeitet werden kann, sondern meist nur gemeinsam mit den Betroffenen – also im Prozeß der Intervention selbst – genauer geklärt werden kann. (Man kann es mit dem „systemischen" Ansatz von Selvini-Palazzoli auch so ausdrücken, daß die gemeinsame Klärung des Problems und die dadurch definierte Arbeitsbeziehung den „Kontext" markiere, „dem die nachfolgende Intervention ihren Sinn und ihre Wirksamkeit verdankt" [1978: 156].) Dies ist aber gar nicht möglich, ohne im gleichen Zug zu klären, welche Mittel zur Lösung welcher Probleme zur Verfügung stehen und welche Alternativen es gibt.

Wendet man diesen Gedanken auf den Beispielfall von Frank an, so fällt ins Auge, daß hier in gewisser Weise das sozialpädagogische Problem gerade durch die Mittel entsteht, die einem Problem abhelfen sollen. Die Lehrerin hat ja eine Lösung, um dem mangelnden

Schulerfolg von Frank abzuhelfen: die Sonderschule. Nur hat dies Mittel den Schönheitsfehler, daß die Betroffenen das nicht wollen; im Blick auf die mögliche Stigmatisierung durch diese Schulart und die daraus entstehende Gefahr für die Zukunftschancen ihres Kindes durchaus aus verständlichen Gründen. (Eben deshalb hat aus sozialpädagogischer Sicht – und bis zum Beweis des Gegenteils – zunächst einmal als *unwahrscheinlich* zu gelten, daß eine solche Maßnahme *gegen* den Willen der Eltern dem „Wohl des Kindes" dient). Es sind in der Fallgeschichte andere Hilfsmittel erkennbar, z. B. das Angebot der Nachbarin. Das Angebot genügt vielleicht nicht, um das Schulproblem von Frank zu lösen, aber es hat immerhin den großen Vorzug, daß die Gefahr schlechter Nebenfolgen geringer ist. Daß hier das Akzeptanzproblem mit den Eltern gelöst werden kann, ist deshalb wahrscheinlicher, aber nicht garantiert (vielleicht entsteht aus Angst vor der Schande in der Nachbarschaft ein neues Problem). Wir können, dies Beispiel verallgemeinernd, eine weitere Regel formulieren:

5. Arbeitsregel: Diagnose heißt, mögliche Mittel zur Lösung eines Falles auf unerwünschte Nebeneffekte hin zu prüfen.

Diese diagnostische Aufgabe, die im medizinischen Bereich Abklären von „Kontraindikationen" genannt wird, ist auch in der Sozialpädagogik eine generell zu leistende. Bourgett u. a. (1980) treffen hierfür eine hilfreiche Unterscheidung, indem sie die häufigste Form der Fallbearbeitung *ohne* hinreichende Klärung der Nebenfolgen als „kumulative Strategie" bezeichnen (vgl. ebd.: 47). Sie besteht darin, fehlende Fähigkeiten der Selbsthilfe durch administrative Maßnahmen zu ersetzen und dabei zugleich vorhandene Fähigkeiten lahmzulegen, so daß immer neue, weitergehende Interventionen notwendig werden. Statt sich auf diese Weise die Klientenprobleme gleichsam selbst zu züchten, sollte Fallbearbeitung „kompensatorischen" Charakter haben. Bourgett u. a. bezeichnen mit ihrem positiven Gegenbegriff der „kompensatorischen Strategien" (vgl. ebd.) alle Arbeitsweisen, die dazu dienen, vorhandene Selbsthilfepotentiale zu stützen, produktiver zu machen und damit die „Eigenregie des Alltages" (Pankoke 1986) zu stärken. Solche Potentiale für Selbsthilfe und Eigenregie zu entdecken, ist ein wichtiger Bestandteil sozialpädagogischer Diagnose. Dieser Gedanke führt uns zu einer weiteren Regel.

6. Arbeitsregel: Sozialpädagogische Diagnose heißt, zu prüfen, ob es Vordringlicheres gibt, als die Lösung des Problems.

Mit dieser Regel ist zweierlei gemeint. Zum einen soll sie daran erinnern, daß oft die Fixierung auf eine Problemlösung vergessen läßt, kurzfristige Dinge zu tun, die zwar das Problem nicht lösen, aber doch als erstes getan werden sollten. So wäre in Fall 12 sicher vordringlich, erst einmal Frank kennenzulernen und ein wenig sein Vertrauen zu gewinnen. Vielleicht beschäftigen ihn ganz andere Probleme und vielleicht sind die ein Schlüssel, um auch den Eltern ein Stück weiterzuhelfen.

Zum anderen lenkt diese Regel die Aufmerksamkeit auf die Rahmenbedingungen der Fallgeschichte (und berührt sich darin mit der in Kap. 5 beschriebenen Funktion der Anamnese). Marianne Meinhold hat in einem provozierenden Aufsatz (1982) die Frage diskutiert, ob es nicht, gerade in zugespitzten Konfliktfällen – z. B. in Fällen von Kindesmißhandlung (vgl. unsern Fall 7) – sinnvoll sein könnte, von einem „Nicht-Problem-Ansatz" auszugehen. Sie meint damit natürlich nicht, solche Konflikte, die Krisenintervention erforderlich machen, zu leugnen (vgl. ebd. 147). Der Gedanke ist vielmehr, daß gerade durch den Zwang zur Intervention Problemlösungen eher verhindert werden, weshalb zuerst in Bereichen anzusetzen sei, die nichts direkt mit den üblichen Interventionsanlässen zu tun haben, sondern Bereiche sind, in denen die Adressaten selbst etwas tun wollen und Unterstützung willkommen heißen. Meinhold hat in späteren Beiträgen (1987, 1988, 1990) daraus das Konzept entwickelt, daß sozialpädagogische Fallarbeit auf zwei Ebenen zu denken sei: Zum einen als unmittelbares Leisten von Hilfsangeboten; zum andern aber und zuvor als Herstellung eines „Rahmenangebotes", das „Nutzungsbarrieren" abbaut (vgl. 1987: 202 ff.). Es soll ermöglichen, daß z. B. Angebote der Jugendhilfe verstehbar, bekannt und zugänglich sind, daß sie keinen diskriminierenden Charakter haben, daß Entlastungen angeboten und „kleine Netze" geschaffen werden. Ich komme auf dieses Konzept im nächsten Kapitel zurück, soweit es dabei um Fragen der Intervention geht. Zur Diagnose gehört der Blick auf das „Rahmenangebot" insofern, als in die Einschätzung, wer welches Problem und welche Erwartungen hat, immer auch ein Urteil über den Kontext einfließt, der die Erwartungen an sozialpädagogische Hilfe prägt. So wird eine Mitarbeiterin des Jugendamtes bei den Eltern von Frank (Fall 12) kaum erfolgreich vermitteln können, wenn sie keine einigermaßen treffende Diagnose hat, wie solche Eltern reagieren, wenn „Das Jugendamt" bei ihnen auftaucht; und wenn sie keine Mittel hat, die Hemmnisse dieses „Rahmenangebotes" zu überwinden. So muß die Studentin im Selbsthilfe-Verein (Fall 10) den Rahmen analysieren, in dem ihre freundliche Wißbegier wahrgenommen wird, um verstehen zu können, weshalb die Türen zubleiben.

6.6 Was kann ich tun? Was müssen andere tun?

In der Diskussion der „Mandatsfrage" wurde deutlich, daß die Erwartungen „anderer" Instanzen nicht primär maßgeblich dafür sind, was SozialpädagogInnen in ihrer Fallarbeit zu tun und zu lassen haben. Dies gilt auch dann, wenn diese Erwartungen der Anlaß dafür sind, daß eine Situation zum sozialpädagogischen Fall wird (z.B. die Erwartung der Lehrerin in Fall 12). Damit ist aber keineswegs gesagt, daß das Handeln dieser anderen Instanzen für die sozialpädagogische Arbeit irrelevant wäre. Vielmehr habe ich die Eigenständigkeit des sozialpädagogischen Mandats so betont, weil sozialpädagogische Diagnose auch beitragen muß, daß sich SozialpädagogInnen auf ihre spezifischen Möglichkeiten besinnen und sich nicht für alles und jedes zuständig machen lassen. Ich formuliere daraus die nächste Regel:

> 7. Arbeitsregel: Sozialpädagogische Diagnose heißt klären von Zuständigkeiten.

Aus der Tatsache, daß Freizeitpädagogen andere Aufgaben haben als Polizisten (Fall 11), Jugendgerichtshelfer andere als Staatsanwälte (Fall 1), Soziale Dienste andere als Schulen (Fall 12), folgt nicht, daß das Handeln und Entscheiden dieser anderen Instanzen für einen konkreten sozialpädagogischen Fall weniger wichtig wäre, als das, was die fallbearbeitenden SozialpädagogInnen selbst tun. Im Gegenteil zeigen alle drei Beispiele, daß das, was diese anderen tun oder lassen, sehr viel gravierender für die Betroffenen sein kann als alles, was Sozialarbeit tun kann. Gerade deshalb aber ist es wichtig, daß sich Sozialarbeit im je konkreten Fall auf diese anderen Instanzen bezieht, sie auch im Sinne der eigenen Aufgabe zu beeinflussen sucht, aber ohne diese eigene mit deren anderer Aufgabe zu verwechseln.

An dieser Stelle wird noch deutlicher als bisher, welche Aufgaben der sozialpädagogischen Diagnose sich aus der Perspektive des „Falles *für*" ergeben. Ich erläuterte das wieder am Beispiel des Falles 12. Frank wird hier zum sozialpädagogischen Fall, 1. weil seine Schulleistungen ihn zum Fall *für* die Lehrerin, die Schulkonferenz, wohl auch die Schulbehörde machen (die ihn ihrerseits als Fall *für* die Sonderschule behandeln wollen), und 2. weil die Eltern sich dem widersetzen. Wenn nun, wie ausgeführt, die Aufgabe der Sozialpädagogin nicht die einer Erfüllungsgehilfin der Schule sein kann, so kann ihrer Aufgabe andererseits auch nicht darin bestehen, Frank vor den bösen Plänen der Schule zu retten, oder als selbsternannte Obergutachterin zu „beweisen", daß Frank eben doch, wenn man richtig mit ihm umgeht, in der Normalschule bleiben kann. Dies würde sie überfordern und vermutlich zu illusionären Strategien führen. Vielmehr ist ihre Aufgabe nur, zu diagnostizieren, *ob* für Frank Bedarf an Jugendhilfeleistungen besteht und *was* für ihn dabei „geeignet" und „notwendig" sein könnte. Nun läßt sich aber diese „eigene" Aufgabe gar nicht erfüllen, ohne sich auch über die schulische Situation und die Lernbedingungen Franks ein Urteil zu bilden. Denn diese gehören zweifellos zu dem „engeren sozialen Umfeld des Kindes", das nach § 27 KJHG in die Diagnose einzubeziehen ist.

Die Antwort auf die Frage, welchen Anteil die Schule selbst an Franks Schwierigkeiten haben könnte und was daran zu ändern wäre, kann aber nicht den Charakter eines konkurrierenden Expertenurteils haben (mit dem Anspruch, *besser* zu wissen, was „richtige" schulische Beurteilung ist). Die Antwort kann nur auf dem Wissen vom Typ des „informierten Bürgers" beruhen (vgl. bes. Kap. 2.3), der sich sowohl ein Urteil bildet, wie es in dieser Schule zugeht, als auch Einblick in das häusliche Milieu und das Wohnquartier hat, in dem Frank lebt; und der deshalb „vernünftig begründet" (A. Schütz) über Bedingungen urteilen kann, die ein solches Kind in der Schule braucht. Alle praktischen Erkundungen, die diesem Wissen des „informierten Bürgers" im konkreten Fall dienen, gehören insofern auch zur sozialpädagogischen Diagnose. Auf der Grundlage einer solchen Diagnose Einspruch zu erheben, wenn die Schule sich für Frank nicht zuständig (und die Sonderschule für zuständig) erklärt, ist deshalb keine anmaßende Einmischung, sondern eigener Auftrag. Bezogen auf andere Beispiele heißt das: Wenn SozialpädagogInnen zurecht darum kämpfen, daß jugendliche Straftäter nicht vor Gericht kommen (die Justiz also unzuständig bleiben soll, vgl. Fall 11), oder darum kämpfen, daß ein Fall für die Psychiatrie eher zum Fall für einen Rechtsanwalt wird (vgl. Fall 4), dann tun sie das nicht, weil sie Jugendgerichte oder Psychiatrien für üble Einrichtungen halten. Sie tun es, und nur dann zurecht, weil und wenn sie fallbezogen konkret die Bedingungen und Folgen diagnostizieren können, die sich aus dieser jeweiligen Zuständigkeit für die davon Betroffenen ergeben und wenn es Gründe gegen solche Zuständigkeit gibt.

Wenn nun sozialpädagogische Diagnose nicht nur Unterschiede der Problemperspektiven und Erwartungen der Fallbeteiligten beachten muß, sondern auch immer auf das Handeln anderer Fallbeteiligter angewiesen ist, und klären muß, wie sie dies Handeln anderer beeinflussen kann, so läßt sich daraus eine letzte Arbeitsregel ableiten:

> 8. Arbeitsregel: Sozialpädagogische Diagnose heißt, zu klären, welche Schritte und Ziele ich aus eigener Initiative und welche ich nur durch andere erreichen kann.

Die Unterscheidung von „helfer-abhängigen" und durch Handeln anderer zu erreichenden Zielen stammt ebenfalls aus Meinholds Familienhilfeprojekt (Meinhold/Radatz 1988: 197) und wird von mir als allgemeine Aufgabe sozialpädagogischer Diagnose verstanden. Sie sagt aber für unsern Gedankengang im Grunde nichts neues, sondern faßt ihn eher zusammen. Denn alle bisher diskutierten Schritte beschreiben ja Diagnose nicht als distanzierte Beobachtung oder als Laborexperiment, sondern als kommunikatives Handeln mit andern, als Sich-Erkundigen, als Zuhören, als Über-Sich-Selbst-Nachdenken, aber auch als Herausfordern anderer, in eigener Sache Stellung zu nehmen. Es ist eigentlich selbstverständlich, aber doch des Nachdenkens wert, daß es bei solcher Klärung von Handlungsmöglichkeiten immer um beides geht: Um die Frage, was kann/muß ich selbst tun *und* um die Frage, was kann/muß ich tun, damit andere etwas tun (oder lassen).

So kann die Mitarbeiterin des Jugendamtes (in Fall 12) sich z. B. entscheiden, Frank zu einem Eis einzuladen, um ihn kennenzulernen; sie kann mit der Lehrerin reden, um die Gründe zu erfahren, weshalb diese Frank unbedingt auf die Sonderschule schicken will, sie kann mit den Eltern reden, um sie zu bewegen, das Angebot der Nachbarin auszuprobieren; sie kann vielleicht, nach einiger Vorarbeit, auch einen Hortplatz mit Aufgabenbetreuung oder sozialpädagogische Familienhilfe anbieten. Aber sie kann *nicht* entscheiden, ob Frank Vertrauen faßt und mitspielt, ob die Schule sich bewegen läßt, noch einmal einen Versuch zu machen, ob die Eltern ein Angebot akzeptieren, wenn sich ihre Vorstellungen nicht verwirklichen lassen, ob sie sich auf andere Versuche einlassen, Frank zu helfen, oder heimlich dagegen arbeiten etc.

Diese Unterscheidung von helfer-abhängigen und durch Handeln anderer zu erreichenden Zielen ist vor allem wichtig, um zu einem *realistischen* Urteil über sozialpädagogische Fallarbeit zu kommen: also *diagnostizieren zu können, was ich im gegebenen Fall bewirken kann und was nicht.* Die verbreitete Rede, Sozialpädagogik sei Sisyphusarbeit, Doktern an Symptomen und arm an meßbaren Erfolgen, hat viel mit dem Fehlen dieser Unterscheidung zu tun. In der Tat: Wenn sozialpädagogische Fallarbeit beiträgt, daß *andere* etwas tun, um ein Problem zu lösen, dann liegt die Lösung immer noch bei diesen Anderen. Eben deshalb ist es um so wichtiger, daß SozialpädagogInnen ihren Selbstrespekt und die Qualität ihrer Arbeit nicht an dem messen, was andere tun, sondern an dem, was sie selbst tun können.

Ich fasse den Gedankengang dieses Kapitels zum Schluß noch einmal in einem Frageschema zusammen. Es greift die „Arbeitsregeln" des Kapitels auf und ordnet sie so zueinander, daß noch einmal sichtbar wird: Es geht nicht um ein schematisches Abarbeiten von Schritten, sondern eher um ein immer neu zu wiederholendes Stellen von Fragen, die Fallsituationen durchsichtiger machen können. Man könnte die Arbeitsregeln und das folgende Schema auch eine Checkliste nennen, die helfen soll, zu lernen, wie man (aus der Praxis) lernt. Sie abzuarbeiten ersetzt nicht die Entscheidung, was jeweils zu tun ist. Aber sie kann zu besseren, überlegteren Entscheidungen helfen.

Frageschema zur sozialpädagogischen Diagnose: (Schema 5)

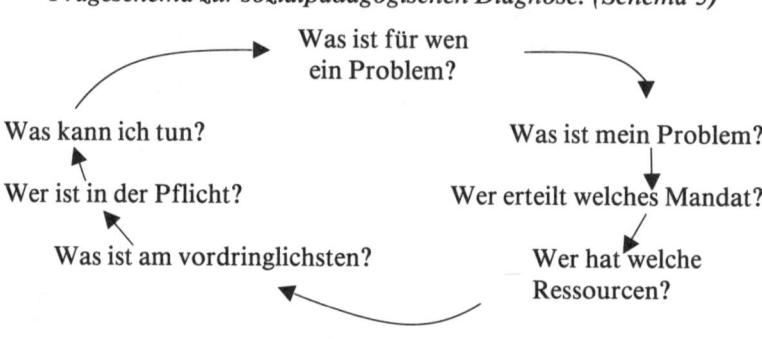

Arbeitsaufgaben zu Kapitel 6:
1. Formulieren Sie in eigenen Worten die wichtigsten Unterschiede zwischen medizinischer Diagnose und sozialpädagogischer Diagnose.
2. Diskutieren Sie ein selbstgewähltes Fallbeispiel oder eine der Fallgeschichten dieses Buches, indem sie die Arbeitsregeln der Diagnose auf diesen Fall der Reihe nach anwenden.
3. Diskutieren Sie anhand des Beispiels aus Arbeitsaufgabe 2, inwiefern sozialpädagogische Diagnose als besonderer Schritt in der Fallarbeit betrachtet werden kann und inwiefern sie untrennbar mit Anamnese, Intervention und Evaluation verknüpft ist.

7. Kapitel: Was tun?
(Sozialpädagogische Intervention)

Wer dieses Buch bis hierher gelesen hat, weiß schon: Intervention als „Dazwischenkommen" (vgl. Kap. 3.2), sich Einmischen eines(r) sozialpädagogisch Handelnden in einen Fall (und damit ins Leben anderer Menschen) beginnt nicht erst, wenn Anamnese und Diagnose abgehakt sind. Diese sind selbst zumeist schon Formen der Einmischung – oft recht wirkungsvolle und nicht immer gerechtfertigte. Oft steht die Intervention auch in einer langen Kette anderer Interventionen oder muß sehr rasch geschehen (vgl. z.B. Fall 3 und 6). Beides kann dazu führen, daß Anamnese und Diagnose der Intervention folgen oder sie begleiten, aber nicht ihr vorangehen können. Außerdem schließt sozialpädagogische Intervention, sofern sie unter dem Anspruch steht, reflektiertes, rechtfertigbares Handeln zu sein, notwendig auch Tätigkeiten des Sammelns von Informationen, des Ordnens von Aspekten, des Auswertens von Ereignissen mit ein – also irgendwelche Formen von Anamnese, Diagnose und Evaluation. Trotzdem ist es sinnvoll, mit der Frage „was tun?" denjenigen Aspekt der Fallarbeit gesondert zu betrachten und als Handlungselement herauszuarbeiten, der *unmittelbar* etwas bewirken soll: z.B. „eine Hilfe geben" oder „erzieherischen Einfluß ausüben" oder „eine Dienstleistung erbringen" oder „eine Gefahr abwenden". Es liegt in der Natur der Sache, daß dabei vor allem die Perspektive des „Falles *mit*" im Zentrum steht, allerdings ohne daß dabei die beiden anderen Betrachtungsperspektiven ganz aus dem Blick geraten.

7.1 Eingriff, Angebot, gemeinsames Handeln

Ich beginne damit, daß ich von drei Arten sozialpädagogischer Intervention ausgehe, die ebenfalls nur „idealtypisch" voneinander zu unterscheiden sind und praktisch häufig ineinander vermischt sind. Ich nenne sie *Eingriff, Angebot* und *gemeinsames Handeln*.
Den Charakter des *Eingriffs* hat sozialpädagogische Intervention immer, wenn sie mit der Ausübung von Macht verbunden ist. Macht, so hat Max Weber definiert, ist „jede Chance, innerhalb einer sozialen Beziehung den eigenen Willen auch gegen Widerstreben durchzusetzen, gleichviel, worauf diese Chance beruht". (1956: 28). Um Eingriff handelt es sich, wenn ich z.B. in einem pädagogischen Konflikt

Kinder dazu zwinge (sei es durch meine psychische oder physische Überlegenheit als Erwachsener oder durch Androhung von Sanktionen), das zu tun oder zu lassen, was ich für richtig halte; Eingriff ist es natürlich auch (wenn auch indirekt), die Macht anderer Instanzen zu benutzen, um Ziele durchzusetzen – z. B. die Macht der Polizei, um Drogenhandel im einem Jugendhaus zu unterbinden oder die Macht des Vormundschaftsgerichts, um ein mißhandeltes Kind zu schützen. Sozialpädagogische *Angebote* unterscheiden sich von Eingriffen spezifisch durch den Verzicht auf Machtausübung, insbesondere über die Entscheidung von Adressaten, ein Angebot anzunehmen oder abzulehnen. Als wichtigsten Test für diesen Machtverzicht verlangen die meisten Berufsethiken sozialer Arbeit (sinngemäß auch das KJHG) die „informierte Zustimmung" der AdressatInnen als Voraussetzung der Intervention. Damit ist zugleich das Recht gemeint, Angebote ablehnen zu können, ohne Sanktionen befürchten zu müssen. Ich halte es für illusorisch anzunehmen, daß sozialpädagogische Intervention *immer* diese Bedingung der „informierten Zustimmung" erfüllen kann. Sie sollte aber in jedem Fall, wenn sie eingreift, dies auch so nennen und nicht als „Hilfe" oder „Angebot" verkaufen (vgl. B. Müller 1989).

Ich gebrauche übrigens hier nicht das üblichere Begriffspaar „Hilfe" und „Kontrolle". Es ist zu ungenau. „Kontrolle" hat nicht immer Eingriffscharakter, weil sie auch mit „informierter Zustimmung" erfolgen kann: Z. B. wenn sich ein psychisch kranker Mensch sozialpädagogischen Kontrollen unterwirft, weil er weiß, daß es Situationen gibt, in denen seine Fähigkeit zur Selbstkontrolle nicht ausreicht, um den härteren Kontrollen einer Anstalt zu entgehen; hier ist es unsinnig, Kontrolle als Gegenbegriff zu Hilfe zu gebrauchen (vgl. z. B. Fall 4). Andererseits ist nicht jedes Angebot auch hilfreich – und nicht immer ist das Schuld der Anbieter: Wenn Klienten sozialpädagogische Angebote ablehnen und dadurch Nachteile haben, sind die Angebote (objektiv) nicht hilfreich, aber als Angebote deshalb nicht notwendig schlecht (vgl. z. B. Fall 10).

Gemeinsames Handeln (mit AdressatInnen) ist eine Art der Intervention, die sowohl aus Eingriffen wie aus Angeboten hervorgehen kann. Es hat mit Angebot die Freiwilligkeit gemeinsam, es hat mit Eingriff gemeinsam, daß es unmittelbar und nicht nur indirekt wirksam wird. Ehe ich dies näher erläutere, möchte ich zunächst alle drei Interventionsarten an einer weiteren Fallgeschichte erläutern.

13 „Ein 14 Jahre altes Mädchen besucht die Realschule. Beide Eltern sind berufstätig. Die Mutter ist Arzthelferin, der Vater Bankkaufmann. Das Mäd-

chen hat eine zwei Jahre jüngere Schwester. Die Familie bewohnt ein Reihenhaus am Rande einer Großstadt. Seit einiger Zeit kommt das Mädchen nicht direkt von der Schule nach Hause. Auf Nachfragen der Eltern gibt sie ausweichende Antworten. Daraufhin erkundigen sie sich bei der Schulleitung und erfahren, daß ihre Tochter innerhalb der letzten drei Wochen viermal dem Unterricht ganz fern geblieben ist. Mehrmals versuchten die Eltern durch ein Gespräch mit der Tochter, ihr Verhalten zu ändern. Dies blieb aber erfolglos.

Dies ist eine weitere Fallgeschichte aus einem Jugendamtspraktikum, in der diesmal besorgte Eltern, die mit dem Verhalten ihrer pubertierenden Tochter nicht mehr zurechtkommen, offenkundig um sozialpädagogische Unterstützung gebeten haben. Nehmen wir an, daß die Eltern nicht ohne Grund befürchten, die Schulschwänzerei ihrer Tochtet sei keine ganz harmlose Episode, sondern auf Einflüsse (z. B. einer Clique) zurückzuführen, die für ihre weitere Entwicklung gefährlich werden könnten. Daraus ergibt sich, ganz formal im Blick auf die genannten Interventionsarten betrachtet, folgendes:
– Die Eltern fordern *Angebote* der Jugendhilfe ein, auf die sie als Leistungsberechtigte gemäß KJHG Anspruch haben: Sie können Angebote des Jugendschutzes nach § 13 fordern, sie haben Anspruch auf Beratung und Unterstützung „zur Erfüllung der Schulpflicht" (§ 21), und (nach entsprechender Prüfung) auf „Hilfe zur Erziehung" gemäß § 27.
– All diese Leistungsangebote müssen aber, im Blick auf die Tochter praktisch umgesetzt, zunächst einmal als *Eingriffe* wahrgenommen werden; sicherlich von der Tochter selbst, aber auch von den Eltern, die sich vermutlich deshalb ans Jugendamt gewandt haben, weil sie glaubten, ohne Druck von außen sei ihre Tochter nicht mehr zu packen.
Die Praktikantin, nehmen wir an, sie sei im Rahmen der Aufgaben des Allgemeinen Sozialdienstes mit dem Fall betraut worden, wird jedenfalls mit widersprüchlichen Erwartungen konfrontiert sein, von „tut endlich was!" (die Eltern) bis „ich verbitte mir Einmischung in mein Leben!" (das Mädchen) Vielleicht sind sogar die Erwartungen des Mädchens selbst so widersprüchlich. Auf alle Fälle wird die Praktikantin sehr sorgfältig die *Mittel* prüfen müssen, die ihr zur Verfügung stehen „etwas" zu tun. Vor allem *das* ist „ihr Problem" (vgl. Kap. 6.3). Nehmen wir an, sie findet nach einer Diagnose der Situation eine Gelegenheit „einzugreifen": Das Jugendschutzgesetz, die Vollmacht der Eltern, die Beobachtung einer Straftat gebe ihr (u. U. mit Hilfe der Polizei) Gelegenheit dazu. Sie wird sich gut überlegen müssen, was solche oder andere Machtmittel hier bewirken können und welche ungewollten Nebenwirkungen davon zu erwarten sind.

So wird sie andererseits überlegen, welche Möglichkeiten sie hat, mit „Angeboten" an das Mädchen heranzukommen: Ob sie z. B. Orte kennt (Kneipen, Jugendtreffs), wo ein unbefangenes Gespräch möglich ist, ob sie Kollegen oder Lehrerinnen kennt, die „einen Draht" zu dem Mädchen haben etc. Hat sie das „Herankommen" geschafft, wird die Frage sein, *was* ihre Angebote sein können: Z. B. Zuzuhören ohne Vorwürfe, Gründe zu verstehen, die zum Schuleschwänzen führten, verläßliche Diskretion, auf Wunsch die Botin zwischen Eltern und Tochter zu spielen, Verständnisbrücken zu Lehrern zu schlagen, vielleicht ein Versprechen an die Clique des Mädchens, einen Raum suchen zu helfen, in dem man sich treffen kann oder anderes?

Die Beispiele zeigen schon: Angebote, um die es hier geht, sind nicht Angebote wie im Supermarkt. Es wären gar keine wirklichen Angebote, wenn sie nicht schon den Keim, das Potential der Verwandlung in etwas anderes in sich tragen: Der Verwandlung in *gemeinsames Handeln*. Zuhören, Diskretion, Vermittlung etc. können nicht als Angebote wahrgenommen werden, wenn sie nicht zum Reden verlocken, Vertrauen erwecken, anstoßen, einen Versuch zu wagen – also Impulse zum Handeln der Gegenseite sind. Auch handfest nützliche Angebote – z. B. zu Verhandlungen mit der Schule, daß diese auf Strafen wegen des Schwänzens verzichtet, oder zur Vermittlung eines Raumes für die Clique – wären keine Angebote (sondern eher Bestechungsversuche zu nennen), wenn sie nicht auf gemeinsames Handeln zielten und dieses gleichsam einzufädeln suchten.

7.2 Bedingungen für Eingriffe

Den selben Bezug auf „gemeinsames Handeln" hin müssen aber auch Interventionen mit „Eingriffs"charakter haben. Eingriff, also Handeln unter Rückgriff auf Machtmittel, kann nur dann Bestandteil *sozialpädagogischer* Intervention sein, wenn er ebenfalls das Potential in sich trägt, wenigstens teilweise in gemeinsames (freiwilliges) Handeln überzugehen. Fehlt der Keim zu dieser Entwicklung ganz, so kann man getrost davon ausgehen, daß eine Verwechslung sozialpädagogischer mit polizeilicher (oder gar willkürlich gewaltsamer) Intervention vorliegt. Zwei einschränkende Kriterien kann man deshalb auf jeden Fall an sozialpädagogische Eingriffe anlegen:

1. Sie dürfen keine Elemente enthalten, die vorhandene Potentiale selbstverantwortlichen Handelns zerstören. (Nach diesem Kriterium sind z. B. Eingriffe, die vermeidbare Demütigungen enthalten oder solche, die durch Überversorgung bevormunden, mit fachgerechter Fallarbeit unvereinbar.)

2. Sie müssen mit Versuchen verknüpft sein, zumindest längerfristig Eingriffshandeln in gemeinsames Handeln zu transformieren. (Zu beiden Kriterien und ihrer Begründung vgl. Müller 1991: 100ff.)
Wie sich Eingriff, Angebote und gemeinsames Handeln in einer konkreten Fallsituation verketten, möchte ich an einem Beispiel aus der Heimerziehung zeigen. Es ist diesmal ausnahmsweise keine eigentlich studentische Fallgeschichte, sondern die eines erfahrenen Heimleiters, der als Gasthörer an meinem Kasuistikseminar teilnahm. Sie ist etwas länger, weil sie eine ausführliche Anamnese vor den eigentlichen Fall setzt, auf die ich, trotz Kürzungen, nicht verzichten möchte.

14 „Fallgeschichte: Klaus-Peter.
a) Anamnese
Klaus-Peter wird als erstes Kind der Eheleute W. 1976 in H. geboren. Zwei Jahre später kommt sein Bruder zur Welt. Die Eltern betreiben gemeinsam ein kleines Radio-Fernsehgeschäft. Die Mutter steht tagsüber im Laden, während der Vater Kunden besucht. Die Kinder halten sich viel bei der Mutter im Geschäft auf. Der Umsatz ist nicht groß und so kommt es zwischen den Eheleuten oft zu Streitigkeiten über finanzielle Probleme. Ab 1988 spitzt sich das zu. Es kommt zu Pfändungen in der Wohnung. Der Vater nimmt einen Kredit über 60 000 DM auf. Die Mutter bürgt. Schnell ist das geliehene Geld verbraucht und 1989 sind die gleichen Probleme wieder da. Frau W. stellt auch fest, daß ihr Mann nicht nur Kundenbesuche macht, sondern auch Freundinnen hat und ihnen gegenüber finanziell sehr großzügig auftritt. Oft stellt sie fest, daß ihr Mann Geld aus der Ladenkasse nimmt. Gemeinsam mit den Kindern bewacht sie die Kasse. Je stärker Frau W. sich mit den Kindern verbindet, umso geringer wird ihr Kontakt zum Mann. Dieser kommt inzwischen nur noch selten nach Hause. Es herrscht immer große Aufregung, wenn er da ist, weil nun alle drei aufpassen, daß der Vater keine Wertgegenstände mitnimmt. 1990 wird das Geschäft geschlossen. Es bleiben Schulden von über 100 000 DM. Herr W. kann keine neue Arbeit finden, weil er nach Angaben der Mutter sich krank stellt. Die Ehe wird 1991 geschieden, das Sorgerecht wird der Mutter zugesprochen. Frau W. geht nun in einer Fabrik arbeiten und putzt nach Feierabend an mehreren Stellen. Als Bürgin muß Frau W. die Schulden abtragen, da ihr Geschiedener ohne Wohnsitz und daher für die Banken nicht erreichbar ist. Frau W. und ihren Kindern bleibt kaum Geld zum Lebensunterhalt. Innerhalb eines Jahres zogen sie dreimal um, weil sie die Miete nicht bezahlen konnten. Die Kinder versuchen, durch kleine Diebstähle in der Schule und in SB-Läden die Familiensituation zu verbessern. Gegenüber der Mutter erzählen sie fantastische Geschichten, woher sie das Geld oder die Sachen haben. Frau W. freut sich solange über die Dinge, bis sie die Wahrheit erfährt.
Klaus-Peter wird 1992 in eine Wohngruppe (des Heims) aufgenommen. Er besucht das Berufs-Grundbildungsjahr (BGJ) „Ernährung", um später Koch oder Bäcker zu werden. Er ist ein „Superwohngruppenmitglied", er kocht,

backt und fühlt sich für alle hauswirtschaftlichen Dinge mitverantwortlich. Aufgrund seines Einsatzes ist er nicht nur bei den Mitarbeitern beliebt. Auch in anderen Bereichen (Schulanmeldung, Kontoeinrichtung etc.) ist er sehr geschickt und selbständig. Alkohol verpönt er und, außer wenn es einen Spätfilm im Fernsehen gibt, geht er früh ins Bett. Für die Gruppe deckt er fast immer den Frühstückstisch und holt schon um sieben Uhr vom Bäcker die Brötchen. Frau W. hält nicht nur zu Klaus-Peter regelmäßigen Telefonkontakt, sondern auch zu den Mitarbeitern, drückt aus, daß sie sich sehr über seine Entwicklung freut. Nach einem halben Jahr BGJ gibt es eigentlich keine besonderen Probleme in der Schule. In der Gruppe ist sein Einsatz zwar etwas zurückgegangen, aber immer noch sehr hoch.

b) Der Fall

In der WG gab es in der letzten Zeit viele Probleme. Einmal weil die Telefonrechnung nicht mehr tragbar ist. Da kein „Täter" zu finden ist, muß die Gruppenkasse 250 DM zuschießen. Im nächsten Monat beschloß die Gruppe: Jedes Mitglied muß vom Taschengeld 20 DM zahlen. Klaus-Peter war dagegen und weigerte sich, diesen Betrag zu zahlen. Eine geplante Gruppenfahrt fiel ins Wasser, weil wieder das Geld in die Telefonkasse gezahlt werden mußte. Ein Telefonschloß sollte nun Abhilfe bringen.

Von vielen wird geäußert, daß Klaus-Peter der teure Telefonierer ist, aber es fehlt an Beweisen. In einer stillen Stunde hat er einem Gruppenmitglied gezeigt, wie man auch mit Telefonschloß Ferngespräche führen kann. In der Gruppe kommt es laufend zu Diebstählen. Hier fehlen zehn Mark, da drei, Geburtstagsbriefe kommen weg usw. Klaus-Peter gerät in jedem Fall in Verdacht, aber es fehlen immer schlüssige Beweise. Einem Mitarbeiter werden aus dem Portemonnaie 100 DM entwendet. Zwei Minuten danach bemerkt er den Verlust. Es kommt für die Tat nur Klaus-Peter in Frage. Sehr lautstark und ihn körperlich in die Ecke drängend fordert der Mitarbeiter sein Geld. Klaus-Peter leugnet nicht, sondern gibt die Tat sofort zu. Er hatte das Geld in der kurzen Zeit in seinem Uhrenradio versteckt. In der Gruppe herrscht große Aufregung. Alle sind in den letzten Wochen bestohlen worden. Nun fordern alle ihr Geld von Klaus-Peter. Er sitzt in seinem Zimmer und heult. Im kurzen Gespräch mit ihm hat man aber nicht das Gefühl, daß ihm die Tat leid tut, sondern er heult, weil er das Gefühl hat, alle verdächtigen ihn zu Unrecht." (Daten und Name geändert)

Dies ist eine sehr komplexe Fallgeschichte, die in mehrere Richtungen interpretiert werden müßte. So könnten wir anhand der sehr sorgfältigen Anamnese noch einmal herausarbeiten, wie wichtig es sein kann, auch scheinbar nicht zum Fall gehörige Dinge (z. B. die Elterngeschichte) zu erinnern. Und wie wichtig es andererseits ist, diese Dinge nicht sofort als „Erklärungen" diagnostisch zu verwerten (oder gar als selbsternannte TherapeutInnen Behandlungsrezepte für Klaus-Peter daraus abzuleiten); sondern dieses Hintergrundwissen erst einmal „neben" dem Fall stehen und dort wirken zu lassen. Wir

könnten an der Fallgeschichte auch unsere diagnostische Kompetenz erproben, d. h. nachzeichnen, wer in dem Heimkonflikt welche Probleme hatte, welche Probleme gelöst sind, wer zu dieser Lösung beigetragen hat, welche ungelösten Probleme am Schluß der Geschichte anstehen und was jetzt für wen der nächste Schritt sein könnte.
Unter dem Gesichtspunkt der Intervention schildert die Geschichte kurz und dramatisch den Eingriff eines Mitarbeiters, der, als er selbst betroffen ist und dank seiner Wachsamkeit eine Chance sieht, den Dieb zu stellen, zupackt und Erfolg hat. Mit diesem Eingriff oder gar mit dem Folgeeingriff einer Strafanzeige, den Fall abzuschließen, würde uns aber sicher sehr unbefriedigt lassen. Denn wir haben die Vorgeschichte noch im Ohr und denken: Da müßte doch noch etwas anderes möglich sein! Auch liegt der Verdacht nicht fern, daß Klaus-Peter nicht nur passiv von dem Eingriff kalt erwischt wurde, sondern selbst – wenn auch unbewußt – Spuren zu seiner Entdeckung gelegt hat. Ansatzpunkte zu einer Lösung durch gemeinsames Handeln sind also denkbar; aber wie können sie entwickelt werden? Noch sitzt Klaus-Peter im Scherbenhaufen seiner „Superwohngruppenmitglieds-Rolle", heult und blockt. Wie könnten Angebote aussehen und wer könnte sie machen, daß Klaus-Peter wirklich anfängt – das Potential dazu hat er zweifellos – beim Aufklären des Falles mitzuwirken und einen Prozeß der Wiedergutmachung in Gang kommen zu lassen? Und welche Angebote müßte Klaus-Peter bekommen, damit er sein Gefühl, selbst „ungerecht" behandelt worden zu sein, an der richtigen Stelle und im richtigen Kontext zur Geltung bringen kann? Ich kann diese Fragen hier nicht schlüssig beantworten und keine Theorie der Welt könnte es. Die Fallgeschichte ist auch ein gutes Beispiel dafür, daß Kasuistik wohl Interpretationshinweise und praktische Tips geben kann, um genauer zu sehen und bewußter entscheiden zu können. Aber die richtige Entscheidung selbst kann (jedenfalls unter der Perspektive des „Falles *mit*") nur in der Praxis gefunden werden. Möglicherweise liegt der Schlüssel für die „eigentliche" Lösung ja gar nicht bei den Pädagogen, sondern bei den Kameraden der Wohngruppe. Welche Angebote (bzw. Anstöße) sie bekommen können, um ihr Potential zu gemeinsamem Handeln zu nutzen, ist ebenfalls nur aus der Praxis heraus zu entscheiden.
Nur eines läßt sich sicher sagen: Umwandlung von Eingriffen und Angeboten in gemeinsames Handeln braucht Zeit und braucht Gelegenheiten. Die Gelegenheit im Fall von Klaus-Peter scheint da zu sein, aber sie kann verpaßt oder auch durch Übereifer (oder Rachsucht) wieder zerstört werden. Lassen wir also Klaus-Peter Zeit, sich auszuheulen. Vermeiden wir also alles, was ihn unnötig demütigt.

Suchen wir Gelegenheiten, an dem anzuknüpfen, was wir an ihm schätzen gelernt haben und geben wir ihm Gelegenheit, selbst dort wieder anzuknüpfen. Beobachten wir, was die Gruppe macht. Die Lösungen werden sich finden.

Ich fasse zum Schluß dieses Abschnitts die bisherigen Überlegungen in einigen Arbeitsregeln zu eingreifendem Handeln und einem Schema zusammen:

1. Arbeitsregel: Eingreifendes Handeln (Machtgebrauch) kann unermeidlich und notwendig sein, muß sich aber an strengen Kriterien messen lassen.

2. Arbeitsregel: Eingriffe dürfen vorhandenes Potential der Selbstbestimmung nicht zerstören. Erniedrigende Eingriffe sind deshalb ebenso illegitim wie alle Versuche, mit Gewaltmitteln Menschen zu bessern oder glücklicher machen zu wollen.

3. Arbeitsregel: Denkbare legitime Ziele von Eingriffen sind dagegen die Abwehr unmittelbar drohender Gefahren, die Verteidigung von Rechten sowie manchmal die Erhaltung und Herstellung von Schonräumen und Entlastungen.

4. Arbeitsregel: Alle Legitimation von Eingriff steht in der Sozialpädagogik unter dem Vorbehalt, daß sie versuchen muß, den Eingriffsanteil ihrer Intervention nach Möglichkeit zu verkleinern und den Anteil an Angeboten und gemeinsamem Handeln zu verstärken.

5. Arbeitsregel: In Situationen, die unabweisbar Eingriffe erfordern, läßt sich die Reflexion, wie der Eingriff zu begrenzen ist, als Zirkelschema darstellen:

Schema 6

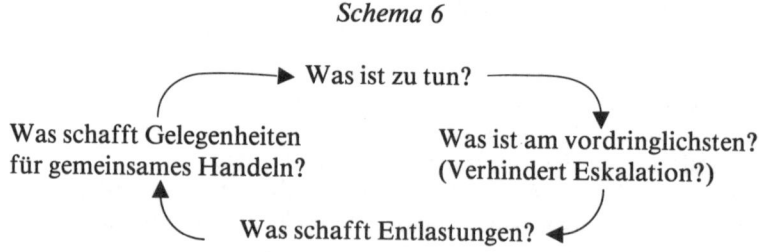

7.3 Sozialpädagogische Angebote

In der Diskussion der Beispielfälle dieses Kapitels – wie auch in den vorigen Kapiteln – wurde schon deutlich, daß Lösungen sozialpädagogischer Probleme blockiert bleiben können, wenn sie gewissermaßen zu direkt angestrebt werden. Im Fall des schuleschwänzenden Mädchens, wie des Diebstahls in der Wohngruppe (Fälle 13 und 14) gäbe es *nur* Eingriffslösungen (z.B. Aufgreifen lassen durch die Polizei, z.B. Strafanzeige) mit allen fragwürdigen Wirkungen und Nebenwirkungen, wenn *sofortige* „Maßnahmen" der Fallösung verlangt wären. Alle besseren Lösungen, alle Versuche, Eingriffe in Angebote bzw. in gemeinsames Handeln zu transformieren, machen eine Unterscheidung zwischen *zuerst* und *dann* notwendig. Zuerst: Was muß geschehen, damit ein Kontakt oder gar ein „Draht" zu dem Mädchen entsteht, damit der Wohngruppenkonflikt nicht weiter eskaliert, Klaus-Peter aufhören kann zu blocken? Und erst dann: Wie können die Fälle gelöst, wie Angebote gemacht werden, die ein Arrangement mit Eltern und Schule ermöglichen, die Wiedergutmachung und „Aufarbeitung" des Diebstahls einfädeln? Diese Unterscheidung von zwei Stufen der Intervention betrifft nicht nur Versuche, vom Eingriff weg und zu Angeboten und gemeinsamem Handeln hinzukommen. Sie ist vielmehr hilfreich, um besser zu verstehen, was sozialpädagogische Angebote – als fallbearbeitende professionelle Tätigkeit verstanden – eigentlich sind.

Ich komme hier auf den schon im vorigen Kapitel eingeführten Begriff des *Rahmenangebotes* zurück, den Meinhold zur Beschreibung eines Familienhilfe-Projektes benutzt und den ich als allgemeines Merkmal sozialpädagogischer Intervention verwende. Meinhold beschreibt dies Rahmenangebot wie folgt:

> „Durch das Rahmenangebot werden Kontakte zwischen sozialpädagogischen Mitarbeitern und Klienten angebahnt und über einen ausreichend langen Zeitraum aufrechterhalten. Damit es überhaupt zu einer Begegnung zwischen Anbietern und potentiellen Nutzern kommt, müssen die Klienten in dem Rahmenangebot von Anfang an brauchbare und wertvolle Hilfen erkennen können. Darüber hinaus soll die Nutzung des Angebots den Mitarbeitern und Klienten genügend Anlässe bieten, um gemeinsame Bedarfssituationen auszuhandeln" (1987: 202).

Beispiele solcher Rahmenangebote sind z.B. Familien- und Nachbarschaftszentren, Frauencafés, Beratungsläden in benachteiligten Stadtteilen, Schülertreffs usw.; auch, und nicht zuletzt, Institutionen wie das Jugendamt. Für sie alle gilt: „Begegnungen zwischen Klienten und Anbietern ereignen sich nicht automatisch und ‚von selbst'"

(Meinhold 1987: 204). Was diese Aussage bedeutet, macht ein Vergleich zur medizinischen oder juristischen Intervention deutlich. Ein Arzt oder eine Anwältin gehen natürlich davon aus, daß ihre Aufgabe der Intervention erst beginnt, *nachdem* der Patient bzw. Klient von sich aus den Weg zum „Rahmenangebot" (zur ärztlichen Praxis, zur Anwaltskanzlei) gefunden hat. Dagegen muß sich sozialpädagogische Intervention zwangsläufig immer wieder fragen: Was muß ich tun, damit sich überhaupt Gelegenheit zu hilfreicher Intervention bietet?

Herstellen von Rahmenangeboten als professionelle Aufgabe betrifft aber nicht nur Einrichtungen, nicht nur Fragen der „Organisationsentwicklung", sondern bezieht sich auch auf das Herstellen situativer Arrangements im einzelnen Fall. So sind z. B. pädagogisch betreute Jugendtreffs, außer Freizeitorten, qua Einrichtung auch Rahmenangebote, d. h. Gelegenheiten für alle möglichen Angebote der Beratung, Anregung, Herausforderung, Vermittlung von Selbstwertgefühlen etc. Ein sozialer Raum, der solche Angebote prinzipiell ermöglicht, ist damit aber noch kein Arrangement für je spezifische Bedarfslagen – kann es auch nicht sein, da gerade die Offenheit für *wechselnde* Nutzungsmöglichkeiten wichtig ist. Eben deshalb aber müssen z. B. Jugendarbeiter Fähigkeiten haben, je konkret nach Bedarfslage spezifischere „Rahmen" herzustellen, in denen Angebote der „Beratung" etc. „abgeholt" werden können, ohne daß sich die Jugendlichen dadurch „klientifiziert" oder „pädagogisiert" fühlen. Diese Notwendigkeit ständiger „Arbeit am Rahmen" unterscheidet sozialpädagogische Arbeit auch von anderen pädagogischen Tätigkeiten, z. B. des Lehrers, der mit der Schulklasse seinen *vorgegebenen* Rahmen hat. Ich verallgemeinere zu einer weiteren Arbeitsregel:

6. Arbeitsregel: Für die Entwicklung jeweils passender Angebote müssen Rahmenangebote und Angebote i. e. S. unterschieden werden.

Zum Verständnis dieser Unterscheidung ist wichtig, daß sie nur als Arbeitsbegriff der Kasuistik, d. h. zur Klärung von Handlungssituationen brauchbar ist. Denn was jeweils als Rahmenangebot und was als Angebot i. e. S. anzusehen ist, kann in jeder Situation einer Fallgeschichte unterschiedlich sein.

So bestand z. B. für Klaus-Peter (Fall 14, Vorgeschichte) zum Zeitpunkt des Eingreifens der Justiz wegen Ladendiebstählen ein sozialpädagogisches Rahmenangebot durch das Jugendamt, das die Familie schon vorher betreut hatte. Es entwickelte daraus ein spezifisches Angebot für Klaus-Peter, das zunächst weiterhilft: Wohngruppe mit Bäckerlehre. Zum Zeitpunkt des Konflikts in der Wohngruppe dagegen ist dieses Angebot (der Heimplatz, die Lehre, die Gruppe, kurz: alles was Klaus-Peter zu verlieren hat) selbst der Rahmen, aus dem heraus jetzt ein neues Angebot, das den aktuellen Konflikt zu bewältigen hilft, entwickelt werden muß.

Eine weitere Unterscheidung ist in diesem Zusammenhang sinnvoll, die auch in den klassischen Konzepten sozialpädagogischer Fallarbeit regelmäßig gemacht wird. Sozialpädagogische Angebote können sich entweder auf die Änderung der Fähigkeiten einer *Person* richten oder auf die Veränderung einer *Situation*. Alice Salomon drückte das in altmodischer Sprache so aus:

> „Alle Fürsorge besteht darin, daß man entweder einem Menschen hilft, sich in der gegebenen Umwelt einzuordnen, zu behaupten, zurechtzufinden – oder daß man seine Umwelt so umgestaltet, verändert, beeinflußt, daß er sich darin bewähren, seine Kräfte entfalten kann" (1925: 60).

Beide Aspekte hängen in der Praxis fast immer eng zusammen. Es geht wieder nur um eine gedankliche Klärung, die die Reichweite und Zielrichtung der jeweiligen Angebote besser abschätzbar macht. In diesem Sinne sollte als weitere Arbeitsregel beachtet werden:

> 7. Arbeitsregel: Zur Klärung sozialpädagogischer Angebote ist es sinnvoll, Angebote (bzw. Angebotsaspekte), die Situationen ändern sollen, von Angeboten, die Verhalten und Wollen ändern sollen, zu unterscheiden.

Betrachtet man sozialpädagogische Angebote nicht, wie eben geschehen, hinsichtlich ihrer Ziele, sondern hinsichtlich der Art der Angebote selbst, so bietet sich eine weitere Unterscheidung an, die ebenfalls gängig ist: Solche Angebote (und Rahmenangebote) können *materieller* und *immaterieller* Art sein; es handelt sich in der Sozialarbeit, wie Dießenbacher (1988) verkürzend sagte, um „Geld und gute Worte". Materielle Angebote sind natürlich Gelder, die z.B. im Rahmen öffentlicher Jugendhilfe oder der Altenarbeit freier Träger zur Verfügung stehen, sowie alle materiellen Ressourcen, die damit bezahlt oder dadurch mobilisiert werden können: Monetäre Leistungen ebenso wie Räume, Medien, Arbeitsgeräte, Nahrung etc. Aber auch die bezahlte Präsenz von Personen, die sich als Betreuer, Ansprechpartnerinnen etc. zur Verfügung stellen, hat materiellen Charakter. ErzieherInnen z. B., die nur verbal und nicht auch handfest „Zum Anfassen" für Kinder da sind, können diesen auch keine Angebote machen. Andererseits erbringen die sich anbietenden SozialpädagogInnen natürlich – mit all dem, was sie tun, wenn sie „am Fall" arbeiten – immaterielle Dienstleistungen: Arbeit als solche ist eben etwas Immaterielles, egal ob sie Materielles (z. B. Essen) oder Immaterielles (z. B. Beratung) herstellt. Daraus ergibt sich eine weitere Arbeitsregel:

> 8. Arbeitsregel: Zur Klärung sozialpädagogischer Angebote ist es sinnvoll, (materielle) Ressourcen und (immaterielle) Dienstleistungen zu unterscheiden.

Verknüpft man diese Unterscheidung mit der vorhergehenden, so können sich sowohl die jeweils verfügbaren sächlichen und personalen Ressourcen, als auch die zu erbringenden Dienstleistungen als Angebote betrachtet, entweder auf das Handeln von Adressaten oder auf die Beeinflussung von deren Umwelt beziehen. Aus dieser doppelten Unterscheidung kann man ein Schema von vier Feldern konstruieren, das unterschiedliche Typen von Angeboten unterscheidet.

> 9. Arbeitsregel: Sozialpädagogische Angebote können nach Typen unterschieden werden.

Schema 7

	materiell Ressourcen:	immateriell Dienstleistungen:
situationsbezogen	Gelder, Räume, Medien, Arbeitsmittel, Zufluchtsorte etc.	Kontakte, Netzwerke, Informationen, Fürsprachen, Einflußnahmen etc.
personenbezogen	dasein, ansprechbar sein, Zeit haben, versorgen etc.	beraten, Fähigkeiten unterstützen, Lösungen einfädeln etc.

Ich möchte dieses Schema zusammen mit der Unterscheidung von Rahmenangebot und Angebot i.e.S. an einem weiteren Fallbeispiel illustrieren.

15 „Torsten, 16 Jahre, leichte Debilität, lebt im Heim, seine Mutter lebt getrennt von ihrem Mann, der sie kurz nach Torstens Geburt verließ. Während Torsten offenkundig an einem umfassenden Kontakt zu seiner Mutter interessiert ist, ist diese augenscheinlich darum bemüht, den Kontakt möglichst gering zu halten und beschränkt ihn daher auf die obligatorischen Weihnachts- und Geburtstagskärtchen. Torsten ist an allem interessiert, was nur irgendwie mit ‚Familie' zu tun hat und war ganz begeistert, wenn er einen meiner Brüder, meine Schwester oder meine Mutter kennenlernen konnte. Zum Abschluß meines Praktikums lud ich die Gruppe zu mir nach Hause zum Kaffeetrinken ein. Die Jungen waren ziemlich aufgeregt, benahmen sich aber geradezu vorbildlich; auch Torsten, dem es leicht passieren konnte, daß er sich – aus Versehen – ‚etwas zu doll' freute, fiel in keiner Weise unangenehm (oder den Befürchtungen der Erzieherin entsprechend) auf. In der Folgezeit rief Torsten mehrmals die Woche bei uns an, teilte uns mit, daß seine Mutter einen seiner Briefe beantwortet und ihn für ein Wochenende in den Ferien nach Hause eingeladen habe. Später erzählte er uns dann, daß aus dem Besuch nichts geworden sei, daß er dafür aber Weihnachten nach Hause fahren dürfe. Zwei Wochen vor Weihnachten rief Torsten wieder an und erzählte, seine Mutter habe wieder abgesagt, weil der Mann, mit dem sie zusammenlebte, sie gerade rausgeschmissen habe. Torsten machte einen ziemlich niedergeschlagenen Eindruck und nach einer Rücksprache mit Torstens Gruppenleiterin luden wir Torsten für den ersten Weihnachtstag zu uns ein. Eine Weile lang hörten wir dann erstmal nichts mehr von Torsten, bis zwei Tage vor Weihnachten seine Gruppenleiterin bei uns anrief und uns erzählte, daß sich Torsten den andern Jungen gegenüber brutal und gemein verhalte und ständig damit rumprotze, daß er Weihnachten ja sowieso wegfahre. Die Situation in der Gruppe muß schon ziemlich schwierig gewesen sein, denn schließlich bat uns die Gruppenleiterin, Torsten abzusagen, weil er so eine ‚Belohnung' für sein Verhalten nun wirklich nicht verdient hätte. Nach einigem Hin und Her haben wir trotz ziemlichem Widerstreben unsererseits die Einladung zurückgezogen, um nicht noch unnötig stark in das Gruppenleben einzugreifen und die Situation dadurch noch zu verschärfen. Zufrieden war und bin ich mit dieser ‚Lösung' überhaupt nicht, aber ich weiß auch nicht, wie wir es hätten besser machen können." (Name geändert)

Torsten ist durch seine leichte Behinderung und vor allem durch seine ungünstigen Familienverhältnisse auf das sozialpädagogische Rahmenangebot des Heimes angewiesen. Dieser Rahmen ermöglicht ihm – er hat keine Wahl – das Überleben. Er kann aber darin nicht sein Bedürfnis befriedigen, eine Familie (wie andere auch) zu haben, auf die er stolz sein kann. Seinem intensiven Bemühen, hierfür Resonanz zu finden, kommt das Auftauchen der Pratikantin entgegen. Sie bietet ihm mit ihrer persönlichen Zuwendung, ihrem Verständnis und ihren Hintergrundressourcen – der eigenen Familie – ein stark verbessertes Rahmenangebot an; mit dem Schönheitsfehler allerdings, daß es wegen der Kürze des Praktikums kaum „über einen ausreichend langen Zeitraum" (s.o.) aufrechtzuerhalten ist. Torsten nutzt diesen verbesserten Rahmen, solange er besteht, nach Kräften aus und genießt die einzelnen Angebote, die jetzt möglich sind (Gespräche über „Familie" führen, in einer „richtigen" Familie Kaffee trinken) mit Verstand. Er verzichtet sogar, um nichts zu gefährden, darauf, sich „zu doll" zu freuen und er schafft es, sich das verbesserte Angebot auch nach dem Ende des Praktikums ein Stück weit zu erhalten, indem er mit der Praktikantin „Nach-Hause-Telefonieren" spielt. Dabei holt ihn allerdings die Realität der alten Rahmenbedingungen wieder ein. Sein neu angefachter Eifer, mit seiner Mutter doch noch alles wiedergutzumachen, läßt ihn Hoffnung und Realität vermischen. Umso härter ist der Aufprall, als sich der Besuch zuhause als Illusion erweist. Auch den letzten Nachklang jener verbesserten Rahmenbedingungen – den tröstenden Ersatzbesuch bei der Praktikantin – verliert er, weil er seine Reaktionen enttäuschter Wut zwar zu verschleiern sucht, aber letztlich nicht dagegen ankommt. Er handelt sich einen Eingriff seiner Gruppenleiterin ein, gegen den auch die Fürsprache der Praktikantin nichts ausrichtet.

Die Schlußfrage am traurigen Ende dieser Fallgeschichte, „wie hätten wir es besser machen können?" ist nicht leicht zu beantworten. Wir können zwar sagen: Ein so miserables Rahmenangebot müßte nicht sein; eine derartig stumpfsinnig reagierende Gruppenleiterin müßte zumindest in Fortbildung geschickt werden, ehe man sie wieder auf Kinder losläßt; einem Heim, das mit solchen Konflikten nur repressiv fertig wird, müßte die Heimaufsicht Beine machen. Aber all das würde Torsten nicht helfen und es übersteigt – mindestens – die Möglichkeiten einer Praktikantin.

Zu lernen ist daraus allerdings zweierlei: Wie reich an Ressourcen selbst eine Kurzzeit-Praktikantin sein kann, und wie sorgfältig andererseits sie bedenken muß, wie weit diese Ressourcen reichen, wenn sie mehr als nur Enttäuschungen bringen sollen.

7.4 Aushandeln von Angeboten zu gemeinsamem Handeln

Eingriffe und die Herstellung von Rahmenangeboten sind einseitige Angelegenheiten. Handelnd sind dabei die SozialpädagogInnen, während ihre Adressaten als Objekte oder auch potentielle NutznießerInnen eine passive Rolle haben. Jedes Angebot i.e.S. (als Teil praktischer Fallarbeit) aber setzt, wie schon mehrfach angedeutet, einen koproduktiven Prozeß zwischen fallbearbeitenden Sozialpädagogen und Adressaten voraus. Anders gesagt: Herstellung *spezifisch* wirksamer Angebote setzt im sozialpädagogischen Feld immer schon „gemeinsames Handeln" bzw. Bearbeitung als „Fall *mit*" voraus. Eben deshalb ist es in sozialpädagogischer (ähnlich wie in psychotherapeutischer) Praxis schwieriger, zu benennen, worin ein spezifisch hilfreiches Angebot eigentlich genau besteht.

Um diese Schwierigkeit kommt Sozialpädagogik nicht herum. Dazu verpflichtet, jedenfalls in der Jugendhilfe, allein schon die gesetzliche Definition diagnostischer Fachlichkeit (vgl. Kap. 4). Dazu verpflichtet auch der fachlich unstrittige Grundsatz, daß Hilfebedürftigkeit nicht aufoktroyiert, aber auch nicht wegdefiniert werden dürfe (Brumlick/Keckeisen 1976: 258, vgl. Brumlik 1987). Einseitiges Intervenieren muß sich deshalb entweder auf die eng begrenzten Bedingungen legitimen Eingriffs (vgl. Kap. 7.2) oder auf die Herstellung von Rahmenbedingungen für Angebote beschränken. Jede andere Art bzw. Ziel der Intervention macht einen Verhandlungsprozeß mit den Betroffenen notwendig, in dem das jeweilige Angebot gemeinsam definiert und in gewisser Weise auch zuallererst hergestellt wird, sofern es nur gemeinsam in eine praktisch annehmbare und wirksame Form gebracht werden kann. In dieser Hinsicht ist eine *Diagnose* unter der Perspektive von „Fall *mit*" zur Konkretisierung des Klientenmandates (vgl. Kap. 6.3) und die gemeinsame Definition eines konkreten Angebotes im Prozeß der *Intervention* ein und derselbe Vorgang.

Anhand der Fälle 13 und 14 wurde schon diskutiert, wie ein solcher gemeinsamer Aushandlungsprozeß in Gang kommen könnte. Dabei konnte wegen der Komplexität der Fallgeschichten über praktische Lösungsschritte nur spekuliert werden. Der folgende Fall ist erheblich einfacher. (Ich hatte Studierende aufgefordert, nur einen einzelnen „Spot" aus ihrem Praktikum aufzuschreiben.) Der Fall zeigt (ähnlich wie Fall 5), wie sich ein Angebot zu gemeinsamem Handeln im Kontext eines vorgegebenen Rahmenangebotes aushandelnderweise konkretisiert.

16 „Mein ‚Spot' hat sich während der Betreuung eines elfjährigen Jungen ereignet. Während einzelner Stunden sollte in erster Linie eine aktive Freizeitgestaltung gemacht, aber auch Hausaufgabenhilfe gegeben werden. Der Junge lebte bei den Großeltern. Ich kam nachmittags zu ihm nach Hause, worauf die Oma mir unmißverständlich zu verstehen gab, zunächst noch die anstehenden Hausaufgaben mit dem Jungen zu erledigen. Ich antwortete eher ausweichend.

Der Junge hatte eine neue „Master-of-the-Univers"-Figur geschenkt bekommen, welche sein Lieblingsspielzeug war. Er begann nun, mir seine neue

Figur zu zeigen und damit zu spielen. Die Oma wiederum machte nochmals ihre Forderung deutlich, daß zunächst die Hausaufgaben gemacht werden sollten, worauf sich der Junge energisch weigerte, damit anzufangen. Nach einer weiteren Spielphase schlug ich ihm vor, zunächst noch etwas weiterzuspielen, danach die Hausaufgaben zu erledigen und anschließend in die Familienberatungsstelle zu gehen, um dort Fußball oder Tischtennis zu spielen. Der Junge ging darauf ein. Wir spielten erst einmal weiter, erledigten dann die Hausaufgaben und tobten uns anschließend beim Fußballspielen im Garten der Beratungsstelle aus."

Der Rahmen dieser Intervention ist klar. Es handelt sich um einen Fall von sozialpädagogischer Familienhilfe im Rahmen der Angebotspalette einer Beratungsstelle. Wir können unterstellen, daß eine diagnostische Abklärung stattgefunden hat – ausgehend vermutlich von Schulschwierigkeiten –, daß diese Hilfe als „geeignet" und „notwendig" befunden wurde und daß entsprechende Absprachen mit den Sorge- bzw. Erziehungsberechtigten (jedenfalls der Oma) unter Einbeziehung des Jungen stattgefunden haben. Damit geht die Fallgeschichte aber erst los, denn es zeigt sich – ganz normal eigentlich –, daß keineswegs klar ausgehandelt ist, was nun konkret zu tun ist.
Die Oma geht davon aus, daß die Pädagogin hier sei, um den kleinen Teufelsbraten – mit oder ohne Gewalt – zu etwas zu bringen, was sie selbst nicht mehr schafft: Nämlich seine Hausaufgaben zu machen! Der Junge selbst verwickelt die Praktikantin, nicht ohne Verführungskunst, in seine Phantasiespiele, um sie von eben diesem Vorhaben abzubringen. Die Praktikantin – was bleibt ihr anderes übrig? – laviert geschickt nach beiden Seiten: Sie hält die Oma hin, läßt sich auf die Spiele des Jungen ein, läßt sich aber von ihm nicht einfach „über den Tisch ziehen", sondern bringt verhandelnd einen Kompromiß mit ihm zustande, der, nachdem er praktisch geklappt hat, mit gemeinsamem „Austoben" gefeiert wird. Man ist sich näher gekommen. Beim nächsten Treffen geht es vielleicht noch besser.
Der Fall ist gelöst, jedenfalls die Einstiegssituation (vgl. Fall 5, Kap. 2.4) gut bewältigt. Trotzdem ist nicht einfach, auch nur ungefähr zu rekonstruieren, was da passiert ist. Natürlich kann man sagen: Die Praktikantin hat einfühlsam, mit Geschick (und ein bißchen Manipulation) den Jungen „rumgekriegt" und die Oma beruhigt. Aber das hieße wieder nur, daß man's eben können muß und es keine Regeln gibt, „wie man's macht". Das stimmt, aber nur zum Teil. Einiges läßt sich doch benennen, was die Praktikantin vielleicht nicht reflektiert, aber intuitiv beachtet hat.
Ihr Problem, das sie in der Situation zu bewältigen hatte, war ja, daß sie – wie häufig in sozialpädagogischen Fällen (vgl. Kap. 6.3) – mit

unterschiedlichen und teilweise sich direkt widersprechenden Arbeitsaufträgen bzw. Mandaten antreten mußte: Die Beratungsstelle hatte sie mit dem recht unbestimmten Auftrag, „aktive Freizeitgestaltung" zu machen, losgeschickt; die Oma wollte „unmißverständlich" sehen, daß der Knabe zum Arbeiten gebracht wurde; und dieser wollte alles, nur das nicht, aber gerne eine Partnerin für seine Spiele. Als erste Regel für das erfolgreiche Aushandeln von Angeboten kann hier gelten:

9. Arbeitsregel: Raum für gemeinsames Handeln kann entstehen, wenn die jeweiligen „Vorschläge", was getan werden sollte, unverzerrt wahrgenommen und ohne Diskriminierung akzeptiert werden.

Vorschläge habe ich in Anführungszeichen gesetzt, um deutlich zu machen, daß nicht nur ausdrückliche, sondern auch implizite, nicht verbale „Vorschläge" – wie die des kleinen Jungen – gemeint sind. Akzeptieren heißt nicht, alle diese Vorschläge richtig zu finden und ihnen nachzukommen – was angesichts ihrer Widersprüchlichkeit unmöglich wäre, sondern heißt, die Vorschläge ernst zu nehmen und diejenigen zu respektieren, die sie machen. Dazu gehört auch – wie am Beispiel der Praktikantin zu zeigen – genau zu beobachten und auch Zwischentöne wahrzunehmen: Die „unmißverständliche" Haltung der Oma z. B. ist nicht die einer kompromißlosen Autorität. Es sind auch hilfesuchende Signale darin; es gibt Gründe für sie, erst mal abzuwarten, was passiert, sie ist ja selbst mit dem Bengel nicht fertig geworden. Auch der Widerstand des Jungen ist nur der Oma gegenüber „energisch". Der Praktikantin signalisiert er mit seinem „Master-of-the-Univers"-Spiel, wie gerne er der anerkannte Supermann wäre: nur möchte er es spielend, wie durch Zauber werden, der Weg dorthin soll nicht mühselig und kränkend sein. Indem die Praktikantin ein Ohr für beides hat, findet sie einen Weg für den Jungen, auf dem sich Spiel und Größenphantasie, sich ernstgenommen fühlen von einer Erwachsenen, Bereitschaft, sich angesichts von Hausaufgaben als klein und unwissend zu erkennen zu geben, Stolz auf ein erstes reales Erfolgserlebnis und „Austoben" zu einer lebendigen Einheit verschmelzen lassen.

Bei allen drei Beteiligten kann man in diesem Prozeß drei ineinander verschlungene Elemente unterscheiden:
– Alle machen wechselseitig *Beobachtungen* über Verhaltensweisen und Zustände: Die Oma und der Junge kennen sich lange; sie wissen – glauben zu wissen – was der/die andere jetzt gleich tun wird und

sie beoachten die Neue in der Konstellation, die Praktikantin, die ihrerseits beobachtet und erst mal etwas Überblick zu kriegen versucht.
— In die Beobachtungen fließen bei allen Beteiligten *Werturteile* ein, die begründen, warum das Beobachtete ein bestimmtes Handeln erfordere: („Wenn der schon so anfängt, dann muß man sofort ..."; „wenn die schon so anfängt, dann mag ich schon gar nicht ..." etc.)
— Diese Werturteile, die, ebenso wie die Wahrnehmungen, auch teilweise unbewußt sein können, prägen ihrerseits die Annahmen über die Realität, nämlich darüber, was Verhaltensweisen und Zustände für die Betroffenen *bedeuten:* („Wenn er so weitermacht, dann bedeutet das ..."; „wenn ich jetzt nachgeben muß, dann heißt das für mich ..."; etc.)
Ich folge mit diesen Unterscheidungen einem Modell von M. Brown (1990: 31 f.), der daraus ein praktisches Modell für das Verhandeln in Organisationen entwickelt hat. Es läßt sich auch in der Fallarbeit anwenden. Es wird in der folgenden und letzten Arbeitsregel dieses Kapitels vorgestellt:

10. Arbeitsregel: Für die Klärung der Bedingungen für passende Angebote zu gemeinsamem Handeln ist es sinnvoll, die Unklarheit oder Uneinigkeit einzugrenzen und dafür Ebenen zu unterscheiden.

Schema 8:

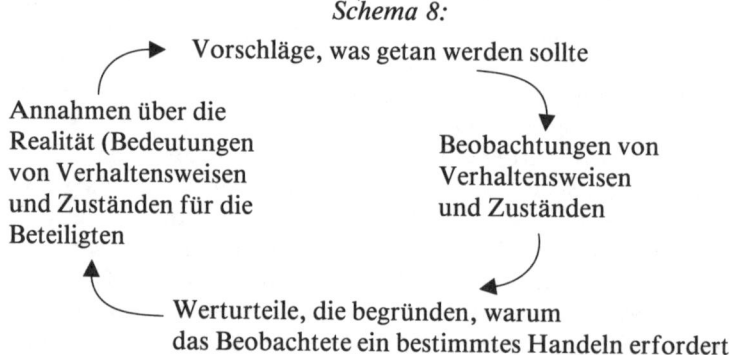

Die praktische Bedeutung dieser Unterscheidungen ist folgende. Wenn es Schwierigkeiten gibt, Vorschläge und Angebote „durchzubringen" und einen gemeinsamen Nenner zum Handeln zu finden, kann es hilfreich sein, zu untersuchen: Sind die Vorstellungen einfach unvereinbar, oder liegen die Schwierigkeiten bzw. die Nicht-Überein-

stimmung auf einer der drei genannten Ebenen? Die Schwierigkeiten durch Interessengegensätze oder schlicht Mißverständnisse können dadurch zwar nicht immer abgeschafft, aber eingegrenzt und verkleinert werden.
Eine solche Analyse läßt sich allerdings nur selten gemeinsam mit den Ko-Akteuren einer sozialpädagogischen Intervention durchführen. Jedenfalls in unsrem Beispiel ist dies nur schwer vorstellbar. Sie ist eher zur Selbstreflexion und Selbstkontrolle nützlich und leitet damit schon ins nächste Kapitel über.

Arbeitsaufgaben für Kapitel 7:
1. Wählen Sie ein Beispiel, bei dem Sie selbst eingreifendes Handeln als grundsätzlich gerechtfertigt, aber problematisch ansehen. Formulieren Sie die Grenzen, die Sie dem Eingreifen setzen würden.
2. Nutzen Sie das Schema 7, um ein Ihnen bekanntes sozialpädagogisches Arbeitsfeld auf die darin vorkommenden Arten von Angeboten hin zu untersuchen.
3. Wählen Sie einen einzelnen Konflikt, den Sie selbst erlebt haben und untersuchen Sie mit Hilfe von Schema 8, welche Ebenen dabei eine Rolle spielen (gespielt haben).

---

8. Kapitel: Was hat's gebracht?
(Sozialpädagogische Evaluation)

Streng genommen gibt es in diesem Kapitel nichts Neues mehr zu sagen. Das ganze Buch soll ja Anregungen und Hilfsmittel liefern, um sozialpädagogische Praxis – insbesondere die von studierenden AnfängerInnen – überprüfbar, der Selbstkontrolle zugänglich, also evaluierbar zu machen.

Dies gilt schon für die Fallgeschichten der Studierenden selbst. Schon das bloße Erzählen, das Einfangen einer Situation in einer Fallgeschichte, das Aufschreiben und andern zu Verfügung stellen, *ist* Evaluation, jedenfalls erster Schritt dazu. Was man sagen und aufschreiben kann, darüber kann man reden; worüber man reden kann, das kann man überprüfen; was man überprüfen kann, das kann man ändern. Das klingt banal, ist es aber keineswegs. Was sozialpädagogischen Alltag zuweilen zum schwer erträglichen Chaos macht, ist im wahrsten Sinne des Wortes unsäglich: Es gibt keine Sprache dafür.

Das Erzählen allein genügt natürlich nicht. Deshalb wurden in diesem Buch die Fallgeschichten ja auch interpretiert, es wurden Betrachtungsperspektiven, Phasen von Handlungssituationen und Arbeitsregeln entwickelt, also Elemente zu einer Art Kunstlehre oder Handwerkslehre sozialpädagogischer Arbeit vorgeschlagen. Und schon in Kap. 3 wurde festgestellt, daß fachliche Kunstregeln (z. B. die eines ärztlichen Behandlungsverfahrens oder die prozessuale Ordnung eines Gerichtsverfahrens) immer auch den Charakter von Evaluationsverfahren haben. Wer sie beherrscht, d. h. in geeigneten Fällen richtig anwenden kann, kann damit zwar nicht jeden einschlägigen Fall lösen, aber wenigstens überprüfen, ob grobe Fehler vermieden wurden.

Von Evaluation im engeren Sinn ist aber erst dort zu reden, wo solche selbstkontrollierte Praxis spezielle *Instrumente* der Selbstkontrolle benutzt und dies bewußt tut. Zweitens spricht man von Evaluation dort, wo ausdrücklich *Kriterien* genannt und benutzt werden, um ein Stück praktischer Arbeit zu überprüfen. Schließlich setzt Evaluation immer ein Stück *Distanz* vom unmittelbaren Handeln in der Praxis voraus, aber die Distanz kann kleiner oder größer sein. Sofern es hier vor allem um (individuelle oder gemeinsame) Selbstevaluation geht, reden wir von (relativ) praxisunmittelbarer Auswertung. Sie gehört noch zur Fallarbeit selbst und ist Teil der Handlungsverantwortung. Evaluation kann aber immer auch Kontrolle von einem Außenstandpunkt her sein. Alle drei Gesichtspunkte werden in den folgenden Abschnitten erläutert.

8.1 EVALUATIONSINSTRUMENTE

8.1.1 Berichte

Beginnen wir mit dem für Studierende nächstliegenden Evaluationsinstrument, dem Praktikumsbericht oder auch dem Bericht über einen einzelnen Fall bzw. eine einzelne Situation (wie die Fallgeschichten dieses Buches). Solche/s schriftliche/s Aufzeichnungen dieser Art sind eine der wichtigsten Grundlagen für Selbstevaluation überhaupt. Studierende, die in solchen Berichten nur formale Anforderungen oder Kontrollinstrumente der Ausbildung sehen, sollten bedenken, daß es dabei vor allem um das Aneignen von elementarem Handwerkszeug für fachliches Handeln geht. Dieselben schon genannten Aufgaben des „Sagbar-machens" haben im späteren Berufsalltag Arbeitstagebücher, Entwicklungsberichte, Fallberichte für die Praxisberatung und ähnliche Arten von Texten. Anders als das Wort Evaluation vielleicht suggeriert, geht es dabei nicht primär um das Beurteilen eines Falles; vorschnelle Kritik oder Selbstkritik kann für Evaluation eher hinderlich sein. Vielmehr geht es um ein möglichst genaues Beschreiben; allerdings kein neutrales, distanziertes Beschreiben, sondern ein Beschreiben der empfindlichen „Knackpunkte", die erst präsentiert (vergegenwärtigt), „auf den Tisch gelegt" werden müssen, ehe sie „aufgeknackt", also evaluiert werden können. Sehr viele Evaluationsversuche scheitern schon daran, daß dies „auf den Tisch legen" – aus sehr unterschiedlichen Gründen – mißlingt.

Ich formuliere dies als eine erste Arbeitsregel für die kasuistische Evaluation:

> 1. Arbeitsregel: Evaluation heißt genaues und ehrliches Zugänglichmachen von empfindlichen Punkten.

Im folgenden ein Beispiel dafür:

17 „Während der Zeit einer halbjährigen Tätigkeit in einem Kinderkurheim geriet ich an die Grenzen meiner Ausdauer im pädagogisch-psychologischen Einfühlungsvermögen und fand mich nur noch in dem Wunsch wieder, einfach als normal reizbarer Mensch reagieren zu dürfen.

Zur Belastungsprobe wurden mir zwei Jungen, Brüder, Tobias (7) und Fabian (4). Tobias und Fabian waren an ein recht unkontrolliertes Leben gewohnt. (...) Die Mutter ging mittags zur Arbeit und kam erst abends um 21 Uhr heim. Die Oma wurde mit den Jungen nicht fertig, und so waren sie an sehr viel Freiheit gewöhnt. Sie waren auch daran gewöhnt, abends bis spät fernzusehen, und Tobias fertigte seine Hausaufgaben erst spät an, wenn seine Mutter wieder zuhause war und ihm half.
Diese Fakten werden nicht überraschen lassen, daß wir Schwierigkeiten hatten, diese Jungen in einen geregelten Gruppenalltag zu integrieren. Nun muß ich zugeben, es gelang uns überhaupt nicht. Fabian und Tobias störten das Gruppengefüge unablässig. Bei den Mahlzeiten fanden sie es ungeheuer lustig, anderen Kindern ins Essen zu spucken oder gleich die Teller zu Boden zu fegen; während verschiedener Gruppenveranstaltungen liefen sie davon und die Aufsichtspflicht mahnte uns ständig, ein Spiel abzubrechen, um die Ausreißer wieder einzufangen. Während der Mittagszeit liefen sie auf die Toilette und verschmierten mit Kot die Türen und Wände. In der Art passierten tausenderlei Dinge mehr, und uns Erzieherinnen fehlte immer mehr die Kraft, mit ihnen fertig zu werden. Es halfen keine Gespräche, keine Einzelbetreuung, keine Drohungen! Von der Heimleitung bekamen wir immer mehr Vorhaltungen, wie wir die Kinder zu behandeln hätten und dies oftmals in widersprechender Art und Weise. Ich selbst habe die Kinder schließlich in einem Gewaltmarsch am Strand von Langeoog „entlanggeschliffen", habe versucht, sie müde zu kriegen; wir brüllten und drohten Strafen an − es blieben uns keine Möglichkeiten mehr, und in solchen Fällen lege ich auch keinen Wert mehr auf all die weisen Thesen der Pädagogik, hier kann ich nur noch als Mensch reagieren, der auch nur bis zu einem gewissen Punkt belastbar ist, und ich werde mich auch nicht einmal für unpädagogisches Handeln entschuldigen! Leid tut mir nur, daß die gesamte Gruppe unter diesem Zustand leiden mußte."

Wir könnten diese Fallgeschichte unter den bisherigen Gesichtspunkten der Anamnese, Diagnose und Intervention betrachten und würden dabei versuchen, den Hintergrund der Kinder besser zu verstehen, die Probleme der Beteiligten zu analysieren und Eingriffsnotwendigkeiten von Angebotsmöglichkeiten zu unterscheiden. Wir könnten auch zu klären versuchen, was „die weisen Thesen der Pädagogik" zu dem Fall tatsächlich sagen und ob es hierfür ein angemessenes pädagogisches Konzept geben kann.
Unter dem Gesichtspunkt der Evaluation aber ist zunächst einmal der Bericht selbst wichtig: Welchen Einstieg bietet er an, aus der beschriebenen Erfahrung nachträglich zu lernen? Fast noch wichtiger als nur sein Inhalt ist dabei sein Ton. Entscheidend bei dem Beispiel sind insofern nicht die Untaten der beiden kleinen Teufel, sondern die Gefühle, die sie bei ihren Betreuern auslösen. Gerade weil dieser Bericht auch diese Gefühle auf den Tisch legt, weil man den Zorn

spüren kann, den die Verfasserin noch beim Schreiben empfand, ist er ein sehr brauchbarer Einstieg in Fragen der Evaluation.
Dies hängt damit zusammen, daß Evaluation von Praxis durch die Handelnden und Betroffenen selbst niemals neutral sein kann. Dies bedeutet keineswegs, daß sie wertlos ist. Im Gegenteil. Ihr Wert und ihre praktische Wirksamkeit hängt gerade davon ab, daß die Beteiligten ihren Standpunkt und das, was für sie dabei auf dem Spiel steht, was ihre Empfindungen mobilisiert, auch wirklich sagen und fühlbar machen. Wo Selbstevaluation ganz gefühlsneutral erscheint, kann man meist sicher sein, daß die Beteiligten sich oder andern etwas vormachen. (Wenn es freilich *nur* um Gefühle und gar nicht mehr um Sachfragen geht, handelt es sich ebenfalls nicht um Evaluation, sondern um Selbstmitleid oder um Klatsch.)
Die Bedeutung der „Gefühle" für die Evaluation liegt wiederum darin, daß eine Selbstevaluation, die relevant ist, also „Knackpunkte" betrifft, nur möglich ist, wenn jemand bereit ist, auch verwundbare Stellen sichtbar zu machen. Solche Bereitschaft hat eine Reihe von Voraussetzungen, die ebenfalls als Arbeitsregel formulierbar sind:

2. Arbeitsregel: Selbstevaluation hat Voraussetzungen:
— Man muß sie sich leisten können; in einem Klima, in dem Angst und wechselseitige Bedrohung herrschen, ist Selbstevaluation unmöglich.
— Sie muß freiwillig sein und kann nicht erzwungen werden.
— Sie muß davor geschützt sein, mißbraucht zu werden.
— Sie erfordert etwas Zivilcourage.

8.1.2 Gespräche im Team/in der Gruppe

Solche Voraussetzungen können umgangen werden, indem man Evaluation nur im stillen Kämmerlein betreibt. Und zweifellos sind der eigene Hinterkopf, das vertrauliche Tagebuch, das „zu Rate gehen mit sich selbst" wichtige Instrumente der Selbstevaluation. Man kann Selbstevaluation auch trainieren, etwa mit Hilfe des dafür recht brauchbaren Arbeitsbuches von Preiser (1989). Aber ihr eigentlicher Ort ist doch das Gespräch und die wechselseitige Hilfe zur Evaluation unter Kolleginnen und Kollegen. Orte der Evaluation können ein Arbeitsteam sein oder eine Supervisionsgruppe, das gelegentliche Gespräch oder die institutionalisierte Fallkonferenz, die wöchentliche Dienstbesprechung oder die selten stattfindende Klausurtagung; für

Studierende bzw. Prakikanten sind solche Orte natürlich darüber hinaus Gespräche mit Mentor bzw. Tutorin, Auswertungen in Theorie-Praxis-Seminaren etc. Für all diese Orte kollegialen Gesprächs sind die in Arbeitsregel 2 genannten Voraussetzungen relevant.
Evaluation in der Gruppe bzw. im Team ist in der Sozialpädagogik keine beliebige Angelegenheit, die man tun oder auch lassen kann. Weil sozialpädagogische Fallarbeit multiperspektivisch sein muß, braucht sie prinzipiell die Erweiterung durch andere Sichtweisen, die vor allem auch dadurch ins Spiel kommen, daß Teammitglieder mit unterschiedlichen Fähigkeiten sich gegenseitig evaluieren. Dies ist z. B. der sachliche Grund für die schon öfter zitierte Bestimmung des KJHG (§ 36, 2; vgl. Kap. 4.5), daß Entscheidungen über längerfristige Hilfen zur Erziehung „im Zusammenwirken mehrerer Fachkräfte getroffen" und von diesen „regelmäßig geprüft" werden sollen.
Ich thematisiere die genannten Orte bzw. Gesprächsformen hier als „Instrumente" der Evaluation, obwohl mir natürlich klar ist, daß sie weit mehr sind als das. Ich möchte damit nur deutlich machen, daß sich nicht alle Gespräche unter KollegInnen als Orte für Evaluation eignen, sondern geeignete Rahmenbedingungen immer auch bewußt hergestellt werden müssen. Sie müssen einen Rahmen bieten, der die genannten Voraussetzungen begünstigt. Dazu gehört z. B. verläßliche Vertraulichkeit und eine gewisse Kontinuität, die gegenseitiges Vertrauen möglich macht. Dazu kann aber auch eine Distanz vom Alltagsgeschäft gehören, die sicherstellt, daß Auswertungen „ungeschützt", d. h. ohne Angst vor Folgen, angegangen werden können – eben weil sie im geschützten Raum stattfinden. Diesem Zweck dienen z. B. die Arrangements und Regeln von Supervisionsgruppen, die ja allesamt Formen der Selbstevaluation sind, auch wenn ihre Darstellung hier zu weit führen würde. Diesem Zweck dient auch die Verlagerung der Evaluation an externe Orte oder die Einbeziehung von externen Beratern als Moderatoren oder Schiedsrichter. Die Gefahr dabei ist natürlich, daß, je entfernter der unmittelbare Praxisdruck, desto ferner auch die empfindlichen „Knackpunkte" sein können. Es muß also die richtige Balance zwischen Praxisferne und Praxisnähe gefunden werden.
Aus all dem läßt sich als weitere Arbeitsregel ableiten:

3. Arbeitsregel: Selbstevaluation heißt herstellen von Rahmenbedingungen, die Offenheit und ungeschützte Sachkritik ermöglichen.

8.1.3 Dokumentationsinstrumente, Praxisforschung

Selbstevaluation braucht sich nicht auf solche „weichen" Instrumente wie Selbstreflexion und Gespräch allein zu verlassen. Vielmehr gibt es zu ihrer Unterstützung auch eine Reihe technischer Arbeitsmittel, die als Evaluationsinstrumente im engeren Sinne eingesetzt werden können. Ich fasse eine erste und zugleich die wichtigste Gruppe dieser Instrumente unter dem Begriff Dokumentation zusammen: Ihr gemeinsamer Nenner ist, daß sie die Erinnerung an einen zu evaluierenden Arbeitsprozeß unterstützen und zugleich objektivieren.

Das bekannteste Instrument dieser Art ist das *Protokoll*. Sein Zweck ist, ein kollektives Gedächtnis für einen Arbeitszusammenhang zu bilden, auf das alle Gruppenmitglieder jederzeit zurückgreifen können. Wenn es um Fallkonferenzen oder ähnliches geht, ermöglichen Sitzungsprotokolle allen Gruppenmitgliedern, sich bisherige Diskussionen, Arbeitsschritte, Beschlüsse etc. zu vergegenwärtigen; und ermöglichen damit der Gruppe, ihren Informationsfluß für sich selbst durchsichtig zu halten, zu steuern – und natürlich auch nachträglich zu evaluieren.

Welchen Charakter und Inhalt Protokolle in der Fallarbeit haben sollen, hängt natürlich vom speziellen Zweck der Gruppe ab. In Dienstbesprechungen und Fallkonferenzen, deren Hauptzweck das Treffen von Entscheidungen und Arbeitsabsprachen ist, geht es vor allem um *Ergebnis*protokolle. D. h. das Protokoll muß anschließend vor allem Entscheidungen und Absprachen evaluierbar machen. Ein für diesen Zweck brauchbares Protokoll kann sich an einer alten Faustformel der Kommunikationsforschung orientieren. Es beantwortet im Idealfall für jede Einzelentscheidung die Fragen: *Wer* soll *was* bis *wann* mit *welchen Mitteln* und zu *welchem Zweck* tun?

Nun ist klar, daß Supervisionsgruppen, Praxis-Begleit-Seminare oder andere speziell auf Evaluation ausgerichtete Arbeitsgruppen auch andere Formen der Dokumentation brauchen als Ergebnisprotokolle. Ich gehe darauf nicht näher ein, weil ich hier auf das von Maja Heiner (1988a) herausgegebene Buch über „Selbstevaluation in der sozialen Arbeit" verweisen kann, das eine Fülle von Anregungen enthält. Ich möchte nur einige der dort entwickelten Ideen aufzählen, um eine Vorstellung von der Fülle der Möglichkeiten zu geben:
– Fragebögen, Interviewschemata und andere einfache Erhebungstechniken in der Jugendberufshilfe oder in Tagesgruppen (Beiträge von H. H. Schmidt und K. Späth);
– Nutzung von Jahresstatistiken, Jahresberichten, Jahresplanungen

zur Selbstevaluation von Einrichtungen (Beiträge von K. Schütz und U. Schwarzmann);
— durchsichtig machen der Arbeit mit Klienten durch strukturierte Verlaufsnotizen, Aktenevaluation und prozeßbegleitende Dokumentation (Beiträge von J. Höing, U. Wondrazek, H. Lübben);
— Instrumente wie Zielsetzungsprotokolle, Rückmeldeverfahren und Belastungsanalysen als Mittel, die Sicht der Betroffenen in die Evaluation einzubeziehen (Beiträge von R. Kähler, M. Mengel, M. Meinhold u. I. Radatz);
— Visualisierung von Arbeitsprozessen in Selbsthilfegruppen durch die Technik der „Zeitleiste" (Beitrag von Rieken);
— Unterstützung der Selbstreflexion durch Instrumente wie „Szenische Situationsportraits", „Lautes Denken und Inhaltsanalyse eines Gedankenprotokolls" oder „Fragenkatalog zur Evaluation von Leitungsverhalten" (Beiträge vom M. Stark, S. Holste, H. Pols).
Diese Beispiele sind z. T. schon einer anderen Art von Evaluationsinstrumenten zuzuordnen, die man unter dem Begriff *Praxisforschung* (Heiner 1988b) oder auch *Begleitforschung* (Müller 1978) zusammenfassen kann. Sie ist von den schon diskutierten Evaluationsinstrumenten nur unscharf zu trennen, sofern es auch hier um die Herstellung von Dokumenten geht, die gemeinsame Auswertung von Praxis durch die daran Beteiligten selbst ermöglichen sollen (und nicht um Forschung als Selbstzweck). Im Mittelpunkt steht hier aber nicht nur die Auswertung als Abschluß eines professionellen Handlungszyklus, sondern die Idee, daß sozialpädagogische Praxis insgesamt als Forschungsprozeß zu verstehen sei, so daß die Evaluationsinstrumente wie Fragebögen, Verlaufsübersichten, Belastungsanalysen etc. nicht nur dokumentarischen Zweck, sondern den Charakter von „Suchtstrategien" (Meinhold 1986) haben. Da dieses ganze Buch kein anderes Ziel hat, als die Idee vom „Praktiker als Forscher" (Niemeyer 1987) mit „Suchstrategien" zu unterfüttern, mag es in diesem Zusammenhang damit genug sein.
Ein besonderes Merkmal von Beiträgen zur sozialpädagogischen Praxis oder Begleitforschung ist, daß sie in aller Regel aus der Kooperation von praxisentlasteten WissenschaftlerInnen mit einem praktischen Arbeitsfeld entstanden sind. Das Mehr an verfügbarer Zeit und die Forschungstechniken, die hier von seiten der Wissenschaftler eingebracht werden, ermöglicht ein weiter verfeinertes und differenziertes Instrumentarium der Evaluation. Es hier inhaltlich auszubreiten würde uns in die weiten Felder der sozialpädagogischen Aktionsforschung führen (vgl. z.B. Moser 1977, Iben u.a. 1979, Horn 1979) und damit den Rahmen einer Kasuistik sprengen. Aber es ist viel-

leicht nicht überflüssig, in diesem Zusammenhang daran zu erinnern, daß ein großer Teil der empirischen Literatur zur Sozialpädagogik aus solchen Aktionsforschungs-Zusammenhängen stammt und insofern auch als Fundgrube für Evaluationsinstrumente in der Fallarbeit benutzt werden kann. Ich fasse den Abschnitt mit einer weiteren Arbeitsregel zusammen.

> 4. Arbeitsregel: Evaluation wird leichter, wenn man dafür verfügbare und einfach zu handhabende Instrumente der Dokumentation und Praxisforschung nutzt.

8.2 Evaluationskriterien

Evaluation in der Fallarbeit heißt nicht nur durchsichtig machen von Arbeitsabläufen, sondern vor allem auch klären der Wertmaßstäbe, an denen sie sich orientieren. Wertmaßstäbe in der Sozialpädagogik sind aber eine vielschichtige Angelegenheit. In der oben (Kap. 3.2) gegebenen Erläuterung zum Begriff wurde gesagt, es gehe nicht nur um die Überprüfung von Wirkungen, sondern auch von Verfahrensweisen; außerdem gehe es um die Klärung ethischer Fragen. Weiter ist nach dem bisher Gesagten zu vermuten, daß die unterschiedlichen Betrachtungsperspektiven von Fällen (als Fall *von*, *für* und *mit*) je unterschiedliche Kriterien der Bewertung nahelegen. Ich möchte mit dieser letztgenannten Unterscheidung beginnen, um ein wenig Übersicht in die Kriterienfrage zu bringen.

8.2.1 Effektivität und Effizienz

Die Selbstverständlichkeit, mit der im Alltagsverständnis Evaluation oft mit „Messen von Wirkungen" gleichgesetzt wird, hängt damit zusammen, daß Fall zumeist als „Fall von" verstanden wird. Nur wenn ich eine Handlung als Fall eines „anerkannten Allgemeinen" (s.o. Kap. 2) definiere, kann ich, prinzipiell zumindest, messen, ob meine Bearbeitung des Falles Wirkungen nach Maßgabe dieses Allgemeinen gehabt hat. (In der Medizin z.B. wird deshalb Gesundheit eines Organs i.d.R. als Laborwert – im Rahmen einer gewissen Toleranz – definiert und die Krankheit im vorliegenden Einzelfall als Abweichung davon. Dadurch kann die Therapie daran gemessen werden, wie vollständig, wie schnell und wie unaufwendig sie die Abweichung reduziert). In der Sozialpädagogik ist solche messende Evaluation meist schwieriger (sofern man Wirkungen messen will und nicht bloße Statistiken – z. B. Fallzahlen – aufstellt). Denn ihr Handeln ist ja zumeist – insbesondere unter den Perspektiven „Fall für" und „Fall mit" – nur ein Mitwirken an Prozessen, die auch von anderen Faktoren bzw. Personen abhängen. Aber grundsätzlich geht es auch hier – unter der Perspektive des „Falles *von*" – um solches Messen. Zumindestens um ein Er-Messen.

So verlangt z. B. das Jugendhilferecht, wie mehrfach erwähnt, bei allen Fällen von Hilfen zur Erziehung Entscheidungen darüber, ob am Maßstab einer „das Wohl des Kindes gewährleistenden Erziehung" eine Hilfe „geeignet" und „notwendig" ist (§ 27 KJHG); bei „längerfristigen" Hilfen verlangt es auch die „regelmäßige" Evaluation, „ob die gewählte Hilfeart weiterhin geeignet und notwendig ist" (§ 36,2). Damit sind – unabhängig von den Schwierigkeiten der Operationalisierung solcher unbestimmter Rechtsbegriffe – zwei Kriterien im Blick, an die normalerweise bei Evaluation gedacht wird: Effektivität und Effizienz.

Nach *Effektivität* fragt Evaluation, wenn sie untersucht, ob sich ein Mittel für ein gewünschtes Ziel „eignet" bzw. geeignet hat. Nach *Effizienz* fragt sie, wenn sie wissen will, in welchem Verhältnis Aufwand und Ertrag stehen, ob sich der Einsatz der Mittel weiterhin lohnt, also „notwendig" ist. Dies klingt zunächst wie ein Aufruf zu technologischer Rationalisierung (und ein bißchen daran zu denken, daß sie Verwalter öffentlicher Mittel sind, schadet Sozialpädagogen in der Tat nicht). Es handelt sich aber, wie schon in Kap. 4.5 dargestellt, um nicht mehr als die Aufgabe, den unbestimmten Rechtsbegriff „dem Wohl des Kindes entsprechende Erziehung" in ein pragmatisch erreichbares Ziel (wie es z. B. in Hilfeplänen formuliert wird) umzusetzen und die verwendeten Mittel anhand der Kriterien „geeignet" und „notwendig" daran zu messen.

Das Gesetz denkt dabei keineswegs technokratisch, sofern es, ganz abgesehen von der Offenheit der Maßstäbe für Effektivität und Effizienz, selbst zugleich ganz andere, damit konkurrierende Kriterien abverlangt. So heißt es, wie ebenfalls schon erwähnt, im selben Absatz, daß die Betroffenen an dieser Auswertung zu beteiligen seien. *Ihre* Maßstäbe für „weiterhin geeignet und notwendig" dürfen nicht übergangen werden und sind vermutlich andere als die von Sozialtechnokraten und Sparkommissaren. Auch noch andere Verfahrenskriterien sind hier relevant; z. B. die gerade auch für Evaluation höchst wichtigen Grundregeln des Datenschutzes. Das entsprechende Kapitel des KJHG bestimmt z. B., daß – von eng definierten Ausnahmen abgesehen – „Personenbezogene Daten" „beim Betroffen zu erheben" seien (und nicht hinter seinem Rücken), sowie daß solche Daten „nur zu dem Zweck verwendet werden (dürfen), zu dem sie erhoben worden sind" (§ 62,2; § 64,1 KJHG).

8.2.2 Ethische Kriterien

All diese Beispiele zeigen, daß Evaluation der Wirkungen sozialpädagogischer Arbeit in aller Regel nicht möglich ist, ohne zugleich die Perspektive des „Falles *mit*" einzubeziehen. Auf dieser Ebene aber haben Kriterien wie Effektivität und Effizienz wenig Sinn. Hier entscheiden ethische Kriterien bezüglich der Art und Weise des Umgangs mit den AdressatInnen über die Zielrichtung der Evaluation. Ich nenne sie verfahrensethische Kriterien. Solche Evaluationskriterien sind z. B.:
Wurde die persönliche Integrität der Adressaten gewahrt?
Wurden ihre Wahlrechte (§ 5 KJHG) beachtet?
Waren die Angebote von verstehbarer Nützlichkeit für sie?
Reduzierten sie die Abhängigkeit von Eingriffen?
Welche Möglichkeiten der Mitbestimmung und Nutzerkontrolle wurden geschaffen?
Wie weit wurden Grundsätze der Nicht-Diskriminierung eingehalten?
etc.
Denkt man über Ziele nach, die mit solchen Verfahrensgrundsätzen vereinbar sind, so liegt auf der Hand, daß nicht alles, was wirksam sein könnte, auch ethisch vertretbar ist. Reines Effektivitäts- bzw. Effizienzdenken ist dadurch ausgeschlossen. Nur dürfen diese und ethische Gesichtspunkte auch nicht gegeneinander ausgespielt werden. Weder die Beglückung von Klienten ist Ziel der Sozialpädagogik, noch die Anpassung an externe Effizienzkriterien, sondern die Unterstützung von Versuchen, subjektive Wünsche und reale Lebensbedingungen etwas besser vereinbar zu machen.

8.2.3 Kriterien der Realitätsprüfung

Weil die Realität der Lebensbedingungen ihre Klienten Sozialpädagogen dazu zwingt, wünschbare Ziele der Fallarbeit auf machbare zu beschränken, ist auch in Phasen der Evaluation die Perspektive des „Falles *für*" zu beachten, also die Einwirkung anderer, äußerer Faktoren. Dies gilt vor allem im Blick auf andere intervenierende Instanzen und Stellen, die mit dem Fall befaßt sind, aber auch im Blick auf das, was Klienten und ihr soziales Umfeld selbst „für sich" und ohne fremde Hilfe tun können. Es geht dabei nicht darum, Zensuren zu verteilen für das, was jene anderen Instanzen getan oder nicht getan

haben – obwohl Werturteile darüber nicht immer vermeidbar sind. Vielmehr geht es darum, die eigene Fallarbeit einer Realitätsprüfung zu unterziehen, die die Reichweite und den Illusionsgehalt bzw. die Grenzen dieser Arbeit evaluierbar macht. Die bewußte Abwendung des Blicks vom eigenen Handeln, die Hinwendung auf das, was andere tun, dient also gerade dazu, dem eigenen sozialpädagogischen Handeln mehr Augenmaß für das Geeignete und Notwendige zu verleihen. Diese „sozialökologische" Blickrichtung legt noch andere Kriterien nahe als die der Effektivität oder der Verfahrensethik. Es geht um Fragen wie die folgenden:
Was haben andere am Fall Beteiligte getan?
Was hat sich durch Einwirken auf dieses Handeln anderer geändert?
Welche Grenzen setzte die Umwelt – und welche die Adressaten selbst – für die Ziele der Fallarbeit?
Hat die eigene Arbeit ungewollt verhindert, daß andere Faktoren positiv wirksam werden konnten?
Welche Ziele erwiesen sich als realistisch, welche als unrealistisch?
Ich füge im folgenden einen weiteren Fall ein, der die Relevanz aller drei Arten von Kriterien, der Wirksamkeit, der Verfahrensethik und der Realitätsprüfung illustriert.

18 „Seit der 9. Klasse gebe ich Nachhilfe in Englisch, und es sprach sich eigentlich sehr schnell herum, daß ich für sogenannte ‚schwierige Fälle' zuständig bin. So rief mich eines Tages eine Mutter an und erzählte mir, daß ihr Sohn so schlecht in der Schule sei, ob ich mich seiner nicht annehmen könne. Als der Junge zum ersten Mal kam, merkte ich sehr schnell, daß er eigentlich gar nicht schlecht in Englisch, sondern eher nur lustlos war, also keinen Sinn in dem Lernen sah. Vor einem entscheidenden Test (die vorherigen Arbeiten waren extrem schlecht ausgefallen) paukten wir nun mit zunehmendem Eifer, Erfolg und Spaß, so daß der Junge richtig ‚gut drauf' war.
In der folgenden Woche nach dem Test übergab er mir eine glatte 5! Auf die Frage, warum er denn aber auch alles falsch gemacht habe, antwortete er, daß seine sieben Geschwister in die gleiche Schule gegangen waren und keiner eine ausgesprochene geistige Leuchte. So eilte ihm also schon eine Art Ruf voraus. Außerdem hätten seine Geschwister so ziemlich Randale gemacht, worauf man ihn nun bei jeder Arbeit gleich von den andern Mitschülern weggesetzt habe, ‚da er die andern ja nur stören würde'! Da der Junge aber ein wirklich in sich gekehrter Bengel ist, leidet er jedes Mal schon Tage vorher, weil er weiß, daß man ihn ja wieder separat in irgendeine Ecke setzt! Leistung erbringen in ungewohnter Umgebung mit dem Vorurteil im Rücken ‚Du kannst eh nichts'!
Ich habe versucht, der Mutter klar zu machen, daß sie unbedingt mit den Lehrern sprechen müsse, da das Kind sonst völlig absackt und seine Intelligenz praktisch verkümmert. Die Mutter meinte jedoch nur, sie wolle ihm

nicht noch einen Stein in den Weg legen, da sie unter den ‚Pädagogen' als Querulant angesehen würde und der Junge dann alles ausbaden müßte. So habe ich die Initiative ergriffen. Die Vorhersage hat sich bewahrheitet. Wenn einer schon Nachhilfe nehmen müsse (in der Realschule!), dann wäre eh' nichts mehr zu erwarten! Ich frage mich: Was sind *das* für Pädagogen??? Den Kindern aufgrund ihrer Herkunft einen Stempel aufdrücken und ihnen die Zukunft regelrecht systematisch versauen!!! Und wie hätte ich reagieren müssen?? Ich mache mir jedenfalls echte Vorwürfe."

Interpretieren wir diese Fallgeschichte als Beispiel für Evaluation, so können wir zunächst feststellen, daß die Autorin nicht nur mit Emotion und großem Engagement die ihr wichtigen Erfahrungen präsentiert, sondern auch versucht, alle drei Arten von Auswertungskriterien zur Geltung zu bringen: Sie thematisiert die Effektivität ihrer Intervention (Hausaufgabenhilfe); sie stößt bei der Suche nach Gründen für den Mißerfolg auf ethische Fragen des Umgangs mit Adressaten, sofern sie den Jungen und seine Familie als Opfer von Diskriminierung erkennt; und sie macht die Praktiken der Schule und die Haltung ihrer sogenannten „Pädagogen" dafür verantwortlich. Trotz des scheinbar klaren Ergebnisses aber ist die Studentin am Ende mit sich selbst (auch mit ihrer Evaluation?) unzufrieden und macht sich „echte Vorwürfe".

Die Selbstvorwürfe sind nicht ganz unberechtigt, wenn auch vielleicht in anderem Sinne, als die Berichterstatterin meint. Denn auf allen drei Kriterienebenen erscheint die Evaluation merkwürdig kurzatmig. Die Frage nach der Effektivität der Hausaufgabenhilfe wird nach dem ersten Mißerfolg und nach der Entdeckung, daß es sich auch um einen Fall von Diskriminierung handeln könnte, einfach fallengelassen. Tatsächlich aber besteht die Notwendigkeit, praktisch effektiv und effizient zu helfen (sei es bei Hausaufgaben, Wohnungssuche, Jobsuche oder bei was immer) ganz unabhängig von den Fragen, ob Klienten diskriminiert werden, wer daran schuld ist und was daran zu ändern wäre.

Nicht zufällig erscheint deshalb auch die Behandlung der Diskriminierungsfrage selbst eher kurzsichtig angegangen: Es wird nicht beschrieben, was versucht wurde, um dem Jungen und seiner Familie aus dem offenkundigen Zirkel von Stigmatisierung und Selbststigmatisierung ein Stück weit herauszuhelfen. Statt dessen werden Schuldige gesucht und gefunden. Da die Praktikantin in der Leidenschaft des Helfenwollens den Jungen und seine Familie nur als Opfer und nicht in ihrer eigenen Beteiligung zu sehen vermag, bleiben als „Täter" nur die Lehrer. Diese Vereinfachung rächt sich. So verwundert es nicht, daß schon der erste Versuch, jene Täter zur Verantwortung zu ziehen, aufläuft und ergebnislos abgebrochen wird. Es wird groß „die Initiative ergriffen". Aber das war's dann auch. Wir wissen am Ende zwar genau, wer die Schuldigen sind und können uns mit über sie empören. Aber wir haben keinerlei Ahnung, ob alle Lehrer so dachten, worin die Diskriminierung genau bestand, durch welche Fakten sie erklärbar ist etc. Kurz, es fehlen alle Informationen für irgendeine Art von Änderung. Und eben deshalb steht am Schluß nicht zufällig die bekannte sozialpädagogische Selbstdiskriminierung: Ich konnte angeblich überhaupt nichts machen, aber dafür mache ich mir „echte Vorwürfe".

(Ich muß mich bei der Autorin des Berichts entschuldigen, daß ich ihren Mut, so zu reden, wie sie empfand und sich damit angreifbar zu machen, zu dieser Kritik benutzt habe. Ich habe es getan, weil die Geschichte geradezu ein Modellfall dafür ist, wieso in der Sozialpädagogik so oft Evaluation und Selbstkritik gefordert wird, ohne daß dabei mehr herauskommt als ein Schwarzer-Peter-Spiel.)

Ich fasse den Abschnitt in einer weiteren Arbeitsregel zusammen.

5. Arbeitsregel: Sozialpädagogische Evaluation braucht Kriterien der Wirksamkeit, ethische Maßstäbe für den Umgang mit Adressaten und Maßstäbe für die Realitätsprüfung ihrer Ziele. Diese Kriterien dürfen nicht gegeneinander ausgespielt werden.

8.3 Fremdevaluation

Zum Schluß dieses Kapitels soll Evaluation von einem Außenstandpunkt her wenigstens kurz angesprochen werden. Kontrolle durch eine Außeninstanz oder auch unabhängige „wissenschaftliche" Prüfung ist ja das, was normalerweise zuerst mit „Evaluation" assoziiert wird, während ich mich bisher – dem Gegenstand dieses Buches entsprechend – auf Selbstevaluation im unmittelbaren Kontext von Fallarbeit beschränkt habe. Ich möchte dieses Thema der Fremdevaluation auch nur soweit ansprechen, als es darum geht, daß Selbstevaluation ihre Grenzen hat und solche Grenzen durch den Blick auf die – immer auch stattfindende – Evaluation von anderen Standpunkten her klarer erkennbar sind. Bei dieser Bewertung sozialpädagogischer Praxis von anderen Standpunkten her unterscheide ich drei Perspektiven, die man schlagwortartig als Evaluation *von oben*, *von unten* und *von außen* bezeichnen kann.

8.3.1 Evaluation „von oben"

Unter Evaluation *von oben* verstehe ich Auswertungsforderungen von Instanzen, die Entscheidungsmacht über die auszuwertende Praxis bzw. über deren Rahmenbedingungen haben. Dies können z. B. Vorgesetzte in bürokratischen Hierarchien sein, die Fachaufsicht üben; es können demokratisch legitimierte Kontrollinstanzen wie Gemeinderäte oder Jugendhilfeausschüsse sein; es können gesetzliche Vorschriften sein (wie z. B. die Vorschriften des KJHG zur Jugendhilfeplanung [§ 80] oder zur Jugendhilfestatistik [§ 98 – 103]); es können auch richterliche Entscheidungen sein [z. B. wenn ein Verwaltungsgericht die Änderung einer Jugendhilfe-Entscheidung erzwingt]).

Solche Kontrolle von oben hat in der sozialpädagogischen Diskussion einen schlechten Ruf. Sie folge einer anderen Logik (der von Verwaltungen), diene anderen Zwecken als den Zwecken fachlicher Qualifizierung (z. B. fiskalischen), sei bürokratische Fremdbestimmung, die nur als Hindernis guter Fallbearbeitung von Bedeutung sei. Dies mag oft so sein. Wir sollten aber nicht vergessen: Weil sozialpädagogische Arbeit (fast) immer auch Verwaltungstätigkeit (Leistungs- und manchmal auch Eingriffsverwaltung) ist, braucht sie auch legitimierte Kontrollinstanzen. Auch wurde schon deutlich (z. B. an den Verfahrens- und Evaluationsvorschriften des KJHG), daß die Einschränkung fachlicher Autonomie durch gesetzliche Vorschriften durchaus auch fachlicher Qualifizierung dienen kann, da sie fachliche Standards verbindlich macht und vor Willkür schützt. Das Gesetz verpflichtet zwar, macht aber Standards damit auch einklagbar.

8.3.2 Evaluation „von unten"

Evaluation *von unten* meint die Rechenschaft, die betroffene und leistungsberechtigte Adressaten bzw. Adressatengruppen sozialer Arbeit von SozialpädagogInnen fordern. Damit ist hier nicht die Einbeziehung der Adressatenperspektive gemeint, zu welcher SozialpädagogInnen durch eigene Normen verpflichtet sind; z. B. durch die Norm „klientenorientiert" (Perspektive des „Falles mit") zu arbeiten oder durch die Beteiligungsvorschriften des KJHG. Jetzt soll nur von Evaluationsformen und -mitteln die Rede sein, welche als *Außendruck* von „unten" her zu Überprüfungen zwingen. Solcher Druck kann durch Protestaktionen von Gruppen entstehen (z. B. Jugendliche, die demonstrieren oder Randale machen, weil sie keinen Jugendraum bekommen) oder durch Aktionen einzelner (z. B. Klagen vor dem Verwaltungsgericht). Es kann auch Druck sein, den andere

für und mit Adressatengruppen sozialer Arbeit ausüben: Durch Lobbyarbeit, Skandalisierung von Mißständen in der Amtspraxis, Sozialhilfeleitfäden, die Anspruchsberechtigten helfen, selbst zu kontrollieren, was ihnen zusteht etc. All dies kann man unter dem Begriff „Nutzerkontrolle" zusammenfassen. Dieser Begriff ist zwar eher in der sozialpsychiatrischen Diskussion gebräuchlich (vgl. Rerrich 1982), ist aber ebenso für sozialpädagogische Zusammenhänge brauchbar.
In beide Felder gehört der folgende tragische Fall. Ich füge ihn hier ein, weil er einerseits an einem drastischen Beispiel zeigt, wie fremde Mächte und Interessen (auch der Sozialbürokratie selbst) Fallarbeit überlagern und an den Rand bringen können; er macht andererseits aber auch die Notwendigkeit einer Fremdkontrolle (von „oben" und von „unten") deutlich. Diese Notwendigkeit zeigt sich dort am klarsten, wo Menschen selbst keine Chance mehr haben, sich zur Wehr zu setzen.

19 „Ich möchte einen Fall schildern, der mich selbst am meisten bewegt hat. Ich habe ihn während meiner Praktikumszeit in einer sozialpsychiatrischen Beratungsstelle (Außenstelle des Gesundheitsamtes) erlebt.
Auf richterlichen Beschluß des Amtsgerichts sollte ein Pflegling, der unter Vormundschaft stand, unfreiwillig in die geschlossene Abteilung eines Altenzentrums eingewiesen werden. Dem Beschluß war ein Gutachten vorhergegangen, daß Selbstgefährdung vorlag. Der Pflegling (89 Jahre) konnte sich nicht mehr selbst verpflegen und war zeitweise verwirrt. Der Mann mußte eingewiesen werden, weil der Vermieter ihn aus der gemieteten Wohnung geklagt hatte, um sie an andere zu vermieten (oder ähnliches). Der Pfleger konnte gegen die Klage des Vermieters nicht angehen, er fühlte sich zu alt (65 J.), um Widerspruch einzulegen. Er konnte den Pflegling (Schwiegervater) auch nicht bei sich aufnehmen.
Wir mußten die Polizei und einen Krankentransport rufen, weil die Einweisung nicht freiwillig war. Trotz Zuredens, bereits einige Tage vorher, wollte der alte Mann nicht aus seiner Wohnung, in der er schon seit dem 1. Weltkrieg gewohnt hatte. Er wurde auf seinem Sessel von der Polizei aus der Wohnung getragen. Er wehrte sich mit Händen und Füßen und schrie nach Hilfe. Er wurde dann mit dem Sanitätswagen in die geschlossene Abteilung gebracht, in ein kahles Zimmer – nur mit Stuhl, Tisch und Bett – wie die Sanitäter später berichteten. Nach drei Tagen ist der alte Mann gestorben. Kein Wunder, wie ich meine, denn er war mit 89 Jahren zu alt, um dieses Trauma zu verkraften. Die Zwangseinweisung, die dem Schutz der Betroffenen dienen soll, wurde mißbraucht. Denn sie diente dazu, einen alten hilflosen Mann aus seiner Wohnung zu schaffen – abzuschieben. Ich habe die Erfahrung gemacht, daß ich immer wieder klären muß, für wen ich arbeite. In dem geschilderten Fall hatte ich zwar die Interessen des ‚Arbeitgebers' vertreten, aber dem, dem ich eigentlich hätte helfen müssen, konnte ich nicht helfen."

Der Auswertung der Praktikantin ist eigentlich nichts hinzuzufügen. Ich muß auch darauf verzichten, zu diskutieren, ob und wie durch Aufsicht, besseren Rechtsschutz oder auch durch „Nutzerkontrolle" potentiell Mitbetroffener bzw. Protestmaßnahmen eine solche Ungeheuerlichkeit hätte verhindert werden können. Jedenfalls ist der Fall gerade dadurch so erschreckend, daß formal betrachtet alles „korrekt" gelaufen zu sein scheint und gerade das Recht, das den alten Mann schützen sollte, zum Mittel wurde, ihn zu töten.

Allenfalls könnte man die Praktikantin fragen, ob sie die rechtlichen Möglichkeiten, sich gegen das Mitspielen-Müssen in diesem Drama zu wehren, gekannt und genutzt hat. Ich meine damit z. B. die durch das Betreuungsgesetz von 1990 geänderten Bestimmungen des BGB, wonach Betreuer ausdrücklich verpflichtet sind, sich am „Wohl" und an den „Wünschen" des Betreuten zu orientieren – sofern die Wünsche dem Wohl nicht zuwiderlaufen (vgl. § 1901 Abs. 1 u. 2 BGB). Möglich wäre es schon gewesen, den „Arbeitgeber" auf das potentiell Gesetzwidrige des beschriebenen Vorgehens hinzuweisen. Da dies allerdings im vorliegenden Fall eine Ermessensfrage ist und die Gegenseite sich ja mit einem Gutachten bewaffnet hat, das „Selbstgefährdung" attestiert (also Wünsche, die dem eigenen Wohl widersprechen), wäre ein solcher Widerstand nicht ohne Risiko gewesen. Sicher ist es ein Fall, in dem „Helfen" eine Menge Zivilcourage verlangt hätte.

Ich möchte den Fall jedoch nutzen, um auch die dritte der genannten Perspektiven von Fremdevaluation zu illustrieren: Die Außenperspektive der *nicht,* jedenfalls nicht unmittelbar Beteiligten. Dabei sind zwei Arten zu unterscheiden: Evaluation durch Öffentlichkeit und durch Forschung.

8.3.3 Evaluation durch Öffentlichkeit

Außenperspektive meint hier zum einen die Perspektive der Öffentlichkeit bzw. der öffentlichen Meinung, soweit diese auf die Bearbeitung sozialpädagogischer Fälle reagiert. Gerade weil der Fall des alten Mannes nicht hätte passieren dürfen und ein moralischer Skandal ist, läßt sich daran auch zeigen: Evaluation durch öffentliche Meinung (insbesondere wenn die Presse einen solchen Fall aufgriffe) könnte ein sehr bedeutsamer Korrekturfaktor für sozialpädagogische Fallarbeit sein, insbesondere dann, wenn die Möglichkeiten erschöpft sind, rechtliche oder fachliche Verantwortung einzuklagen. Solche „Evaluation" kann vor allem als ein unbequemes aber notwendiges Außenkorrektiv der Ermessensspielräume und angeblichen Sach-

zwänge von sozialpädagogischem Eingriffshandeln wirken. (Z.B. wenn sich, wie in diesem Fall, die Sozialpädagogik zur Hilfspolizei machen läßt.)
Im übrigen könnte, wenn man die Möglichkeiten in diesem Fall weiterspinnt, auch gezeigt werden, daß solche Evaluation „von außen" u.U. erst durch Öffentlichkeitsarbeit in Gang gebracht werden muß; dann nämlich, wenn in einem solchen skandalträchtigen Fall die Öffentlichkeit bzw. die Presse „schläft" und auf ihr Wächteramt erst aufmerksam gemacht werden muß.

8.3.4 Evaluation durch sozialwissenschaftliche Forschung

Zum Schluß sei noch eine weitere Evaluationsperspektive „von außen" erwähnt, die gewöhnlich in der fachlichen Diskussion über Sozialpädagogik das Zentrum ist, hier aber bewußt zurückgestellt wurde: Die distanzierte sozialwissenschaftliche Analyse von Fällen. Am Beispiel (Fall 19) läßt sich zeigen: Wenn die genaueren Ursachen aufgeklärt werden sollen, die dazu führen, daß Menschenbehandlung dieser Art leider keine seltene Ausnahme ist, und wenn längerfristige Perspektiven zur Beseitigung dieser Ursachen entwickelt werden sollen, dann stößt die praxisunmittelbare Evaluation im Rahmen von Einzelfallbearbeitung schnell an ihre Grenzen. Solche Grenzen werden sichtbar bei Fragen wie:
Welche soziologisch zu bestimmenden Faktoren verhindern, daß pflegebedürftige alte Menschen im Kontext ihrer gewohnten Umgebung versorgt werden können?
Welche Strukturdefizite des sozialen Netzes werden am Beispiel des alten Mannes erkennbar?
Welche Mechanismen des Wohnungsmarktes werden hier wirksam?
Welche Verläßlichkeit haben psychiatrische Gutachten?
Auf solche Fragen sind nur dann verläßliche und nicht nur kurzschlüssige Antworten möglich, wenn sie jenseits von Fallarbeit und Entscheidungdruck, also in praxisentlastender wissenschaftlicher Arbeit, gestellt und beantwortet werden können. Darauf verweisen Dewe/Otto zurecht, wenn sie etwas provokant formulieren: „Die Fundierung von Berufspraxis kann sozialwissenschaftliches Wissen aber nur mittels entscheidungsfreier Strukturdeutungen im Kontext eines Begründungswissens über bereits abgelaufene Interventionen sachhaltig erbringen." (1992: 87)
Unsinnig an diesem Satz ist freilich das „nur". Es kann nicht um ein Entweder-Oder von „entscheidungsfreier" und „entscheidungsgebundener" Strukturdeutung gehen; sonst wären SozialpädagogInnen

Leute, die zwar sozialwissenschaftlich denken, aber nur laienhaft handeln können (vgl. Müller 1993). Wahr ist allerdings, daß Sozialpädagogik schlecht beraten wäre, wenn sie sich bei der Evaluation ihres Handelns nur auf praxisunmittelbare, kasuistische Erkenntnismöglichkeiten beschränken ließe und sich nicht auch dem fremden Blick „praxisferner" Theoriebildung stellen würde.

Ich formuliere am Schluß dieses Abschnittes eine letzte Arbeitsregel:

6. Arbeitsregel: Evaluation als Teil kasuistischer Arbeit ist primär Selbstevaluation; sie muß sich aber der Grenzen ihrer Möglichkeiten und notwendiger Korrektive durch Evaluation „von oben", „von unten" und „von außen" bewußt sein.

Arbeitsaufgaben für Kapitel 8:
1. Wählen Sie einen der Fälle dieses Buches oder eine eigene Fallgeschichte und sammeln Sie (möglichst zu mehreren) alle denkbaren Evaluationsformen und -instrumente, die Ihnen dazu einfallen.
2. Formulieren Sie in eigenen Worten, was unter den Kriterien der Effektivität und der Effizienz, was unter verfahrensethischen Kriterien und was unter Realitätsprüfung in der Fallarbeit zu verstehen ist.
3. Prüfen Sie die anhand von Fallbeispiel 19 entwickelten Gründe für die Notwendigkeit von Fremdevaluation an weiteren Beispielen.

9. Kapitel: Wer ist qualifiziert? Bemerkungen zur sozialpädagogischen Professionalität

Der Untertitel dieses Buches versprach eine Einführung in „multiperspektivisches Fallverstehen". Ich hätte statt dessen auch alltagssprachlich einfacher sagen können: Eine Einführung in sozialpädagogisches Denken. Gemeint ist mit beidem eine Einführung in die Differenz zwischen laienhaft-naivem und fachlich-gekonntem Umgang mit Situationen, die sozialpädagogisches Handeln erfordern. Gemeint ist aber auch, wie schon im 1. Kapitel betont, daß diese Differenz nur eine relative, keine absolute ist. D. h. fachlich gekonntes Handeln ersetzt in der Sozialpädagogik nicht Handeln nach Gefühl und gesundem Menschenverstand durch Handeln nach wissenschaftlicher Vorschrift. Sondern es benutzt Wissenschaft und andere Hilfsmittel der Selbstaufklärung, um den gesunden Menschenverstand einsichtiger, das Gefühl kritischer zu machen.

Dieses Buch liefert freilich keine Einführung in den wissenschaftlichen Gegenstand der Sozialpädagogik. Es leitet nur aus einem bestimmten Verständnis dieses Gegenstandes pragmatische Orientierungen ab, die gleichsam als Wegweiser oder Wanderkarten auf dem unübersichtlichen und manchmal gewundenen Weg dienen können, der vom Studienanfänger zum „wissenschaftlich ausgebildeten Praktiker" (bzw. zur Praktikerin) führen soll. Ich möchte in diesen Schlußbemerkungen zuerst an den Anfang dieses Weges erinnern und von dort aus die Zielperspektive sozialpädagogischer Fachkompetenz anvisieren. Ich bleibe dabei bewußt sehr allgemein, weil es mir jetzt nur darauf ankommt, die Leitidee des in diesem Buch entwickelten Konzepts sozialpädagogischer Methodenlehre noch einmal zusammenzufassen.

9.1 AM ANFANG WAR DAS INTERESSE FÜR'S SOZIALE

Gewöhnlich antworten sozialpädagogische StudienanfängerInnen auf die Frage, weshalb sie sich ausgerechnet dieses Fach gewählt haben, sie wollten „etwas mit Menschen zu tun haben". Oft verbindet sich damit bei ihnen selbst und anderen die Vorstellung, SozialpädagogInnen seien besonders gutherzige Leute, deren höchstes Ziel im Leben sei, andern Menschen zu helfen. Daraus wurden in der Sozialpädagogik schon immer zwei entgegengesetzte Konsequenzen gezogen. Zum einen wurde gesagt, daß das unbedingte Helfen wollen, „die Not des Nächsten", die „im Herzen brennt" (A. Salomon 1925: 67) *Voraussetzung* für die Wirksamkeit aller methodischen Arbeit sei. Zum andern wurde gerade das Handeln aus dem „guten Herzen" – Jeanette Schwerin definierte es vor bald einem Jahrhundert als „ein durch kein Verständnis geleitetes und beherrschtes Gefühl der Unbehaglichkeit beim Anblick Leidender" (1911: 92) – als entscheidendes *Hindernis* wirksamer Arbeit verstanden. Ich glaube weder, daß SozialpädagogInnen ein besonders gutes Herz haben, noch, daß sie es haben müßten, noch, daß Herzenskälte eine sozialpädagogische Tugend sei. Ich meine aber, eine bestimmte „Herzens"fähigkeit darf SozialpädagogInnen tatsächlich nicht fehlen: *Sie müssen wirkliches Interesse an anderen Menschen haben, auch dann noch, wenn das eigene Selbstbild dadurch irritiert wird.* Wer damit nichts anfangen kann, dem sollte man von diesem Beruf abraten.

Ich schiebe im folgenden ein letztes Fallbeispiel ein, das eine Idee davon gibt, was mit solchem Interesse gemeint sein könnte.

„Ich bin auf einem kleinen Dorf aufgewachsen, wo der Zusammenhalt zwischen den Jugendlichen noch relativ groß ist. Das heißt vor allem groß, wenn es um Parties, Tänze etc. geht, auf denen bei uns sehr viel Alkohol konsumiert wird. Auf solchen Festivitäten war auch Manni ein gern gesehener Gast. Manni ist ein Mensch, den man wohl als ‚gering intelligent' bezeichnen könnte. Von dem größten Teil der Dorfjugend wurde er auf dieser Art von Feiern so gern gesehen, weil er sich so herrlich ‚verarschen' ließ. Da er sich bei Diskussionen oder ähnlichem nur wenig profilieren konnte, versuchte er seine Anerkennung durch exzessiven Alkoholgenuß zu erreichen. Denn, war er total betrunken, konnte er für eine Weile Beachtung finden, wenn auch nur dadurch, daß alle über ihn lachten. Hier wurde er also gern gesehen und gern benutzt. Nur, wenn in eine Diskothek oder auf Geburtstage etc. außerhalb gefahren wurde, dann wollte natürlich niemand den ‚blöden Manni' dabei haben.

Irgendwann geriet er dann in Kontakt mit Heranwachsenden aus dem Nachbarort und die wußten sein Geltungsbedürfnis weidlich auszunutzen. Er stahl für sie Motorradersatzteile, machte Einbrüche in Kioske und Imbißstuben, stahl Handtaschen. Und alles, was gestohlen wurde, verschleuderte er mit vollen Händen an seine neuen ‚Freunde'. Hier holte er sich die Anerkennung, die ihm sonst gefehlt hat – und niemand lachte ihn aus, zumindest nicht in seiner Gegenwart. Auf jeden Fall wurde er dann von der Polizei auf frischer Tat ertappt und bekam eine Jugendstrafe aufgebrummt, die zur Bewährung ausgesetzt wurde. Ich versuchte danach, Manni nicht mehr zu beachten, zu akzeptieren, schritt ein paar Male ein, wenn man ihn wieder betrunken machen wollte und versuchte auch meinen Freundeskreis zu überreden, ihn doch mal mit nach außerhalb mitzunehmen. Da ich jedoch auf Ablehnung stieß, fehlte mir der Mut, es auf eine Konfrontation ankommen zu lassen.

Nach kurzer Zeit schloß er sich wieder der Gruppe aus dem Nachbarort an, beging wieder kleinere Eigentumsdelikte, wurde dann wieder erwischt und muß nun für ungefähr zwei Jahre in einer Jugendanstalt einsitzen. Auch mit durch meine Schuld, wie ich selbst meine. Denn hätten ich und andere Jugendliche oder Heranwachsende aus meinem Dorf ihn so akzeptiert wie er war, ihn öfters auf irgendwelche Touren mitgenommen und ihn nicht nur zum Spaß benutzt, würde er heute wohl kaum im Knast sitzen. Ich habe dadurch die Erfahrung gemacht, daß man es manchmal zur Konfrontation mit Freunden, Eltern oder Behörden kommen lassen muß und hoffe, daß es mir auch gelingt, diese Erfahrung jetzt oder in meinem späteren Beruf praktisch anwenden zu können."

Ich möchte bei dieser Fallgeschichte nichts über den Betroffenen, seine Probleme und deren Geschichte sagen, obwohl sich an diesem Beispiel sicher vieles von dem rekapitulieren ließe, was ich bisher entwickelt habe. Ich möchte nur ein paar Worte über den Studenten sagen, der den Fall als Beispiel für seinen persönlichen Bezug zur Sozialpädagogik ins Seminar einbrachte. Das Beispiel zeigt ihn als einen, der sich für andere, die anders sind als er selbst, interessiert, der zu Mitgefühl und wachsender Einsicht fähig ist, wie ein Mensch zum Verlierer und Außenseiter werden kann. Es zeigt ihn aber auch als einen, der den Sinn für das Glitzern der Bosheit in den Augen der Andern nicht verloren hat und sich daran erinnern kann, daß solche Bosheit ihm selbst Spaß machen konnte. Es zeigt ihn schließlich als einen, der weiß, daß den Mut zum richtigen Handeln zu finden, nicht einfach ist. All dies scheinen mir gute Voraussetzungen für ein Sozialpädagogikstudium zu sein.

9.2 Drei professionelle Haltungen

Die Frage nach der Methodenausbildung und ihrer praktischen Wirkung könnte man ganz allgemein als die Frage formulieren: Wie werden solche ins Studium mitgebrachten Interessen und Einsichten durch's Studium verändert und in eine professionelle Haltung verwandelt? Kurt Bader beschreibt in seiner Analyse der Wirkungen sozialpädagogischen Studiums zwei verbreitete Tendenzen:

> „Einerseits erfolgt eine schrittweise Annäherung an eine psychologisierende Sichtweise auf den Studien- und Berufsalltag, damit auch ein verstärktes Interesse für all jene theoretischen Ansätze, die diese Tendenz wissenschaftlich legitimieren und vertreten. Andererseits wird das soziale Miteinander als unproblematische Alltags- bzw. Normalqualifikation eines jeden

Menschen angesehen, die quasi naturwüchsig, unverfälscht ist und zu deren Erfassung es keiner besonderen Theorie bedarf." (1985: 27)

Im Blick auf Erfahrungshintergründe, wie sie in Fall 20 sichtbar werden, bedeutet das im Regelfall: Nach der einen Tendenz befestigen Studium, Praktika und erste Berufserfahrungen immer mehr die Überzeugung, daß das praktisch Wichtigste, was das Studium dem Alltagsverstand hinzufüge, ein psychologisches Deutungs- und Behandlungswissen sei, das ermöglicht, Menschen wie Manni besser zu verstehen, als dieser sich selbst versteht und seine persönlichen Defizite wirkungsvoller zu behandeln, als dies mit laienhaften Mitteln möglich wäre. Nach der anderen Tendenz befestigt das Studium und die wachsende praktische Erfahrung immer mehr die Überzeugung, daß fast alles, was im Studium gelernt werden kann, überflüssiger Ballast sei und auch den Mannis wenig helfe, so daß letztlich nur zählt, zu wissen, wie im konkreten Berufsfeld der Hase läuft und sich dort nicht die Butter vom Brot nehmen zu lassen.

Die erste dieser Tendenzen ist nicht dadurch problematisch, daß sie psychologisches Fachwissen für bedeutsam hält. Problematisch ist daran, daß aus (verständlichen) Orientierungsbedürfnissen eine unreflektierte Vorentscheidung getroffen wird, als deren Folge professionelles Wissen und Können gesammelt wird, welches zeigt, *wie* Mannis beschädigte Persönlichkeit behandelt werden kann, aber kein Wissen und Können, das Auskunft darüber gibt, *ob* dies (oder etwas ganz anderes) vordringlich auf der Tagesordnung stehen sollte. Die Gefahr dieser Tendenz ist also, daß sich hier ein Verständnis von Professionalität unreflektiert durchsetzt, das ich den *Geschlossenen Typus* nennen möchte. D.h. es wird eine bestimmte Betrachtungsweise kultiviert und mit methodischen Instrumentarien versehen, die zugleich als Ausblendfilter für andere Sichtweisen funktionieren. Probleme im Arbeitsfeld werden dann von vornherein aus verhaltenstherapeutischer oder psychoanalytischer oder systemisch-familientherapeutischer etc. Perspektive vordefiniert, während andere Gesichtspunkte nur untergeordnet, als Beitrag des gesunden Menschenverstandes, Eingang finden. Solches vordefinierendes Professionsverständnis gibt es übrigens nicht nur in psychologisierender Form. Auch ein einseitig auf Gesichtspunkte der Leistungsverwaltung und Gesetzesanwendung ausgerichtetes Verständnis sozialpädagogischer Professionalität könnte man diesem „geschlossenen" Typus zurechnen, selbst wenn man dann darüber streiten mag, ob sich der Professionsbegriff noch anwenden läßt. Ob aber psychologisierend oder auf Verwaltungshandeln beschränkt: in beiden Fällen wird

das durch Ausbildung zu vermittelnde Kompetenzprofil klarer und einfacher. Aber der Preis für diesen Gewinn ist hoch.
Die gegenläufige Tendenz, die einer generellen Abwertung der Bedeutung von Theorie für kompetentes Handeln, ist nicht wegen ihrer pragmatischen Einstellung bedenklich. Probieren geht. Aus Erfahrung lernen auch. Immer wieder wurde in diesem Buch hervorgehoben, daß theoretisches Wissen in der Sozialpädagogik niemals praktische Entscheidungen vorgeben kann, sondern sie nur durch neue Perspektiven anregen, infrage stellen und auswerten kann. Problematisch aber ist, wenn sich diese Pragmatik zu einer Haltung verfestigt, die sich nur noch an dem, was ohnehin läuft, orientiert und sich gegen alle Kriterien und alle begründete Kritik abschirmt. Seit sich die Kritik einer Therapeutisierung sozialer Arbeit herumgesprochen hat, dürfte hier die größere Gefahr für die sozialpädagogische Fachentwicklung liegen. Es könnte sich ein Typus beruflichen Selbstverständnisses weiter ausbreiten, den ich, nicht ohne polemische Absicht, *Autistischen Typus* von Professionalität nenne. Er nimmt die jeweils existierenden Praktiken eines Berufsfeldes zum Maß aller Dinge, wehrt jede Kritik als vom „grünen Tisch" kommend, als nicht praktikabel, als überfordernd etc. ab. Umgekehrt wird dann jedes Mißlingen zum Beweis für die ganz besonders großen fachlichen Anforderungen und die extrem schwierigen Klienten. Daß es bessere und schlechtere Praxis geben kann, wird systematisch verdrängt.
Autistisch nenne ich diese Haltung in Anlehnung an Bruno Bettelheim, der Autismus mit dem Bild der „leeren Festung" beschrieben hat. Wo sich eine solche berufliche Haltung ausbildet und sich selbst als professionell definiert, verteidigt sie in der Tat eine leere Festung. Denn eine solche Professionalität hat keinen Inhalt. Sie verteidigt nur das Recht, keinen Maßstäben genügen zu müssen und keine Rechenschaft für ihr Handeln schuldig zu sein.
Beiden Modellen gegenüber vertritt dieses Buch die Möglichkeit eines *Offenen Typus* sozialpädagogischer Professionalität, der versucht, die Einengung jenes „geschlossenen" Typus zu vermeiden, ohne dabei in ein diffuses und letztlich kriterienloses „von allem ein bißchen" zu geraten. Das Buch versucht plausibel zu machen, daß es einen spezifisch sozialpädagogischen und sozialarbeiterischen (beides ist als Fallperspektive „*mit*" und Fallperspektive „*von*" unterscheidbar, aber nicht zu trennen) Betrachtungsstandpunkt gibt. Ich habe ihn multiperspektivisch genannt, und nenne ihn jetzt „offen", was in einem vierfachen Sinn zu verstehen ist:
– er ist nicht durch eine spezielle Leitwissenschaft vordefiniert, sondern versteht sich als Versuch, die Fähigkeit zum Perspektivenwech-

sel zwischen unterschiedlichen Arten von Wissen als professionelle Haltung auszubilden;
- er basiert in nur eingeschränktem Sinne auf einem Spezialwissen (das sich vom Spezialwissen anderer Professionen als eigenes Spezialwissen unterscheidet), in der Hauptsache aber auf Wissen und Handlungsregeln, die helfen, je nach Situation benötigtes Handlungswissen selbst zu erschließen;
- er ist nicht auf ein spezielles Handlungsfeld begrenzt, sondern zielt auf die Befähigung, je spezifische Bedingungen eines Handlungsfeldes gesondert berücksichtigen zu können, ohne sich diesen Bedingungen einfach auszuliefern;
- er ist zieloffen, sofern er keine im voraus festgelegten Handlungsziele unterstellt, sondern davon ausgeht, daß Ziele mit Betroffenen ausgehandelt werden müssen.

Dieser Betrachtungsstandpunkt bzw. Typus von Professionalität ist für die Sozialpädagogik natürlich nicht neu, sondern zielt grundsätzlich in dieselbe Richtung, in die sich die sozialpädagogische Methodendiskussion unter den Leitideen der „Individualisierung" und der „Ganzheitlichkeit" seit ihren Anfängen bewegt hat und in der neueren Diskussion unter Leitideen wie „kritische Alltagsorientierung", „sozialökologische Orientierung", „Lebenslagenorientierung" immer noch bewegt. Mein Beitrag besteht nur darin, die Zusammensetzung und Erschließungsprozesse des für diesen Professionalitätstypus notwendigen Orientierungswissens etwas genauer als üblich zu beschreiben. Dabei handelt es sich nur um den Versuch, den Einstieg, die ersten Schritte im Umgang mit diesem Professionalitätstypus leichter zu machen, nicht um eine theoretische Grundlegung. Wenn es mir gelungen ist, einzelnen Mut zu machen, Sozialpädagogik zu „probieren" - und dabei fachliches Selbstbewußtsein nicht mit Immunisierung gegen Kritik, fachliche Selbstkritik nicht mit Selbststigmatisierung zu verwechseln - dann hat dieses Buch sein Ziel erreicht.

9.3 IM GEHEN ZU LERNEN

Der Titel des Buches soll Studierende der Sozialpädagogik ermutigen, solches Können auf die Probe zu stellen. Er soll nicht suggerieren, durch Einüben der beschriebenen Betrachtungsweisen und Regeln sei Könnerschaft in jener „offen" Professionalität schon zu erreichen. Deshalb scheint es mir wichtig, zum Schluß noch einmal an die Grenzen des hier vorgelegten Versuchs zu erinnern.

Zum einen gilt, wie für jedes Lehrbuch: Es kann nicht gewachsene und wachsende praktische Erfahrungen ersetzen, die jener professionellen Kompetenz zugrunde liegt. Das kann theoretisches Studium überhaupt nicht, sofern es nur, wie der in der Einleitung zitierte Schleiermacher sagte, vorgängige praktische Erfahrungen bewußter machen kann. „Die Theorie leistet nur den Dienst, welchen das besonnene Bewußtsein überall in der Praxis leistet" (1826: 55). Richtiges Studieren setzt insofern Probieren voraus. „Die Theorie muß sich erst Raum verschaffen, wenn die Praxis schon begründet ist" (ebd.: 131). Allerdings fährt Schleiermacher fort: „Schafft sie sich diesen Raum durch die eigenen Kräfte, und gewinnt sie unter denen, welche die Praxis handhaben, allmählich freie Anerkennung, so wird Theorie und Praxis sich einigen, die Praxis sich von selbst ändern. Das ist die einzig richtige Form" (1826: 131). Jeder Versuch, die „richtige" Praxis aus einer als vorgegebene Autorität unterstellten Theorie abzuleiten oder, umgekehrt, eine bestimmte Praxis als die (theoretisch) richtige zu behaupten, führt zur „Versteinerung" (vgl. ebd.) von Theorie wie von Praxis.

Zum zweiten kann aber ein Buch, das praktische Anleitung zur Arbeit mit Fällen geben will, nicht ohne weiteres in der Lage sein, sich jenen „Raum", jene „freie Anerkennung" als kritisches Gegenüber der Praxis, „aus eigenen Kräften" zu verschaffen. Natürlich hoffe ich darauf, daß diejenigen, die dieses Buch lesen und seine „Arbeitsregeln" zu benutzen suchen, dabei etwas lernen, was ihre Praxis „von selbst" ein Stückchen ändert. Aber dies wird nur der Fall sein können, wenn die Lektüre jenes „Hinterkopfwissen" zu mobilisieren vermag, auf das in diesem Buch immer wieder verwiesen wurde, das aber nur sehr punktuell d.h. unsystematisch, eben „fallbezogen", vermittelt werden konnte. Die der Alltagssprache entlehnte Typologie der Arten des Gebrauchs von Wissen (Fall von, Fall für, Fall mit) gibt keine hinreichende Auskunft über Umfang und Inhalt der Wissensbestände in bezug auf die SozialpädagogInnen als „ExpertInnen", als „informierte Bürger", als zur Selbstreflexion fähige „BeziehungsarbeiterInnen" jeweils verfügen sollten. Eine Methodenlehre wie diese ersetzt also weder praktische Erfahrung, noch die in einem wissenschaftlichen Studium vermittelbare Theorie und Empirie des sozialpädagogischen Gegenstandes. Im Gegenteil: Je mehr jemand über beides verfügt, desto eher müßte er/sie solche praxisbezogenen Methoden auf ihre Nützlichkeit hin testen können: Die nur darin bestehen kann, Vermittlungsschritte zwischen jenen beiden zu zeigen, um so das „sich einigen" zwischen praktischer Erfahrung und theoretischem Wissen zu erleichtern.

Schwierigkeiten der Vermittlung von beidem haben allerdings nicht nur die Anfänger. Es scheint vielmehr ein Problem der sozialpädagogischen Zunft im Ganzen zu sein. Das hier verbreitete Empfinden des Mißlingens solcher Einigung führen Mollenhauer/Uhlendorff auf zwei Tendenzen der (akademischen) Sozialpädagogik zurück.

„... deren eine in den Dschungel der Komplexität von ‚Lebenswelten' oder ‚Alltäglichkeiten' weist, in denen alles mit allem zusammenhängt und deshalb spezifisch Pädagogisches nicht mehr ausgemacht werden kann, und deren andere zwar eine Schneise verspricht, nur führt diese Schneise an allem vorbei, was den Erziehungsalltag bestimmt, und macht nur noch entweder isolierte Lehr-Lern-Effekte, Lernziel-Treatmentvariablen sichtbar, oder, auf der anderen Seite von Reduktionen, deren soziologisch identifizierbare Randbedingungen." (Mollenhauer/Uhlendorff 1992: 13)

Die praktischen Folgen laufen auf eben jene Alternative einer „autistischen" oder „geschlossenen" Professionalität hinaus: Wer in der Komplexität des sozialpädagogischen Alltages nicht untergehen will, richtet sich entweder in dessen Undurchsichtigkeit ein, so gut es geht, oder rettet sich auf eine jener „Schneisen", mit dem Risiko, daß die mit der realen Praxis des sozialpädagogischen Geschäfts kaum mehr Berührungspunkte haben. Mollenhauer/Uhlendorff reden hier von einer „diagnostischen Lücke", die sich zwischen „wissenschaftlich-professionellen" Erkenntnismöglichkeiten und der pädagogischen Praxis auftue (vgl. ebd. 22). Diese Lücke zu füllen kann man zweifellos als die allgemeine Aufgabe sozialpädagogischer Methodenlehre bestimmen.

Es geht bei dieser Aufgabe genau betrachtet nicht um eine Vermittlung von Theorie und praktischer „Anwendung", sondern um ein „Hin und Her" zwischen zwei „Erkenntniswegen" (vgl. ebd.: 23 u. 26) d. h. Wegen zur „Besonnenheit" praktischen Handelns. Sie sind komplementär zu nennen, sofern sie sich wechselseitig korrigieren. Den einen Weg nennen Mollenhauer/Uhlendorff „subsumptionslogisches" oder „scientifisches" Verfahren, den anderen „hermeneutisches" Verfahren (vgl. ebd. 26 f.). Der eine Weg ordnet den Einzelfall einem verallgemeinerten Wissen zu und bringt dadurch das zunächst ganz individuell Erscheinende mit bekannten, definierten Begriffen zusammen, „erklärt" es daraus. Der andere Weg ist gegenläufig: Er versucht, alle sich aufdrängenden Erklärungen „einzuklammern" (ebd. 27), welche nahelegen, das einzelne Geschehen „einem der geläufigen Verstandsbegriffe unterzuordnen" (ebd.). „Hin und Her" heißt also „Blickwechsel" (vgl. ebd. 27) zwischen Zuordnen, Begriffe finden, Klassifizieren einerseits; und andererseits der Einstellung, sich aller immer schon getroffenen Einordnungen zu enthalten, und zwar „sowohl der in wissenschaftlichen Verstandesbegriffen zusammengefaßten allgemeinen Klassifikationsregeln, als auch der im Lebensalltag herrschenden Etikettierungen, Zuschreibungen, Typisierungen" (ebd.: 27).

Unschwer lassen sich die in diesem Buch benutzten Betrachtungsperspektiven des „Falles von" und des „Falles mit" diesen beiden „Erkenntniswegen" zuordnen, während die Perspektive des „informierten Bürgers" (Fall für) schon jenes Hin und Her zwischen beiden Wegen voraussetzt. Auch die Art, wie in unserem Ansatz die Prozesse sozialpädagogischer Anamnese, Diagnose, Intervention und Evaluation interpretiert wurden, läßt sich als eine solche Pendelbewegung zwischen klassifizieren, zuordnen einerseits und auflösen vorgegebener Zuordnungen und Klassifizierungen andererseits beschreiben.

Nur zeigt jeder komplexere sozialpädagogische Fall, etwa die „psychosozial schwer belasteten Jugendlichen" auf die Mollenhauer/Uhlendorffs Diagnostik sich bezieht (vgl. ebd.: 14), daß hinter solchen scheinbar klaren Perspektiven selbst jeweils ein „Dschungel der Komplexitäten" lauern kann. Der Typus des „Falles von" umfaßt ja nicht nur die (hier vor allem diskutierten) rechtlichen Aspekte, sondern z.B. die ganze Fülle der psychologischen und sozialwissenschaftlichen Ansätze, die Verhaltensweisen und Lebenswelten solcher Jugendlicher allgemeineren Erscheinungen zuordnen und „subsumptionslogisch" erklären. Der Typus des „Falles mit" umfaßt nicht nur die relativ einfachen Fälle des Aushandelns unterschiedlicher, aber in sich klarer Standpunkte und Interessen. Er kann auch in sehr viel schwierigere Aufgaben des Fallverstehens führen, die mit inneren Selbstwidersprüchen und lebensgeschichtlichen Verstrickungen zu tun haben, zu deren Auflösung den Betroffenen selbst der Schlüssel fehlt und die deshalb komplexere Kunstlehren des Verstehens (z.B. „tiefenhermeneutische") nötig machen.

Ich wiederhole hier die anfangs gemachte Einschränkung: Es handelt sich um eine „Propädeutik", eine allgemeine Einführung ins „sozialpädagogische Können", die speziellere Diagnostiken und Interventions-Strategien nicht ersetzen kann. Deshalb entfalte ich auch nicht deren Voraussetzungen, sondern versuche den Eindruck zu erwecken, professionelles sozialpädagogisches Handeln sei etwas, womit AnfängerInnen vom ersten Tag ihres Studiums an beginnen können, ohne schon das Wissen und Können fertiger Profis zu haben. Dies wäre nicht möglich, wenn man voraussetzen müßte, daß jener „Dschungel der Komplexitäten", der sich hinter den scheinbar einfachen Betrachtungsperspektiven, wie „Fall von", „Fall mit", etc.

verbirgt, schon entdeckt oder gar in seinen Abgründen erfaßt sein müßte, ehe die ersten sicheren Tritte getan werden können. Die grundlegende Annahme dieses Buches ist die genau umgekehrte: Es braucht etwas Mut und Hilfsmittel, um das eine Plätzchen im Dschungel – sei es im Sumpf der Verunsicherung, sei es im festen Hüttchen der eingefahrenen Alltagsgewißheiten – verlassen zu können, es aus der Umgebung, aus unterschiedlichen Blickwinkeln zu erkunden. Nur wer das hat und kann wird allmählich in der Lage sein, sich für größere Erkundungsfahrten zu rüsten. Da mir in der sozialpädagogischen Methodenliteratur gerade jene grundlegenden Hilfsmittel einer ersten Orientierung im jeweiligen sozialpädagogischen Handlungsfeld zu fehlen scheinen, hoffe ich, daß auch erfahrene PraktikerInnen davon profitieren können. Aber sie werden das Buch anders nutzen als studierende Anfängerinnen und Anfänger.

Für die Neulinge, die das sozialpädagogische Umfeld zunächst von außen betrachten, können andere Bilder angemessener sein: Das Buch liefert ihnen eine kleine Aussichtsplattform, die den Weg zur gewachsenen Professionalität überblicken läßt; und es liefert Beschreibungen von Wegmarkierungen, auf die achten sollte, wer nicht ins Abseits geraten will. Es liefert keine genaue Karte des Geländes und keine Lösungsmodelle für die schwierigsten Passagen des Weges. Für erfahrene PraktikerInnen mag es eher nützlich sein, um Orientierungshilfen und Fragestellungen für vertrackte Einzelsituationen zu liefern, in denen die bekannten Lösungsmuster nicht greifen, ein Reparaturset sozusagen, aber kein Ersatz für speziellere professionelle Strategien. Für beide aber ist es nur Hilfsmittel einer Praxis, die offen dafür ist, sich selbst zu belehren, im Gehen zu lernen.

Literatur

Achter Jugendbericht. Bericht über Bestrebungen und Leistungen der Jugendhilfe. Bundestagsdrucksache. Bonn 6. 3. 1990

Arbeitsgruppe 5 (E. Habekost u. a.): 333 „Soziale Fälle". Eine Auseinandersetzung mit Anspruch und Wirklichkeit der Sozialarbeit am Beispiel eines Projekts der Familienfürsorge. Freiburg 1975

Baacke, D., Schulze, Th. (Hrsg.): Aus Geschichten lernen. Zur Einübung pädagogischen Verstehens. München 1979

Bader, K.: Viel Frust und wenig Hilfe. Die Entmystifizierung Sozialer Arbeit. Weinheim u. Basel 1985

Bernfeld, S.: Kinderheim Baumgarten. Bericht über einen ernsthaften Versuch mit neuer Erziehung (1921). In: Bernfeld, S.: Antiautoritäre Erziehung und Psychoanalyse Bd. 1. Frankfurt/M. 1974 S. 94 ff.

Bernfeld, S.: Die Psychoanalytische Psychologie des Kleinkindes (1932). In: Bernfeld, S. a.a.O. 1974, S. 61 ff.

Bittner, G.: Zur psychoanalytischen Dimension biographischer Erzählungen. In: Baacke/Schulze a.a.O. 1979, S. 120 ff.

Bourdieu, P.: Die feinen Unterschiede. Kritik der gesellschaftlichen Urteilskraft. Frankfurt/M. 1982

Bourgett, J., Preußer, N., Völkel, R.: Kommunale Sozialpolitik, Sozialökologie und Verwaltungshandeln in der Jugend- und Sozialhilfe. In: Neue Praxis, Sonderheft 5, 1980, S. 29 ff.

Brandon, D.: Zen in der Kunst des Helfens. München 1988

Brown, M.: Working Ethics. Strategies for Decision Making and Organizational Responsibility. San Francisco, Oxford (Jossey-Bass) 1990

Brumlik, M.: Ist eine advokatorische Ethik möglich? In: Rauschenbach, Th., Thiersch, H.: Die herausgeforderte Moral. Bielefeld 1987, S. 59 ff.

Brumlik, M., Keckeisen, W.: Etwas fehlt. Zur Kritik und Bestimmung von Hilfsbedürftigkeit für die Sozialpädagogik. In: Kriminologisches Journal 1976, S. 241 ff.

Claessens, D.: Rolle und Macht. München 1968

Dewe, B., Ferchhoff, W., Scherr, A., Stüwe, G.: Professionelles soziales Handeln. Soziale Arbeit im Spannungsfeld zwischen Theorie und Praxis. Weinheim u. München 1992

Dewe, B., Otto, H. U.: Vom Nutzen und Nachteil des sozialwissenschaftlichen Blicks auf die Sozialarbeit/Sozialpädagogik. In: Otto, H. U., Hirschauer, P., Thiersch, H. (Hrsg.): Zeit-Zeichen sozialer Arbeit. Neuwied 1992, S. 85 ff.

Dießenbacher, H.: Geld und gute Worte – Die Geburt des modernen Sozialarbeiters aus dem Geist der Heuchelei. In: Mühlfeld, C. u. a. (Hrsg.): Mehr Professionalität – mehr Lösungen? Frankfurt 1988

Ertle, Ch., Möckel, A. (Hrsg.): Fälle und Unfälle in der Erziehung. Stuttgart 1981

Fischer, D. (Hrsg.): Fallstudien in der Pädagogik. Aufgaben, Methoden, Wirkungen. Konstanz 1982
Fischer, D. (Hrsg.): Lernen am Fall. Zur Interpretation und Verwendung von Fallstudien in der Pädagogik. Konstanz 1983
Freigang, W.: Verlegen und Abschieben. Zur Erziehungspraxis im Heim. Weinheim u. München 1986
Gebauer, G., Wulf, Ch.: Praxis und Ästhetik. Neue Perspektiven im Denken Pierre Bourdieus. Darin: Einleitung. Frankfurt/M. 1993
Gehrmann, G., Müller, K. D.: Zur Problematik gegenwärtiger Methodendiskussion in der Sozialarbeit/Sozialpädagogik. In: Sozialmagazin H. 5 1990, S. 48ff.
Germain, C. B., Gittermann, A.: Praktische Sozialarbeit. Das „Life Model" der sozialen Arbeit. Stuttgart 1983
Goffman, E.: Das ärztliche Berufmodell und die psychiatrische Hospitalisierung. Einige Bemerkungen zum Schicksal der helfenden Berufe. In: Goffman, E.: Asyle. Frankfurt/M. 1973
Hastenteufel, P.: Fallstudien aus dem Erziehungsalltag. Bad Heilbrunn (Klinkhardt) 1980
Heiner, M. (Hrsg.): Selbstevaluation in der sozialen Arbeit. Fallbeispiele zur Dokumentation und Reflexion beruflichen Handelns. Freiburg 1988a
Heiner, M. (Hrsg.): Praxisforschung in der sozialen Arbeit. Freiburg 1988b
Hollis, F.: Soziale Einzelhilfe als psychosoziale Behandlung. Freiburg 1971
Horn, K. (Hrsg.): Aktionsforschung: Balanceakt ohne Netz? Methodische Kommentare. Frankfurt/M. 1979
Iben, G.: Beraten und Handeln. Zum Umgang zwischen Wissenschaftlern und Praktikern. München 1981
Kannicht, A.: Herumhängen, Blödeln, Action machen. In: deutsche jugend 1983, S. 311ff.
Kleber, E. W.: Diagnostik in pädagogischen Handlungsfeldern. Einführung in Bewertung, Beurteilung, Diagnose und Evaluation. Weinheim u. München 1992
Maas, U.: Soziale Arbeit als Verwaltungshandeln. Systematische Grundlegung für Studium und Praxis. Weinheim u. München 1992
Mader, W.: Alltagswissen, Diagnose, Deutung. Zur Wirksamkeit von Wissensbeständen in Beratungssituationen. In: Zeitschrift. f. Päd. 22. J. 1976, S. 699ff.
Makarenko, A. S.: Der Weg ins Leben. Ein pädagogisches Poem. Berlin u. Weimar 22. Aufl. 1986
Martin, E.: Didaktik der sozialpädagogischen Arbeit. Eine Einführung in die Probleme und Möglichkeiten sozialpädagogischen Handelns. Weinheim u. München 2. Aufl. 1992
Martin, E., Wawrinowski, U.: Beobachtungslehre. Theorie und Praxis reflektierter Beobachtung und Beurteilung. Weinheim u. München 1992
Meinhold, M.: „Wir behandeln Situationen, nicht Personen." In: Müller, S. u. a. (Hrsg.): Handlungskompetenz in der Sozialpädagogik/Sozialarbeit I, Bielefeld 1982, S. 165ff.

Meinhold, M.: Suchstrategien. In: Müller, B., Niemeyer, C., Peter, H. (Hrsg.): Sozialpädagogische Kasuistik. Bielefeld 1986, S. 51 ff.

Meinhold, M.: Hilfsangebote für Klienten der Familienfürsorge. In: Karsten, M. E., Otto, H. U. (Hrsg.): Die sozialpädagogische Ordnung der Familie. Weinheim u. München 1987, S. 197ff.

Meinhold, M.: Intervention in der Sozialarbeit. In: Hörmann, G., Nestmann, F. (Hrsg.): Handbuch der psychosozialen Intervention. Opladen 1988, S. 70ff.

Mollenhauer, K., Uhlendorff, U.: Sozialpädagogische Diagnosen. Über Jugendliche in schwierigen Lebenslagen. Weinheim u. München 1992

Moser, H.: Praxis der Aktionsforschung. München 1977

Müller, B.: Jugendarbeit, Lohnarbeit, Gefühlarbeit. In: Jahrbuch der Sozialarbeit 3, Reinbek 1979, S. 143 ff.

Müller, B.: Ein Helfer ist zu nichts nütze. Ein Beitrag zur sozialpädagogischen Ethik. In: Wege zum Menschen. Göttingen 1989, S. 180ff.

Müller, B.: Die Last der großen Hoffnungen. Methodisches Handeln und Selbstkontrolle in sozialen Berufen. Weinheim u. München. Völlig überarbeitete Neuausgabe 1991

Müller B.: Kasuistik der sozialen Arbeit – historische Bezüge und aktuelle Entwicklungen. Ein Blick zurück nach vorn. In: Soziale Arbeit H. 3, 1992, S. 81 ff.

Müller, B.: Sozialwissenschaftlich denken – laienhaft handeln? Zum Stellenwert der Diskussion über sozialpädagogische Methoden. Demnächst in: Karsten, M. E., Ortmann, F., Rauschenbach, Th. (Hrsg.): Sozialpädagogische Methoden. Weinheim u. München 1993

Müller, B., Niemeyer, Ch., Peter, H. (Hrsg.): Sozialpädagogische Kasuistik. Bielefeld 1986

Müller, C. W. (Hrsg.): Begleitforschung in der Sozialpädagogik. Weinheim u. Basel 1978

Müller, C. W.: Wie Helfen zum Beruf wurde. Band 1: Eine Methodengeschichte der Sozialarbeit 1883 – 1945. Band 2: Eine Methodengeschichte der Sozialarbeit 1945 – 1985. Weinheim u. Basel, 2. überarb. Aufl. 1988

Münder, J. u. a.: Frankfurter Lehr- und Praxiskommentar zum Kinder- und Jugendhilfegesetz. Münster 1991

Neuffer, M.: Die Kunst des Helfens. Geschichte der Sozialen Einzelhilfe in Deutschland. Weinheim u. Basel 1990

Oevermann, U. u. a.: Die Methodologie einer „objektiven Hermeneutik". In: Moser, H.: Aspekte qualitativer Sozialforschung. Opladen 1983, S. 95 ff.

Olk, Th.: Abschied vom Experten. Sozialarbeit auf dem Weg zu einer alternativen Professionalität. Weinheim u. München 1986

Pankoke, E.: Schwächen und Stärken familialer Vernetzung. Rat und Hilfe zur Entwicklung von Lebenszusammenhängen. In: Archiv für Wissenschaft und Praxis der sozialen Arbeit 2–4, 1986, S. 200 ff.

Perlman, H. H.: Soziale Einzelhilfe als problemlösender Prozeß. Freiburg 1969

Peter, H.: Was ist der Fall? In: Müller, B., Niemeyer, C., Peter, H.: Sozialpädagogische Kasuistik. Bielefeld 1986, S. 19ff.

Preiser, S.: Zielorientiertes Handeln. Ein Trainingsprogramm zur Selbstkontrolle. Heidelberg 1989

Rerrich, D.: Nutzerkontrolle. In: Keupp, H., Rerrich, D. (Hrsg.): Psychosoziale Praxis. Ein Handbuch in Schlüsselbegriffen. München, Wien, Baltimore 1982, S. 229ff.

Richmond, M.: Social Diagnosis. New York (Russell Sage Foundation) 1917, Nachdruck 1955

Salomon, A.: Soziale Diagnose. Berlin 1925

Schellhorn, W., Wienand, M.: Das Kinder- und Jugendhilfegesetz (KJHG). Sozialgesetzbuch Achtes Buch (SGB VIII). Ein Kommentar für Ausbildung, Praxis und Wissenschaft. Neuwied 1991

Schütz, A.: Der gut informierte Bürger. Ein Versuch über die soziale Verteilung des Wissens (1946). In: Schütz, A.: Gesammelte Aufsätze 2. Studien zur soziologischen Theorie. Den Haag (Nijhoff Verlag) 1972, S. 85ff.

Schwerin, J.: Nachwort zu: Tätigkeitsbericht der Zentrale für private Fürsorge e. V. in Berlin. Erstattet im August 1911. Berlin o. J.

Schleiermacher, F.: Die Vorlesungen aus dem Jahre 1826. In: Schleiermacher, F.: Pädagogische Schriften 1, hrsg. von E. Weniger, Stuttgart 1966, TB Ausgabe Frankfurt/M. 1983

Selvini-Palazzoli, M. u. a.: Der entzauberte Magier. Zur paradoxen Situation des Schulpsychologen. Stuttgart 1978

Späth, K.: Vom Entwicklungsbericht zum Hilfeplan. In: Materialien zum Hilfeplan des „Forums Jugendhilfe '91 in der Region Franken". Cappelrain 1992, S. 9ff.

Sprondel, W. M.: „Experte" und „Laie": Zur Entwicklung von Typenbegriffen in der Wissenssoziologie. In: Sprondel, W. M., Grathoff, R. (Hrsg.): Alfred Schütz und die Idee des Alltags in den Sozialwissenschaften. Stuttgart 1979, S. 140ff.

Trabandt, H., Wurr, R.: Prävention in der sozialen Arbeit. Planung und Durchsetzung institutioneller Neuerungen. Opladen 1989

Weber, M: Wirtschaft und Gesellschaft, 1. Halbband, Tübingen 4. Aufl. 1956

Wendt, W. R. (Hrsg.): Unterstützung fallweise. Case Management in der Sozialarbeit. Freiburg 1991

Winkler, M.: Great Expectations. Vorsichtige Annäherung an das Ethikproblem der Sozialpädagogik. In: Müller, B., Thiersch, H. (Hrsg.): Gerechtigkeit und Selbstverwirklichung. Moralprobleme im sozialpädagogischen Handeln. Freiburg 1990, S. 26ff.

Der Autor

Burkhard Müller, Dr. theol. und habilitierter Sozialpädagoge, Professor für Theorie und Methodologie sozialpädagogischer Intervention an der Universität Hildesheim. Seine Schwerpunkte sind: Theorie sozialpädagogischen Handelns, Jugendarbeit, psychoanalytische Pädagogik. Wichtige Publikationen: Die Last der großen Hoffnungen, Weinheim 1991²; Gerechtigkeit und Selbstverwirklichung (gem. mit H. Thiersch), Freiburg 1990; Jugend, Erziehung und Psychoanalyse (gem. mit R. Hörster), Neuwied 1992.